La médecine au temps des pharaons

Dans les mêmes domaines

Bruno Halioua, *Blouses Blanches, étoiles jaunes,* coll. « Histoire », 1999.
Meyer Friedman, Gerald W. Friedland, *Les 10 grandes découvertes de la médecine,* coll. « Histoire », 1999.
Philippe Lazar, *L'éthique biomédicale en question,* coll. « Opinion », 1996.

Michel Chauveau, *Cléopâtre au-delà du mythe,* coll. « Curriculum », 1998.
Philippe Martinez, *Égypte,* coll. « Ikon », 1999.
Patricia Rigault, *Toutankhamon. Le pharaon retrouvé,* coll. « Curriculum », 1999.

Bruno Halioua
avec la collaboration de Bernard Ziskind

La médecine au temps des pharaons

Liana Levi

Ce travail n'aurait pas été possible sans un accès aux traductions des papyrus médicaux. Toutes les citations, se référant aux papyrus, sont extraites de l'ouvrage de Thierry Bardinet, *Les papyrus médicaux de l'Égypte pharaonique*, Fayard, 1995. Les mêmes conventions ont été respectées. Les mots égyptiens sont en caractères italiques, c'est-à-dire traduits selon des signes phonétiques. Dans la traduction des textes égyptiens, les mots ne pouvant être lus sont entre crochets [...]. Entre parenthèses ( ) sont ajoutés des mots nécessaires à la compréhension de la traduction. Le signe égal entre parenthèses (=) indique une précision donnée par le traducteur. Nous n'avons pas jugé nécessaire d'établir un glossaire des termes médicaux et égyptologiques, ailleurs accessible (*Dictionnaire des termes techniques de médecine*, Maloine éditeur, 1978 et Guy Rachet, *Dictionnaire de la civilisation égyptienne*, Larousse, 1998). Un index onomastique permet de repérer les rapports que pharaons, reines et dieux entretenaient avec la médecine.

Illustration de couverture : Fresque du tombeau de Sennoudjem (XIXe dynastie, XIIIe siècle av. J.-C., Deir el-Medineh), Embaumement. Un prêtre à tête d'Anubis prépare le mort. Photo aimablement communiquée par le Centre de documentation d'Histoire de la médecine de l'université Paris VI.

Préface

En 1822, par sa *Lettre à Monsieur Dacier, relative à l'alphabet des hiéroglyphes phonétiques employés par les Égyptiens*, Jean-François Champollion donnait naissance à l'égyptologie, la science de l'Égypte ancienne. L'antique culture des pharaons était enfin dévoilée par ses propres écrits, sans que l'on soit obligé de se fier aux seuls textes grecs et latins dont les témoignages sont, il faut le dire, parfois fautifs, souvent imprécis.

En cent quatre-vingts ans, la connaissance que nous avons de la civilisation pharaonique a considérablement évolué. Existe-t-il encore de nos jours des égyptologues comparables à ceux des origines? Sans doute pas. Jusqu'à il y a à peine une trentaine d'années, on pouvait encore prétendre assimiler livres et articles qui tous les ans venaient enrichir une bibliographie déjà conséquente; mais aujourd'hui... Les centaines d'ouvrages qui sont édités rendent difficile, voire impossible, une étude globale et approfondie du monde pharaonique. L'égyptologue du XXIe siècle est en passe de devenir un «spécialiste hautement spécialisé». On est historien, historien d'art, archéologue, épigraphiste, on limite ses recherches à l'Ancien Empire ou à la Basse Époque, à tel ou tel site. L'universalité de la discipline est malheureusement promise à une rapide disparition, simplement causée par la multiplication des axes de recherche. L'égyptologie est-elle en train de passer à l'âge adulte?

Dans cette science qui devient de plus en plus complexe, on hésite encore trop souvent à faire appel à des savants non-égyptologues. Certes les archéologues ont donné l'exemple et chaque mission qui travaille aujourd'hui dans la vallée du Nil s'entoure d'architectes, de géologues, d'anthropologues et autres céramologues qui aident, par leurs connaissances techniques, au travail d'étude et de publication des vestiges découverts. Mais on se méfie encore trop souvent de «ceux qui n'ont pas directement accès aux textes», ceux qui ne lisent pas les hiéroglyphes, les «non initiés» ; une position bien paradoxale puisqu'il existe, facilement accessibles à tous, d'excellentes traductions proposées par des épigraphistes aux talents justement reconnus. Qui, mieux qu'un géologue, peut se lancer dans l'étude des roches et minéraux utilisés par les maîtres d'œuvre des pharaons? Qui, mieux qu'un botaniste, peut aborder la flore qui ornait les jardins des bords du Nil? Qui mieux qu'un médecin, peut débroussailler et comprendre les secrets des docteurs et chirurgiens antiques?

C'est justement ce que propose l'auteur de cet ouvrage. Il n'est certes pas égyptologue mais il a su, en utilisant la traduction des grands textes médicaux rédigés par les confrères d'Imhotep, apporter un regard tout à fait nouveau sur la médecine égyptienne. Quelques trop rares égyptologues s'y étaient déjà essayé et les publications résultant de leurs travaux sont une base de recherche de grande qualité mais une actualisation était très attendue.

Qu'un technicien comme le docteur Halioua s'en soit chargé est une chance pour le milieu scientifique, qu'il soit égyptologique autant que médical. Son œil de spécialiste saura intéresser le néophyte comme le savant confirmé. « L'ingénieur médical moderne » qu'il est sait mieux que quiconque comprendre ces recettes, parfois étonnamment archaïques, qui caractérisent le savoir-faire des soigneurs égyptiens. On s'émerveillera de trouver un savant contemporain, habitué à la génétique comme au microscope électronique, commenter les cataplasmes de bouse de crocodile que les femmes égyptiennes utilisaient comme contraceptif! Si son voyage dans l'art médical égyptien en étonnera certains par l'aspect presque incroyable des prescriptions et la justesse des diagnostics, soyons sûrs qu'il intéressera chaque lecteur par la simplicité de son propos et par l'ampleur de son érudition.

Daniel Soulié
Égyptologue

Introduction

Avec le siècle qui vient de s'achever, nous assistons à un véritable engouement pour l'histoire qui traduit le besoin de se donner le temps de la réflexion. Cet intérêt est particulièrement important dans certains domaines comme la médecine, où l'on a assisté à des bouleversements majeurs. Nombreux sont les praticiens et les patients qui veulent disposer d'éléments de comparaison et d'explication. L'histoire de la médecine, longtemps négligée par les praticiens eux-mêmes, est un excellent moyen pour comprendre les problèmes auxquels les médecins sont confrontés dans leur exercice quotidien, comme l'a expliqué justement Lichtenthaeler: «Les connaissances professionnelles seules font de vous de simples techniciens et fonctionnaires de la santé. C'est seulement grâce à la conscience historique que vous mûrirez pour devenir d'authentiques personnalités médicales.[1]»

Mais pourquoi s'intéresser tout particulièrement à la médecine égyptienne?

Il y a d'abord la fascination exercée par l'Égypte ancienne considérée comme la mère de la tradition spirituelle occidentale. Albert Champdor a bien décrit cet attrait dans son introduction du *Livre des morts*: «Il suffit d'aborder en Égypte pour reconnaître aussitôt la présence d'une merveilleuse civilisation, pour la recevoir comme un don des générations mortes. C'est une Égypte vieille de 6000 ans qui, d'emblée, vous accueille et vous enchante...[2]» Cette fascination n'a rien de nouveau: déjà, dans l'Antiquité, un grand nombre de philosophes furent considérablement influencés par leur séjour dans la contrée du Fleuve éternel. Ainsi la pensée d'Homère, de Platon, de Pythagore, de Plutarque, de Thalès, d'Hérodote et de Solon a-t-elle été fortement imprégnée par cette culture[3]. C'est via leurs écrits que s'est établi un lien de continuité entre la civilisation égyptienne et celle d'Occident: une connivence que l'incendie de la bibliothèque d'Alexandrie et la fermeture systématique des temples païens de l'Empire par l'empereur Théodose Ier en 391 ont rompue[4]. Toute trace de l'Égypte ancienne s'est perdue avec la suppression de ces sanctuaires, en même temps que disparaissait l'écriture hiéroglyphique. Au cours des quatorze siècles qui ont suivi, la civilisation égyptienne est tombée dans un oubli complet, tandis que ses trésors architecturaux et ses œuvres littéraires, artistiques et scientifiques subissaient les affres des occupations successives.

Il a fallu attendre que l'écriture égyptienne livre ses mystères à Jean-François Champollion en 1822 pour que soit redécouverte cette merveilleuse culture et que naisse l'égyptologie, en même temps que l'égypto…manie. Au fil de leurs recherches, les égyptologues ont découvert le caractère avant-gardiste de cette civilisation avec ses conceptions novatrices dans le domaine de l'astrologie, de l'architecture, de la géométrie et de la médecine. Jusqu'à cette période, donc, la pensée médicale égyptienne était presque totalement ignorée. L'absence de documents et la méconnaissance des acquis des Égyptiens dans ce domaine étaient telles que l'origine de la médecine occidentale était unanimement attribuée à la figure légendaire d'Hippocrate.

Or, 30 siècles avant que « le père de la médecine » ne jette les bases d'une pensée médicale novatrice, existait déjà une médecine égyptienne largement théorisée et organisée, qui influença de manière indiscutable la pensée médicale des Hébreux, des Grecs et des Romains.

Ce n'est qu'à la fin du XIXe siècle que l'intérêt des savants pour la médecine égyptienne a véritablement débuté avec la découverte, puis la traduction, des papyrus à contenu médical ou médico-magique. Toutefois, les premières transcriptions avaient l'inconvénient d'être approximatives, diminuant et gauchissant ainsi la portée de ces traités. Elles ont même été à l'origine d'un malentendu durable selon lequel la médecine égyptienne pouvait se résumer à un conglomérat médico-magique sans valeur scientifique objective.

Cette conception a suscité de vifs débats au sein de la communauté médicale égyptologique, opposant les enthousiastes, comme N. Riad[5], qui voyaient là l'expression d'une véritable science sans équivalent pour l'époque, aux plus modérés, comme H. E. Sigerist[6], F. Jonckheere[7] et A. P. Leca[8], qui relevaient la complexité de cet art de guérir, tout à la fois magico-religieux, empirique et rationnel à l'occasion. La traduction minutieuse des papyrus médicaux par W. Wreszinski[9] puis par J. H. Breasted[10], B. Ebbel[11], E. Iversen[12], J. W. B. Barns[13] et surtout par T. Bardinet[14] permit de mieux comprendre les maladies et la façon dont les traitaient les Égyptiens. Au cours des trois dernières décennies, on a surtout assisté à un fantastique bond en avant de la paléopathologie et à des progrès remarquables dans le domaine de l'égyptologie, avec une meilleure compréhension du langage des hiéroglyphes et la découverte de plusieurs textes, capables de remettre en question les conceptions en vigueur et d'enrichir nos connaissances dans le domaine de l'épidémiologie, de la pathologie et des thérapeutiques.

Pour notre part, nous avons commencé à nous intéresser à la médecine des pharaons d'une façon tout à fait fortuite, en célébrant la fête de Pessah au cours de laquelle, conformément à la tradition hébraïque, nous devions donner aux enfants une explication des « dix plaies d'Égypte ». C'est l'absence de réponse précise sur les causes de la mortalité des premiers-nés égyptiens qui nous a amené à nous passionner pour cette facette trop souvent ignorée de l'histoire de la médecine. Alors qu'il existe une littérature importante sur l'ancienne Égypte et sur les multiples aspects de cette civilisation, on ne trouve quasiment rien sur sa médecine. Il est évident que notre formation nous a permis d'apprécier la valeur médicale de ces médecins qui n'étaient pas de simples rebouteux dotés de psychologie, comme le soutiennent à tort ceux qui n'ont aucune connaissance en médecine. Cet ouvrage espère combler cette lacune, faire découvrir et surtout faire partager à tous notre admiration pour la médecine égyptienne, auquel les praticiens actuels sont redevables dans l'exercice quotidien de l'art d'Esculape – ou plutôt d'Imhotep. En lisant la traduction de papyrus médicaux, nous avons mesuré toute l'importance des connaissances des Égyptiens. La médecine exercée dans l'Égypte antique est, par ailleurs, demeurée sensiblement la même au cours des 3000 ans de règne des différents pharaons.

Ajoutons que l'étude des problèmes de santé des Égyptiens dans le cadre de leur vie quotidienne permet d'aborder la civilisation pharaonique sous un angle particulièrement original, car, si l'on en croit l'anthropologue E. H. Ackerknecht, « la pathologie d'une société reflète ses conditions générales et son développement et fournit ainsi des indices de valeur pour comprendre l'ensemble de cette société »[15].

Profession : médecin

Le corps médical

La perception de la pratique médicale dans l'ancienne Égypte est à rapprocher de celle qui existait en France au XIXe siècle : on distinguait alors le médecin de l'officier de santé et du rebouteux (ou guérisseur), personnages qui trouvent des équivalents approximatifs dans les trois représentants du corps médical de l'Égypte pharaonique: « Tout médecin, tout prêtre (*ouâb*) de Sekhmet, tout *Sa*(*Serket*) qui met les mains, ou les doigts sur la tête, sur la nuque, sur les mains, sur le siège de l'intérieur (*ib*)...[1] » Le terme de *sounou* désignerait, selon certains, « le médecin laïc par excellence », par opposition au prêtre de Sekhmet, considéré comme un prêtre guérisseur, et au conjurateur de Selket ou de Selkis, assimilé à un magicien à part entière[2].

Maintenir le monde contre le chaos

Comment expliquer cette répartition de compétences, sinon par la conception même de la médecine dans l'ancienne Égypte? Les Égyptiens pensaient que celui qui souffrait d'une maladie ou d'une douleur était la proie d'une force négative, d'une divinité hostile, voire d'un démon. L'objectif du médecin était donc de combattre la puissance invisible et irrationnelle qui perturbait l'organisme. Il luttait contre les causes les plus profondes de la maladie en récitant soit des formules magiques, soit des incantations religieuses.

Ce n'est que progressivement que l'aspect scientifique et rationnel de la médecine s'est imposé, au fur et à mesure que certains remèdes ont prouvé leur efficacité[3]. La religion a cependant constitué le terreau sur lequel la science s'est développée.

Indissociable du mode de vie pendant près de 3500 ans, elle régissait en effet le quotidien de tous, du pharaon jusqu'au plus pauvre de ses sujets, et assurait le « maintien du monde contre le chaos »[4]. On comprend ainsi pourquoi chez les Égyptiens, « les plus religieux des hommes »[5] selon l'historien grec Hérodote, et « les premiers hommes de la Terre qui connurent les dieux, construisirent des temples, édifièrent des autels et réunirent des foules pour des cérémonies religieuses » aux yeux de Lucien de Samosate, nombre de dieux tenaient un rôle bien précis dans le domaine médical[6].

Quant à la magie ou Héka[7], ensemble de rites étroitement liés aux dogmes religieux dont elle véhiculait les mythes et les croyances, elle était véritablement considérée comme une science, à la fois théorique et expérimentale. Sur cette « terre d'élection pour la magie »[8] qu'était l'Égypte, elle devenait indispensable à la bonne marche du monde et, comme la religion, intervenait de manière fréquente dans les manifestations de la vie quotidienne[9]. On se souvient que le pharaon n'a accepté la sortie du peuple juif d'Égypte que lorsque Moïse réussit à surpasser les magiciens égyptiens. Loin d'être occulte, cette « science » rassemblait « l'ensemble des forces nécessaires à la protection de la vie et à son accroissement. À ce titre, elle comprend la médecine même dans sa démarche rationnelle pour guérir »[10]. Censée maintenir le corps humain en harmonie avec le cosmos, pour qu'il puisse servir de réceptacle aux forces vitales à l'origine de l'univers, elle était plus particulièrement destinée à traiter les maladies dites internes comme les fractures, les plaies et les blessures[11], considérées comme les conséquences de « forces immatérielles, sorte d'esprit malfaisant ou de divinités en relation avec le mal »[12]. Le médecin magicien détenait, croyait-on, un pouvoir. Le médecin magicien en charge du « possédé » avait le pouvoir d'agir sur les forces surnaturelles, les esprits et les mauvais démons[13] et traitait moins les conséquences que la cause, la maladie que le mal.

Faut-il pour autant, comme le croient certains auteurs, considérer la religion et la magie comme des freins au développement médical[14], «un obstacle métaphysique et un statut substitutif»[15]? Peut-on avancer que «dans une modalité de coexistence sociale où règne la pensée magique d'un monde irrationnel, surnaturel ou mythique, la notion de maladie naturelle du corps disparaît ou ne peut apparaître»[16]? En fait, la médecine égyptienne appartient à cette phase que l'historien Lichtenthaeler[17] a appelée archaïque ou orientale: caractérisée par une mutation de la médecine avec un changement de l'organisation sociale, la naissance de l'écriture qui a permis la conservation des acquis cliniques et thérapeutiques et l'émergence de la profession de médecin, elle aurait débuté avec la naissance des empires de l'Antiquité[18]. Selon Spaeth, la médecine dans l'ancienne Égypte était dès le départ caractérisée par deux composantes, «la magie étant le reliquat de la pensée primitive et tribale, l'empirisme rationnel le fruit et l'apport du développement social et culturel»[19]. En somme, pour reprendre la remarque de G. Lefebvre, «la médecine est issue de la magie qui, elle, n'est qu'un aspect de la religion, et toutes trois, chez les Égyptiens, sont toujours demeurées intimement mêlées l'une à l'autre»[20].

Médecins, prêtres et rebouteux

Ce sont les *sounou* qui exercent véritablement la fonction de «médecins». Le hiéroglyphe «*swnw*» qui les désigne combine trois signes: deux signes phonétiques, la flèche (s w n) et le vase (n w), liés à celui d'un homme assis, en guise de déterminatif [21]. Outre les peintures sur les murs des hypogées creusées dans les falaises désertiques au cours des Moyen et Nouvel Empires, les inscriptions sur les murs des tombeaux, sur les stèles funéraires des médecins eux-mêmes ou sur celles des hauts fonctionnaires auxquels ils étaient attachés, sur les «fausses portes», les sarcophages et les statues des chapelles funéraires[24] ont permis de retrouver le nom et de retracer la carrière de certains d'entre eux[25]. La plus ancienne momie de médecin retrouvée à ce jour a été découverte tout récemment, à l'automne 2001, toujours intacte dans sa chambre funéraire de Saqqarah, édifiée à 21 mètres de profondeur: il s'agit de Qâr, prêtre et «grand médecin du secret du Palais» qui a vécu sous la Ve dynastie (2450-2321 av. J.-C.)[23].

À côté de ces *sounou*, on trouve les prêtres (*ouâb*) de Sekhmet, dévoués à cette redoutable déesse guérisseuse, et les «conjurateurs de Selket», d'autres «magiciens voués à des fonctions plus spécialisées que le prêtre de Sekhmet»[24], qui, non contents d'être médecins, pouvaient à l'occasion dispenser des soins vétérinaires[25]: «Je suis prêtre (*ouâb*) de Sekhmet, expert en mes devoirs, qui met sa main sur l'homme (malade) et qui le connaît (son mal), qui est expert (dans l'art de) diagnostiquer avec la main: celui qui connaît les taureaux... », précise un texte inscrit dans les carrières de Hatnoub au Moyen Empire[26]. On peut voir ailleurs une représentation du prêtre de Sekhmet dans une scène d'abattage de taureaux[27].

Les fonctions des prêtres et des «conjurateurs» ont souvent été définies en opposition à celle des *sounou*, l'un étant caractérisé par son «caractère sacerdotal»[28], l'autre considéré comme une personnalité civile. Toute proportion gardée, cette distinction n'est pas sans rappeler celle qui existait en France à la Renaissance: «On trouvait des médecins laïcs, séculiers, et des médecins clercs, à personnalité ecclésiastique, dont un bon exemple est maître François Rabelais, médecin puis curé de Meudon en 1551.[29]»

D'autres chercheurs, comme Gaston Maspero, ont différencié ces deux types de praticiens grâce à leur méthode de travail: « le *sounou* est un médecin travaillant d'après les livres, le *ouâb* de Sekhmet est un prêtre quelconque, alchimiste, qui emploie son inspiration de sa divine maîtresse, des recettes surnaturelles »[30], établissant alors un parallèle avec la Grèce antique et le couple qu'y forment le *ierus*, « guérisseur inspiré », et son collègue le *iatros*, « praticien instruit ». Pour inclure le prêtre (*ouâb*) de Sekhmet au corps médical[31], il faut se fier aux déductions de Rémi Picard, qui semble tirer les conclusions les plus intéressantes de ce statut déroutant: « Le prêtre (*ouâb*) de Sekhmet propage les maux et les guérit. En apaisant et en neutralisant sa dangereuse maîtresse, il en devient maintenant le maître. La maladie est considérée comme une manifestation de Sekhmet, aussi le prêtre (*ouâb*) grâce à sa pureté va guérir la maladie. Cette intervention du prêtre de Sekhmet dans un acte de nature médicale permet donc de l'assimiler à un médecin.[32] »

Pour compliquer les choses, un certain nombre de personnages portent à la fois les titres de *sounou* et de prêtre (*ouâb*) de Sekhmet. C'est le cas de Nefer, sous Thoutmosis Ier, que sa stèle présente ainsi: « Le prêtre (*ouâb*) [de Sekhmet] Nefer dit: je suis un médecin véritable, habile de ses doigts... auscultant les maladies du corps.[33] » Ou bien celui d'Amenhotep, dont les inscriptions funéraires précisent qu'il exerçait les fonctions de « directeur des prêtres de Sekhmet » mais qui reçoit le titre de « chef des médecins » sur la statue dédicacée par son fils Iouny, lui-même directeur des prêtres de Sekhmet. Ptah-Hotep II, lui aussi, dont la tombe a été retrouvée à Saqqarah et qui a vécu à la fin de la Ve dynastie, est gratifié de ce double titre: « directeur des prêtres (*ouâb*) (de Sekhmet) du palais, le médecin (*sounou*) Irenakhti.[34] »

Tous « ces magiciens [ayant] pour rôle de protéger l'Égypte et son peuple contre les démons et les esprits »[35], on comprend qu'ils aient pu devenir conseillers royaux sous Ramsès II à partir du Nouvel Empire sous le titre de *hery-tep*[36].

Dernière catégorie : les conjurateurs de Selket qui, eux, regroupaient encore deux types de personnages : le *herep Serket*, ou « chef de Selket »[37], dont environ une quarantaine de représentants nous sont connus, et le *sa Serket*, qui reste en grande partie mystérieux, trop peu de cas ayant été recensés dans la littérature qui nous est parvenue (une douzaine à peine)[38]. Ils étaient tous rattachés à la déesse Selket-Hétyt, « celle qui fait respirer la gorge », d'après la traduction de F. von Kanel[39], censée guérir les troubles respiratoires causés par le venin.

Les conjurateurs de Selket pouvaient en effet prévenir et guérir les morsures et piqûres d'animaux venimeux grâce à des remèdes ou à des formules magiques : « celui qui prépare la voie pour faire revivre les morts, pour donner de l'air au nez bouché, pour ranimer l'asphyxié par le geste de ses bras ainsi que par tout procédé du *herep Serket* (...) tous les procédés du *herep Serket* pour ranimer tous les gens, tous les animaux au moyen d'eux et pour les protéger contre le venin de tous les serpents mâles et femelles, de tous les reptiles »[40].

Là encore, plusieurs personnages semblent cumuler différents titres médicaux, et brouillent ces catégories : deux personnalités de la VIe dynastie, Khouy et Irenakhti II, ont à la fois le titre de *sounou* et celui de *herep Serket* du palais[41]. Psametik-Seneb, lui aussi, était à la fois chef des médecins, *herep* Serket et *sa* Serket sous la XXVIe dynastie.

Les spécialistes : dentistes, chirurgiens et « bergers de l'anus »

On peut essayer de trouver des équivalents à nos propres spécialités dans la pratique des médecins égyptiens.

F. Jonckheere[42] a ainsi cru reconnaître notre chirurgien dans le *sa hemen*, traduit par « l'homme du Cautère », cité à plusieurs reprises dans une partie du papyrus Ebers sur les tumeurs : « Traite-le de la même façon qu'un patient de l'homme de Cautère ». Mais les correspondances ne sont pas toujours aussi simples.

Le témoignage d'Hérodote, célèbre visiteur de l'Égypte à l'époque perse en 630 av. J.-C., suggère un autre partage du corps médical, composé quasi exclusivement de médecins spécialistes : « La médecine est, chez eux, divisée en spécialités : chaque médecin soigne une maladie et une seule... Aussi le pays est-il plein de médecins, spécialistes des yeux, de la tête, des dents, du ventre, ou encore des maladies d'origine incertaines.[43] »

Certes, Hérodote a pu généraliser à l'ensemble du corps médical une règle en vigueur au sein du Palais royal. Mais cette tendance à la spécialisation a continué à se perpétuer bien après l'époque pharaonique, si bien que Pline l'Ancien, en signalant l'apparition en Italie, sous Tibère et plus tard sous Néron, d'une maladie de la peau de nature contagieuse, a pu préciser : « Il vint alors d'Égypte, mère d'affections semblables, des médecins qui n'avaient que cette spécialité.[44] » Entre autres spécialistes, on trouve l'ophtalmologiste, *sounou-irty* ou *sounou-irt* ou plus rarement *sounou-seneb-irty*, respectivement médecin « des deux yeux », « de l'œil » ou « qui guérit les deux yeux ». Si grande était la renommée de ces spécialistes que le roi de Perse, Cyrus, en avait convié un à sa cour pour le guérir d'une affection oculaire[45]. On trouvait aussi l'équivalent de notre dentiste, le *ibhy* (du mot *ibh*, « dent »), « celui qui s'occupe des dents », ou le *iry ibh*, « celui qui traite les dents »[46] – la différence entre les deux n'est encore pas très claire. Des différents *iry ibh*, deux ont été identifiés : Menkaouré-Ankh, qui a vécu sous la Ve dynastie, et

Neferites, qui a exercé sous l'Ancien Empire[47]. Parmi leurs supérieurs hiérarchiques ou *our ibhy* (soit « chef des dentistes »), on a retrouvé la trace d'un certain Hésy-Ré sous la IIIe dynastie, par ailleurs *our sounou* (chef des médecins), un haut fonctionnaire de la cour du roi Djeser, et, selon Gilles Boulu[48], sans doute le « plus ancien porteur du titre de *sounou* » et « le premier dentiste de l'histoire »[49].

Un autre chef des dentistes, Khouy, cumulait cette spécialité avec celle de « berger de l'anus » ou *nerou pehout*[50] : portait ce titre tout médecin apte à prescrire et à administrer des remèdes par voie rectale, une voie fréquente aux dires d'Hérodote : ils « s'appliquent à s'assurer la santé à l'aide de vomitifs et de lavements »[51] et à ceux de Diodore qui affirme que « pour prévenir les maladies, les Égyptiens traitent le corps par lavements… »[52]. Les lavements restaient, en effet, l'un des modes de traitement les plus souvent appliqués, y compris dans un but préventif quelques jours par mois. Cette spécialité en dit long sur l'intérêt des médecins égyptiens pour les maladies ano-rectales, ce dont témoigne également le papyrus Chester-Beatty VI, entièrement consacré à cette pathologie[53].

Les « médecins du ventre », enfin, ou *sounou khet*, étaient, eux, spécialistes du ventre mais aussi de l'utérus, *khet* ayant ce double sens dans le langage populaire[54].

Outre cet étonnant « pasteur », l'un des médecins les plus intéressants est certainement celui que l'on désignait sous l'appellation « celui qui connaît les organes du corps humain cachés aux yeux », spécialiste des organes internes, aussi appelé par Hérodote « médecin des maladies incertaines »[55]. À en croire F. Jonckheere, il s'agissait plutôt d'un « consultant par excellence, aux lumières de qui on avait recours dans les affections à diagnostic ou à traitement difficile, devant lesquelles le praticien ordinaire était demeuré perplexe »[56]. Deux noms de médecins ayant pratiqué cette spécialité nous sont parvenus, dont celui d'Iry « qui connaît les liquides dissous dans les humeurs »[57].

Dernière spécialité, des plus étonnantes : celle qu'exerçait un certain Irenakhti, successeur de Khouy à la cour de Pépi Ier, décoré du titre d'« interprète des liquides dans la *netnetet* », ce dernier terme désignant une membrane ou un organe en forme de sac, peut-être la vessie. Nous aurions donc là un « interprète des urines qui sont dans la vessie »[58].

Quelle pertinence trouver en définitive à cette notion de « spécialité » ? Il est difficile de tirer des conclusions de ces informations lacunaires : en effet, nous avons surtout trace des noms de médecins aux époques anciennes, tandis que ceux du Nouvel Empire et de la Basse Époque nous restent largement inconnus : résultat du développement de la magie, peut-être, et de la rareté des monuments conservés à ces époques.

Voici les données dont nous disposons : 150 *sounou* sont recensés pour l'ensemble des époques de l'Égypte pharaonique[59], un peu moins même d'après Jonckheere[60] (qui rapporte 42 médecins pour l'Ancien Empire, 16 pour le Moyen Empire, 29 au Nouvel Empire et 11 à la Basse Époque). Gilles Boulu, lui, n'a retrouvé que 21 porteurs d'un titre de spécialiste[61] : parmi les plus fréquents, on retrouve les oculistes et les dentistes, à cause de la récurrence des maladies concernées.

Est-ce à dire que la majorité des médecins égyptiens n'exerçaient pas en tant que spécialistes ? Ou bien faut-il penser avec P. Ghalioungui[62] que les médecins ne faisaient pas forcément mention de leur spécialité dans leurs inscriptions funéraires ? D'après lui, la spécialisation aurait existé très tôt en Égypte, suivant en cela la tendance des médecines primitives à considérer chaque organe comme une entité indépendante. Dans un second temps se serait développée l'unité du corps humain comme concept défini, accompagnée par les théories des humeurs morbides alors en circulation. Mais cette hypothèse n'explique pas la réapparition des titres de spécialistes sous la Basse-Époque, confirmée par Hérodote. Comme l'objecte A. P. Leca, cette évolution « est en contradiction avec le caractère figé de la médecine égyptienne à travers les siècles qui, loin de progresser, semble s'être au contraire dégradée »[63].

Une autre hypothèse, émise par G. Godron[64] mérite d'être envisagée : selon lui, le médecin égyptien débutant, formé à une seule spécialité au début de sa carrière, acquérait de nouvelles connaissances au fil du temps pour devenir *sounou* à part entière. Cette interprétation suppose ainsi qu'à l'inverse de notre système moderne, « le spécialiste était un médecin d'un rang social inférieur au *sounou* généraliste ! [65]»

Au bout du compte, l'exercice simultané de plusieurs spécialités a priori très éloignées, comme ce fut le cas pour Khouy et Irenakhti, invite à remettre en cause cette classification. Les titres médicaux auraient davantage servi à renseigner le patient sur les compétences que sur les spécialités proprement dites des médecins, à l'image de ceux qu'affichent sur leur plaque certains médecins généralistes contemporains[104].

Droits et devoirs de la profession

De l'ordre avant tout

Tout ce petit monde dépendait du roi, qui assurait la cohésion de son administration civile et militaire, secondé par son gouvernement. Le corps médical dans l'Égypte ancienne n'échappait pas à la subtile hiérarchisation qui touchait les autres rouages du pouvoir, dont témoigne la variété foisonnante de titres et qualificatifs attachés aux médecins sur les stèles funéraires et les inscriptions des tombeaux.

Comme le détaille Thierry Bardinet[66], le *sounou*, terme générique pour désigner le médecin, resté au bas de l'échelle, n'avait fait l'objet d'aucune promotion : il restait donc sous l'autorité des « maîtres médecins » eux-mêmes dirigés par le « grand des médecins », doté d'un pouvoir administratif qui s'étendait probablement sur une zone géographique importante. Nommé par le roi, ce puissant personnage assurait aussi la prise en charge médicale de son souverain.

D'ailleurs, le Palais royal, qui regroupait sous l'Ancien Empire un grand nombre d'administrations, était considéré comme « le centre principal des activités médicales »[67]. Un corps médical, spécialement rattaché à la cour, y était chargé de soigner non seulement le roi et sa famille, mais aussi les courtisans et leur pléiade de serviteurs. Les médecins palatins, considérés comme les meilleurs praticiens du royaume[68], et recrutés parmi les plus brillants scientifiques de l'extérieur du palais[69], étaient eux aussi soumis à un ordre hiérarchique strict. Les « médecins du Palais », au rang inférieur, obéissaient aux « maîtres médecins du Palais » et au « directeur des médecins », leur supérieur ; en haut de l'échelle se trouvait le fameux grand des médecins, médecin personnel du roi, considéré *de facto* comme le « grand des médecins du Nord et du Sud »[70] qui avait autorité sur l'ensemble des praticiens, y compris sur ceux qui vivaient à l'extérieur du palais. Pour autant, les titres de l'extérieur ne trouvaient pas forcément leur équivalent à la cour[71]. Deux grands des médecins dans le civil n'étaient pas forcément intégrés dans le système palatial au même rang. Mais tous avaient la possibilité de gravir progressivement les échelons, comme nous l'indiquent les titres qui figurent sur les monuments funéraires.

On sait par exemple qu'Iry, Nesemnaou, Niankhrê et Khnoumankhou ont successivement rempli au sein du palais royal les fonctions attachées aux titres de médecin du palais, de maître médecin du palais et de grand des médecins du palais.

La cour comptait également des spécialistes dotés, selon Thierry Bardinet[72], « des connaissances particulières dans le domaine des causalités pathologiques ». Certains praticiens cumulaient les spécialités, comme Iry, oculiste du Palais et médecin royal du ventre, ou Khouy, distingué par le titre particulier de « grand des dentistes ».

Ce corps hiérarchique a été sensiblement modifié au Moyen Empire : plus de « maître médecin », mais simplement des médecins *sounou*, dirigés par des « directeurs des médecins » et des grands des médecins[73].

Au Nouvel Empire, les « médecins du roi » constituent la base et le « grand des médecins du maître des deux terres » le sommet. On connaît le nom de l'un d'entre eux, Iouti, qui fut grand des médecins du maître des deux terres et grand des médecins. C'est seulement à la Basse Époque que les titres palatins redeviennent fréquents[74].

Ordre des médecins et secret médical

Comment les médecins gravissaient-ils les différents échelons de la hiérarchie ? Peut-être sur les indications d'un organisme de contrôle dont aurait pu dépendre ce corps médical. Ainsi Gilles Boulu[75] évoque deux papyrus susceptibles de provenir du temple d'Amon à Karnak et qui mentionnent l'existence d'un « bureau (ou service) des médecins du palais »[76].

D'autres écrits évoquent cette instance de contrôle, en lui attribuant une fonction de surveillance « sanitaire » stricte, notamment des soins donnés au roi. Un premier texte, rédigé en l'an II de Ramsès IX par le roi lui-même, donne ainsi des instructions au grand prêtre d'Amon, Ramsèsnakht, sur de la galène de grande qualité («deux fois bonne») à envoyer pour des collyres destinés au pharaon. Le produit aurait été inefficace, comme le souligne le texte: «lorsqu'on l'a (= la galène) donnée aux médecins du bureau (service) des médecins de pharaon, vie, prospérité, santé de la résidence, pour la traiter, on constata que cette galène était inefficace, n'ayant rien en elle qui fût digne d'entrer dans les collyres à l'usage des pharaons». Le produit aurait été renvoyé à l'expéditeur avec ordre d'en adresser une autre de qualité supérieure («quatre fois bonne») à l'intention du pharaon[77].

Un second papyrus, non daté, reproduit le texte d'une lettre adressée par un haut dignitaire, peut-être le vizir Neferrenpet, au médecin en chef Thel: « [X] parle au scribe et médecin en chef Thel du temple d'Amon et au suivant Ibhii (?) en ces termes: Je vous ai envoyés pour préparer la galène deux fois bonne dans une défense d'éléphant, (car) Pharaon, mon maître, a dit: "Fais en sorte qu'il le fasse ramener de nouveau". Quand cette lettre vous parviendra, faites diligence pour vous mettre en route afin de préparer cette galène pour Pharaon et de la faire envoyer au plus vite. Voyez, j'ai adressé une lettre au directeur du domaine d'Amon et prophète du temple de Khnoum (?) Hery à ce sujet. Le père divin Ounen-Nefer du temple d'Amon vous équipera pour faire aussi apporter cela. Voyez, soyez prudents, prenez garde et mettez-vous en route.[78]»

On ne sait pas par ailleurs si le médecin avait l'autorisation de dévoiler les maladies de ses patients à une tierce personne. Leurs remèdes, en revanche, devaient rester secrets, car certaines connaissances médicales semblaient «jalousement gardées par le médecin».

Cette notion du secret a été évoquée à de nombreuses reprises dans « le livre du cœur » du papyrus Ebers, intitulé *Secret du médecin*[79], qui reprend occasionnellement ce thème de la confidentialité : « Un traitement (= tiré du) (livre)secret des plantes qu'a coutume de préparer un médecin »[59], même si, d'après certains, cette notion de secret est toute relative et pourrait se traduire au mieux par « ce dont la compréhension est difficile »[80].

Autre tâche confidentielle pendant la période gréco-romaine : celle des rapports d'expertise médicale au cours de procès pour homicide ou agression[81] que les médecins pouvaient éventuellement fournir. Mais ces documents d'époque tardive ne constituent pas un argument suffisant pour affirmer que ce type de procédure existait dans l'Égypte pharaonique proprement dite[82].

« Combien vous dois-je ? »

Les médecins étaient-ils payés en fonction de leurs compétences, de leur titre ou de leurs résultats ? Difficile à dire, d'autant plus que la monnaie n'est apparue dans l'ancienne Égypte qu'à partir de la XXVIe dynastie[83]. C'est donc le troc qui constituait la base des honoraires, la plupart du temps versés par l'État, les médecins étant a priori des fonctionnaires. Dans les campagnes militaires, Diodore de Sicile les décrit nourris et logés par l'administration : « … dans les expéditions militaires et dans les voyages, tout le monde était soigné gratuitement car les médecins sont entretenus aux frais de la société. [84] » Des documents de Deir el-Medineh apportent quelques éclaircissements sur le montant de ces honoraires : des rations mensuelles de céréales (blé et orge) destinées à assurer l'alimentation de base, pain et bière constituaient le salaire minimum du personnel. À première vue, un ostracon de la XXe dynastie[85] donnant l'échelle des salaires versés au personnel de Deir el-Medineh semble présenter le médecin comme le membre de l'équipe le moins bien rémunéré, puisqu'il ne recevait que 1/4 de khar d'une espèce de graine (blé) et 1 khar d'une autre (orge) alors qu'un simple ouvrier recevait respectivement 3 et 4 khar[86]. Mais selon J.-J. Janssen[87], le chiffre mentionné indiquerait en réalité un supplément de salaire ajouté à celui de l'ouvrier: on obtient alors un total proche de la rémunération du chef d'équipe. Cependant, le papyrus de Turin, datant du Nouvel Empire, suggère lui aussi que le médecin était bien moins rémunéré qu'un scribe ou qu'un portier: « 2 khar de graines pour deux scribes, 3 khar pour un portier, 1 khar pour un médecin. » En dehors de ce salaire mensuel versé par un scribe, des honoraires pouvaient être perçus sous forme de cuivre et de natron[88], comme ceux qu'a pu verser un veuf nommé Usihé pour les soins dispensés à son épouse Menetnofré[89].

Cette rémunération était souvent proportionnelle à l'influence ou à la réputation des patients: ainsi Nebamon a-t-il reçu du prince syrien et de son épouse des esclaves, du bétail, du cuivre et du natron. Le pharaon lui-même offrait de l'or à certains de ses médecins ou leur remettait des colliers précieux au cours de cérémonies officielles[90]. Les médecins du palais pouvaient ainsi se voir attribuer par faveur royale, en sus de leur salaire, un emplacement funéraire, un mobilier pour l'au-delà ou une stèle, autant de présents à valeur plus symbolique que matérielle: qu'on se fie à ce titre à la scène figurée dans la chambre funéraire de Penthou, chef des médecins royaux sous Akhenaton, qui le représente honoré à trois reprises par de larges « colliers de reconnaissance » en or[91].

Tout semble donc indiquer que la plupart des médecins, parfois propriétaires de biens immobiliers et de divers terrains[92], devaient appartenir à la classe moyenne, celle des prêtres, des scribes, des artisans et des ouvriers spécialisés[75]. Les médecins attachés au Palais royal s'étaient sans doute élevés jusqu'à la classe supérieure, avec les hauts fonctionnaires.

« Faire médecine »

Pour imaginer le contexte dans lequel se formaient les médecins, il faut savoir que la grande majorité des Égyptiens ne bénéficiaient pas d'une éducation régulière ni structurée[93]. On estime qu'au Moyen Empire, sur 1,5 million d'habitants, seuls 5000 à 10000 adultes savaient lire et écrire, soit 0,33 % à 0,66 % de la population. Au Nouvel Empire, à Deir el-Medineh, ce taux atteignait 5 à 7 %[94].

Les parents et l'école

Ceux qui se destinaient à l'exercice de la médecine bénéficiaient d'une double formation : l'instruction individuelle d'origine familiale et un enseignement collectif délivré par des écoles[95]. L'éducation, avant tout pratique, reposait le plus souvent sur la transmission d'un savoir-faire d'une génération à l'autre. En échange de cet héritage, celui qui en était détenteur devenait l'unique soutien de toute la famille[96]. Selon Lefebvre[97], le médecin transmettait lui-même son savoir au fils qui, après sa mort, était destiné à hériter de ses prérogatives. Diodore de Sicile, à une époque plus tardive, avait établi le fait que « les enfants du peuple reçoivent l'éducation de leur père ou de leurs parents qui leur apprennent le métier que chacun doit exercer pendant sa vie »[98], ajoutant que « c'est le seul peuple qui interdise aux gens de pratiquer un métier différent de celui qui leur a été transmis par leurs parents »[99]. C'est ainsi qu'on a retrouvé la trace de véritables dynasties médicales, en particulier celle de la famille de Iouny, sous le Nouvel Empire[100].

Mais les apprentis médecins, comme les futurs prêtres et scribes, devaient sans doute suivre une période d'éducation générale, dispensée à l'école du palais ou dans les diverses maisons de vie du pays[101]. Cet enseignement de quatre ans se terminait à l'âge de dix ans, selon G. Boulu[102] : dans ce laps de temps on suppose que les élèves avaient appris à écrire correctement en se faisant dicter et en recopiant des textes, comme en témoignent les « brouillons d'écoliers » retrouvés à ce jour. L'enseignement s'appliquait selon la rude méthode du « bâton »[103] : « L'oreille du garçon est sur son dos, il écoute quand on le bat.[104] » Une fois cette phase de sa formation terminée, le futur médecin entrait en « apprentissage » chez son père ou chez un proche, puisque les parents n'étaient pas les seuls à se charger de son éducation, si l'on en croit G. Posener[105] : « La tradition de l'enseignement paternel était si bien ancrée dans les usages que tous les traités didactiques sont présentés par leurs auteurs comme des conseils du père au fils. Cependant, les rois confient les princes et les princesses de sang à des précepteurs. Les artisans et les bureaucrates placent leur progéniture en apprentissage. Le pas suivant est franchi lorsque plusieurs élèves sont rassemblés sous la direction d'un maître. L'instruction en groupe se pratique à la cour où la haute noblesse envoie les jeunes pour être éduqués avec les enfants royaux. Les administrations possèdent des centres de formation et il en est de même pour les temples. »

Les maisons de vie

Reste à mentionner un lieu original où se complétait la formation des médecins, selon Sir A. H. Gardiner[106] : les maisons de vie qui, en dehors d'une activité théologique propre, pouvaient abriter un département médico-magique. Dans ces centres distincts des sanctuaires, des « scribes de la maison de vie », ou hiérogrammates, sortes de lettrés ou de savants[107], écrivaient et recopiaient inlassablement d'anciens textes religieux et médicaux. Ils composaient un « collège de savants chargé de la protection de la vie du roi et des dieux », pour reprendre l'expression de A. Volten[108]. G. Lefebvre[109] a ainsi estimé que dans ces lieux avaient été dictés des livres très anciens que reproduisaient les papyrus médicaux, en réalité des manuels ayant appartenu à des médecins, augmentés des commentaires des scribes les plus expérimentés.

On a aussi comparé ces maisons de vie à des « centres de culture » dans lesquels étaient regroupés, en même temps que ces scribes spécialisés, des professeurs, des médecins, des astronomes-horologues[110] qui, toujours selon Lefebvre[111], étaient supervisés par des anciens capables de leur prodiguer des conseils inspirés par l'expérience, notamment en matière de théologie et de médecine. Ce sont peut-être là les personnages appelés « maîtres des secrets de la maison de vie » et « directeurs des écrits dans la maison de vie »[112].

Quant à l'existence d'un département médical dans ces endroits, Gilles Boulu[113] prétend la prouver de façon certaine par l'inscription biographique recouvrant la statue d'un certain Oudjahorresné, chef des médecins et chancelier des pharaons Amasis et Psammétique III[114]. Après l'invasion du pays par Cambyse II (roi de Perse à partir de 529 av. J.-C.), ce collaborateur dévoué avait été nommé chef des médecins, tout en conservant son titre de chancelier. Appelé à Suse, il était resté le conseiller très écouté du successeur de Cambyse II, Darius Ier. Pour « apaiser les esprits », ce dernier l'avait chargé de mettre en valeur « les écoles de pensée égyptienne »[115]: « La Majesté du roi de Haute et Basse Égypte Darius, qu'il vive éternellement, m'ordonne de retourner en Égypte – tandis que Sa Majesté se trouvait en Elam, alors qu'Elle était grand roi de tous les pays étrangers et grand souverain de l'Égypte –, pour permettre en l'état l'établissement de la Maison de Vie (consacrée à) la médecine, après qu'ils (étaient tombés en) ruine. Les Barbares me portèrent de pays en pays et me firent parvenir en Égypte, comme l'avait ordonné le seigneur du Double Pays. Je fis selon ce que Sa Majesté m'avait ordonné. Je les ai pourvus de tous leurs étudiants qui étaient des fils de personnes de qualité, sans qu'il y ait des fils de petites gens. »

À en croire cette inscription, l'admission dans les maisons de vie se faisait sur des critères qui laissent supposer, du moins à l'époque perse, « une ségrégation sociale »[116]. Un autre chef des médecins, Pay-Ef-Taou-Her-Aouy-Neith, aurait été chargé par le pharaon Apriès (XXVIe dynastie) de restaurer les maisons de vie du temple d'Osiris à Abydos[117].

Les prêtres de Sekhmet devaient y dispenser à leurs jeunes confrères en formation un enseignement théorique sous forme de dictée commentée : c'est ce que laissent penser les principaux papyrus médicaux dont nous disposons. En revanche, nous n'avons pas de preuve évidente attestant un enseignement clinique auprès des malades dans les maisons de vie. La seule indication dont nous disposons, relevée par Gilles Boulu[118], est fournie par le témoignage du médecin Oudjahorresné qui a doté les étudiants, affirme-t-il, de « tous les accessoires indiqués par les écrits… »

Mais on bénéficie d'une information intéressante sur ce type d'établissement grâce au titre du médecin Iouny, « celui qui connaît les secrets du coffre de Bubastis »[119]. Tout laisse supposer qu'il était possesseur d'un coffre d'Oubastet, renfermant sans doute des instruments de médecine et de chirurgie. Pour compléter, le papyrus du Caire 58027 mentionne un titre de « gardien de la myrrhe de la maison de vie », qui prouverait, selon F. Jonckheere[120], l'existence d'un « département pharmaceutique annexe au département médical et dans lequel on préparait des remèdes »[121].

La pratique médicale

« Ça vous chatouille ou ça vous gratouille ? »

Comme aujourd'hui, le médecin égyptien réalisait un examen clinique sur ses patients, cet acte qui conduit tout praticien à poser un diagnostic et à établir un pronostic afin d'appliquer le traitement approprié[122].

Cette consultation, lente et solennelle aux dires de G. Lefebvre[123], comptait trois étapes. Elle commençait par un interrogatoire rigoureux où le patient exposait ses doléances, orientant ainsi le diagnostic vers une région anatomique : « Si tu le questionnes sur l'endroit atteint qui est sur lui…[124] » Cet état des lieux permettait également d'évaluer l'état de conscience du blessé, comme le précise le papyrus Ebers n° 855 : « Son intérieur (*ib*) est oublieux comme quelqu'un qui pense à autre chose.[125] »

Suivait l'inspection du visage, des urines, des excréments, de l'expectoration. Le praticien examinait méticuleusement les plaies et les déformations de téguments à la recherche d'œdèmes ou d'hématomes et relevait les tremblements possibles ou les symptômes d'une paralysie… L'examen ne négligeait aucune anomalie, comme une raideur du rachis cervical en cas de traumatisme vertébral : « La vertèbre de son cou est pesante ; il ne lui est pas possible de regarder son corps.[126] »

Pour ce faire, tout était bon : le praticien n'hésitait pas à se servir de son odorat, comme le suggèrent les comparaisons olfactives dans les papyrus. Celui de Kahoun attribue ainsi à une maladie féminine une odeur de « viande rôtie ». Idem pour le toucher : la palpation permettait de déceler une fièvre anormale mais aussi d'examiner l'abdomen, des tumeurs ou des blessures. Le praticien est, par exemple, susceptible de sentir des crépitations sous ses doigts, signes de fractures, lorsqu'il explore toute plaie des parties molles à la recherche d'une lésion osseuse sous-jacente[127]. Mais cette palpation avait avant tout une importance symbolique, en scellant un contact étroit entre le médecin et le malade par l'intermédiaire des doigts. Cette forme d'apposition des mains, en dehors de son aspect rassurant, devait circonscrire le mal et même l'extirper.

En revanche, les médecins égyptiens pratiquaient-ils, oui ou non, la palpation du pouls, et en connaissaient-ils la signification ? Sur ce point, la glose du papyrus Edwin Smith (« Quand tu examines un homme, c'est comme compter les choses avec un boisseau (mesure à blé) ou compter quelque chose avec les doigts »)[128] a donné lieu à des interprétations. J. G. W. Gispen[129], B. Ebbel[130] et J. H. Breasted[131] ont ainsi affirmé l'existence de cette pratique : en ce cas, les médecins égyptiens auraient inspiré Hérophile de l'école d'Alexandrie (340-300 av. J.-C.), qui, aux yeux de la tradition, aurait le premier établi l'importance de cet acte, en utilisant une clepsydre. Or les médecins égyptiens disposaient eux-mêmes de cette horloge à eau, apparue dès la

XVIIIe dynastie sous Thoutmosis III[132]. On en a d'ailleurs retrouvé une au nom de Mineptah dans les fouilles de Gaza. Mais en définitive, la réponse reste en suspens. Selon Dominique Spaeth : « Le débat n'est pas clos ; en tout cas s'ils ne comptaient pas le pouls, on peut supposer qu'il faisait l'objet d'une étude qualitatitve (force, rythme) et semi-quantitative (lent ou accéléré) bien que les textes retrouvés n'en fassent pas mention. [133]» En revanche, tout, dans les papyrus médicaux, semble indiquer que les médecins égyptiens connaissaient l'importance des examens répétés sur un même malade pour asseoir un véritable suivi médical[134].

Au terme de cet examen rigoureux et rationnel, réalisé selon un véritable protocole, le médecin passait à l'exposition de plusieurs symptômes et signes fonctionnels : « Si tu examines un homme ayant... » Puis il établissait un diagnostic : « Vous direz en ce qui le concerne : un malade qui souffre de... » avant de proposer un pronostic, adapté à la gravité du cas : une variation qui laisse penser que les médecins connaissaient leurs limites, même s'ils prodiguaient des soins aux incurables pour ne pas les abandonner.

La rationalisation de la pratique médicale, dépendant d'un examen clinique rigoureux, ne doit pas faire oublier la nature essentiellement pragmatique de la médecine égyptienne : les Égyptiens s'intéressaient avant tout aux symptômes, comme la toux ou la fièvre, et ce n'est qu'occasionnellement qu'ils pouvaient identifier un véritable syndrome. C'est cependant cette conceptualisation à peine esquissée qui a accompagné l'élaboration de la nosologie qu'on leur doit, et conduit à considérer les maladies comme des entités à part entière, dignes d'être combattues.

L'examen clinique terminé, les médecins traitaient leurs malades en utilisant indifféremment la magie et la médecine, séparément ou en association, pour atteindre un double objectif: «Assurer le maximum d'efficacité aux traitements qu'ils ordonnaient en provoquant une action sur le psychisme de leurs patients, et faire en sorte que les privilèges attachés à l'exercice d'une profession particulièrement rentable demeurent réservés à une élite.[135]»

En somme, 4000 ans avant Freud, les médecins égyptiens avaient compris l'importance du psychisme dans les troubles médicaux[136]. Cela explique aussi pourquoi ils avaient recours à la magie quand le traitement médical s'avérait insuffisant.

Pour autant, il ne faut pas croire que les médecins étaient libres de traiter le patient à leur guise. Ils devaient au contraire se conformer scrupuleusement aux textes médicaux d'inspiration divine, considérés comme sacrés et donc immuables. Diodore de Sicile a bien expliqué que les médecins égyptiens «établissent le traitement des malades selon des préceptes écrits, rédigés et transmis par un grand nombre d'anciens médecins célèbres. Si en suivant les préceptes des livres sacrés, ils ne parvenaient pas à sauver le malade, ils étaient déclarés innocents et exempts de tous reproches. Si en revanche ils agissaient à l'encontre des préceptes écrits, ils pouvaient être accusés et condamnés à mort, le législateur estimant que peu de gens trouveraient une méthode curative meilleure que celle observée depuis si longtemps et établie par les meilleurs hommes de l'art.[137]» Aristote, qui a vécu à l'époque des derniers pharaons indigènes, indique aussi qu'«en Égypte, il est permis aux médecins d'agir après le quatrième jour: s'ils le font plus tôt, c'est à leurs risques et périls.»

Les Égyptiens avaient donc adopté 4 millénaires avant nous «le principe d'obligation de moyens mais pas de résultats», une conception de la thérapeutique particulièrement novatrice dans le domaine de la pensée médicale. Toutefois on peut se demander si l'obligation de se référer aux textes anciens et le respect aveugle de la tradition n'ont pas limité de fait les progrès de la médecine pharaonique.

Médecins et magiciens

L'utilisation thérapeutique de la magie par les Égyptiens, elle, renvoyait à une conception du monde où « tout était porteur de signification et [où] il n'existait aucun hasard »[138].

Quatre concepts fondamentaux, admirablement décrits par P. Ghalioungui[139], la régulaient. Selon le premier – le principe d'identité –, la représentation d'un individu, la prononciation ou l'écriture de son nom avait assez de puissance pour signifier cet individu même, qu'il s'agisse d'une plante, d'un organe ou d'un symptôme. Il pouvait correspondre au remède par son aspect, sa couleur ou son nom. Une pierre rouge, par exemple, était susceptible d'arrêter une hémorragie[140].

Le deuxième principe, celui de la solidarité, associait toutes les parties du corps entre elles. Les Égyptiens pensaient ainsi qu'il était possible d'agir sur un individu à partir d'une mèche de cheveux ou même d'un bout de ses vêtements.

Le troisième, celui de l'homéopathie, laissait entendre que « le semblable appelle le semblable »[141], autrement dit que « deux événements qui se suivent une fois se suivront forcément à l'avenir ».

Enfin le quatrième et dernier principe, inspiré de la légende d'Isis et d'Osiris, associait la mort à l'image d'« un long sommeil »[142].

La médecine magique reposait avant tout sur la parole : à chaque affection correspondaient des formules à réciter. Un rite manuel pouvait leur être associé, avec des objets à manipuler.

Quel était le protocole? Avant toute chose, le médecin devait détourner les menaces que la magie, technique dangereuse, pouvait attirer sur lui. On trouve ainsi dans le papyrus Ebers trois textes destinés à assurer la protection du médecin qui allait s'en servir: «il s'agit d'un véritable prologue magique»[143].

Les deux premiers immunisaient le médecin contre les dangers potentiels du contact avec le malade et son environnement. L'origine divine des formules y était établie, et les médecins et magiciens eux-mêmes représentés comme des émules de Thot; le dieu bienfaisant, chargé par Rê de protéger l'«humanité souffrante», leur aurait en effet transmis sa science et sa puissance.

«Je suis sorti d'Héliopolis en compagnie des grands des temples, les détenteurs des moyens de protection, les souverains de l'éternité. De même, je suis sorti de Saïs, en compagnie de la Mère des dieux. Ils m'ont donné leurs moyens de protection. (Ainsi) je possède les paroles que créa le Maître universel pour chasser l'activité d'un dieu, d'une déesse, d'un mort ou d'une morte et ainsi de suite, qui se manifeste de cette mienne tête, dans ce mien cou, dans ces miennes épaules, dans cette mienne chair, dans ces miens endroits du corps, et (je possède les paroles) pour punir le Calomniateur, le chef de ceux qui font entrer le désordre dans cette mienne chair en rongeant des miens endroits du corps, en entrant dans cette même chair, dans cette mienne tête, dans ces miennes épaules, dans ma chair superficielle, dans ces miens endroits du corps. J'appartiens au dieu Rê. Il a dit: C'est moi qui le protégerai contre ses ennemis. Thot est son guide, lui qui a fait que je parle l'écrit, qui a fait les complications médicales, et a donné le pouvoir aux savants et aux médecins qui sont dans sa suite de délivrer (les malades). Je suis celui qui est aimé du dieu, il me gardera en vie. Paroles à réciter au moment de placer une médication sur tout endroit souffrant du corps d'un homme.

Véritablement efficace, un million de fois» (Introduction du papyrus Ebers n° 1)[144].

Le troisième texte du manuscrit, lui, aide à soigner un médecin tombé malade, attaqué en représailles par les démons contre lesquels il livrait un combat quotidien[145].

Après ce prologue, la partie verbale du rite se poursuivait par des incantations: toute leur efficacité résidait dans la forme, le son et le rythme de cette litanie, et reposait sur le quadruple principe du transfert, des mythes artificiels, des formules incompréhensibles et des empreintes magiques.

Dans le transfert, le médecin magicien assurait le déplacement de la situation éprouvée par le patient dans le monde divin[161]. Le papyrus Chester-Beatty n° 5 en donne un exemple: il s'agit d'un texte de protection destiné à traiter la migraine, symbolisée ici par les serpents: «Charme pour chasser la migraine. La tête d'un tel, fils d'une telle, est la tête d'Osiris Onnophris, sur la tête de qui furent placés 367 serpents divins, qui crachent des flammes, pour les contraindre à abandonner la tête d'un tel, fils d'une telle, comme la tête d'Osiris.[146]»

À travers cette incantation, le médecin magicien donnait une explication rationnelle à l'origine de l'affection, en s'appliquant à la transférer dans le monde divin. Pour les dieux, guérir le patient était l'unique moyen de rétablir l'ordre du monde. Autre élément du traitement: l'invention de mythes artificiels. La mythologie traditionnelle ne constituait pas une matière suffisante pour y puiser toutes les analogies en rapport avec les nombreuses misères humaines[147]. Certaines incantations, comme celle du papyrus Hearst, font ainsi mention d'un Horus victime d'une morsure de serpent, d'une piqûre de scorpion ou encore d'une blessure à la tête.

En plus de mythes inconnus, le médecin magicien exploitait l'obscurité même de ses propos, qui impressionnait le patient beaucoup plus qu'une formule claire. Dans les gloses du papyrus de Londres, on trouve ainsi nombre de mots en différentes langues étrangères.

« Conjuration de la maladie cananéenne d'après ce que disent à son propos les habitants du Keftiou (= les Crétois) : (Ô)senti, (Ô) kapoupi, loin de (moi), Ô Yamentiro, (Ô)karo. Que l'on dise cette formule sur : liquide (*gachou*) fermenté, urine, (*sedjet*). Lui appliquer » (Papyrus de Londres n° 32)[148].

Les empreintes magiques, enfin, dernière technique magique remarquable, étaient utilisées non pas sur les vivants mais sur les morts[149]. Le médecin magicien qui n'avait pu sauver son patient devait se rattraper en protégeant le défunt lors de son passage dans l'au-delà. Il élaborait donc des figurines destinées à conjurer les « morts dangereux » : pour ce faire, il pouvait mutiler ou hérisser de couteaux les signes hiéroglyphiques représentant des animaux nuisibles. C'est ainsi qu'on rencontre parfois le signe du lion coupé en deux dans l'Ancien Empire ; au Moyen Empire, c'est le serpent qui subit le même traitement ou qui est décapité[150].

Les thérapeutiques sacerdotales

L'utilisation des procédés magiques n'était pas le seul lien que la médecine entretenait avec la religion. Elle s'exerçait aussi dans les temples, où les patients venaient fréquenter les sanatoriums et provoquer des songes thérapeutiques.

Les sanatoriums étaient des établissements situés dans des temples, que les malades en quête de guérison commencèrent à fréquenter à partir de la Basse Époque et durant toute la période ptolémaïque. Deux d'entre eux, le temple d'Hatchepsout et le temple de Dendérah, ont fait l'objet de descriptions et nous sont mieux connus.

Le premier, creusé dans la montagne sur ordre de la reine Hatchepsout, était situé à Deir el-Bahari, en Haute Égypte, face à Thèbes, sur la rive ouest du Nil[151]. Sa terrasse supérieure avait été dédiée à Imhotep et à Amenhotep au cours de l'époque ptolémaïque. Ce temple accueillait les malades dans la première de ses deux chapelles: là, une voix grave surgissait de la nuit pour indiquer les remèdes thérapeutiques. Les malades étaient alors persuadés qu'une intervention surnaturelle facilitait leur rétablissement: on a ainsi retrouvé des graffiti sur les murs du sanctuaire, probablement gravés ou peints par les patients en attente de guérison, à l'image de celui-ci: «Andromachos, un Macédonien, un homme de peine, vint au bon dieu Amenhotep; il était malade et ce dieu l'a guéri ce même jour»[152].

Le temple de Dendérah, lui, consacré à Hathor, avait tout d'un établissement thermal, avec son couloir de statues guérisseuses. L'eau alimentait des cuves en pierre de différentes tailles où les malades venaient se baigner dans l'espoir d'une guérison[153].

Mais ce n'était pas le seul traitement appliqué par les prêtres dans ces sanatoriums: on provoquait aussi des songes thérapeutiques, au cours d'une ou de plusieurs nuits que le malade passait dans ce lieu après avoir assisté à une journée entière de cérémonie[154]. Puisque le sommeil était considéré comme le moyen de se plonger dans le royaume des morts, le malade avait alors la possibilité de questionner les dieux et de leur demander une éventuelle guérison.

Médicaments et pharmaciens

La pharmacopée égyptienne, qui se distingue par sa richesse, est peut-être à l'origine de notre pharmacie, ne serait-ce qu'étymologiquement. En effet, selon Naguib Riad[155], le terme grec «pharmakon» viendrait de «ph-ar-maki» qui signifie «qui procure la sécurité», l'un des qualificatifs de Thot, le célèbre dieu guérisseur à la tête d'ibis. Les préparations médicamenteuses étaient souvent longues, compliquées et surtout fort nombreuses, comme si le praticien égyptien les avait multipliées pour un maximum d'efficacité: d'autant plus qu'à ces préparations il associait parfois la récitation de formules magiques. Soyons toutefois prudents pour interpréter le sens exact de ces thérapies, car nombre de produits qui entrent dans la composition de ces médicaments nous restent inconnus à ce jour, comme l'«œil du ciel», l'«onguent coûteux», la «queue de rat», la «tête d'âne» ou la «dent de porc» et ce malgré les 240 traductions proposées par B. Ebbel[156] pour les 400 noms de drogues figurant dans le papyrus Ebers. On peut leur ajouter 358 traductions acquises, 167 douteuses ou méconnues et 19 illisibles tirées de l'étude de Grapow sur 500 produits relevés dans cette pharmacopée égyptienne.

Même si nous n'avons pas connaissance des ingrédients, nous savons cependant que la préparation des médicaments inscrite sur les papyrus médicaux obéit à des règles précises et claires, bien réparties: d'abord l'inscription et l'énumération des différentes substances utilisées avec mention de la proportion (et non du poids, car les composants étaient mesurés et non pesés). Pour leur mesure, les unités de référence étaient le boisseau ou *heqat*, l'équivalent de 4,5 litres, initialement prévu pour les céréales[157] et qui pouvaient se décliner en fractions dans les recettes les plus détaillées.

La souscription, ensuite, donnait les indications techniques nécessaires à la confection du remède (broyage, cuisson, mélange, etc.). La bière, le vin, l'eau et le miel fournissaient les véhicules le plus courants pour faire passer la substance active.

L'instruction, enfin, renseignait sur le mode d'administration des remèdes. Les Égyptiens utilisaient les potions, les gargarismes et bains de bouche, les infusions, les décoctions, les macérations, les pilules, les pastilles, les boulettes, les cataplasmes, les onguents, les pommades ophtalmiques et auriculaires, les emplâtres, les collyres, les inhalations, les fumigations, les suppositoires, les lavements, les tampons et les injections vaginales. Ajoutons à cette longue liste les pâtes à appliquer sur les dents cariées, et les seins de la nourrice enduits du remède avant la tétée. Détail intéressant, les recettes précisaient l'âge des patients concernés, l'heure à laquelle le remède devait être administré, le jour ou la saison, et la durée du traitement. Il arrive même que la température soit indiquée : « (Ce) sera cuit et absorbé (en ayant été porté) à une température convenable au doigt.[158] »

Cette pharmacopée reposait essentiellement sur l'application de trois types de substances d'origine minérale, végétale et animale[159] à vertus thérapeutiques. Les médecins utilisaient ainsi l'albâtre dans la préparation d'onguents pour la peau (Ebers 714 et 715, Hearst 153-154), et l'ocre jaune (argile riche en oxyde ferrique hydraté) pour traiter le trachome et la pelade. Ils se servaient aussi de la galène (sulfure de plomb) et du chrysocolle (sulfate de cuivre hydraté) dans des recettes ophtalmologiques. On pourrait citer d'autres substances minérales utilisées à des fins thérapeutiques similaires : le sulfure d'arsenic, la brique, l'argile, la terre, la faïence, le granit, le gypse, la pierre de Memphis (sans doute du calcaire), la malachite, les éclats de meule, la boue, le sable, la suie et l'antimoine.

Parmi les plantes utilisées par les Égyptiens, les fruits du sycomore, la coloquinte, les figues, le ricin et l'aloès fournissaient les meilleurs laxatifs et les graines de genévrier, la bryone et la scille faisaient de bons diurétiques. Quant à la levure de bière, préconisée par les Anciens pour traiter les affections intestinales et les maladies de la peau, elle contient de la vitamine B et posséderait des vertus antibiotiques contre le staphylocoque.

Les substances d'origines animales et humaines, elles, entrent dans la composition de plus de la moitié des 1740 recettes recensées.

Outre le miel, fréquemment mentionné pour ses propriétés adoucissantes, antibactériennes et antifongiques[160], les Égyptiens privilégiaient le lait de vache, les graisses d'animaux et la viande fraîche, dont le foie, riche en vitamine A, pour les recettes ophtalmologiques. Mentionnons encore une thérapeutique dite excrémentielle (fiente, urine, chiures de mouches...) abondamment attestée, qui soulève aujourd'hui encore bien des interrogations.

Le médecin se chargeait lui-même de préparer ces recettes – du moins d'après ce qui ressort des papyrus médicaux. Mais il pouvait être secondé par un assistant avec lequel il partageait ses secrets. Ainsi, un journal de chantier inscrit sur un ostracon du Nouvel Empire nous révèle que l'ouvrier Pa-Héri-Padjet fait office de préparateur de remèdes pour plusieurs personnes: une telle responsabilité pouvait se traduire par plusieurs titres. Plus largement, la préparation pharmaceutique pouvait dépendre d'une organisation, peut-être au sein de la maison de vie[161], et dont l'administrateur avait le titre de « chef des pharmaceutes ». Une fois contrôlées par le prêtre (*sem*), « l'homme aux plantes médicinales », les plantes y étaient entreposées sous la surveillance du « gardien de la myrrhe ». Aurait-on là les vénérables ancêtres des préparateurs en pharmacie, voire des pharmaciens?

Ciseaux! Bistouri!

Malgré la précision remarquable des observations chirurgicales exposées dans le papyrus d'Edwin Smith[162], la description des instruments ou des moyens chirurgicaux utilisés ne brille pas par sa clarté : à peine font-ils l'objet d'une évocation sommaire dans les paragraphes consacrés aux différents traitements. Ces maigres indications sont malgré tout complétées par les résultats des fouilles archéologiques qui ont mis au jour de probables instruments chirurgicaux, témoignages directs de l'excellent niveau technologique des Égyptiens.

Parmi les instruments dont ils disposaient, on retrouve le couteau « *des* », le couteau « *ses* », le couteau « *nepet* », la pince « *hemehou* » et même un jonc utilisé pour inciser, un instrument à usage unique. Mais nous sommes incapables de savoir à quels outils modernes ces différentes reliques peuvent correspondre. Il nous est ainsi parvenu un grand nombre de pièces que nous qualifions, faute de mieux, de « chirurgicales ».

En revanche, les outils d'embaumement, parfaitement identifiés et conservés : scalpels droits, lancettes, couteaux à la lame en bonnet phrygien arrondie à la pointe et à la base, couteaux en cuivre et en bronze, pierres aiguisées de toutes formes utilisées au cours des circoncisions, ainsi que des pinces droites ou recourbées[163]. Certains de ces instruments sont d'ailleurs représentés dans le temple de Kom-omb, édifié pendant la période ptolémaïque.

Arrêtons-nous un instant sur les lames-sondes, particulièrement effilées et aiguisées, qui ont pu servir à des ponctions ou des sondages de tuméfactions. Une fois chauffées au feu, elles pouvaient aider à l'ablation de tumeurs ou d'abcès en cautérisant la plaie. À ce propos, deux types de cautères ont été distingués : le *hemen*, probablement un cautère métallique ou une lancette chauffée au feu (Ebers n° 872), et le *dja* (Smith n° 39) ou « bâton de feu » dont le hiéroglyphe apparaît dans les textes dès les premières dynasties. Ce dernier instrument était une sorte de foret dont on plaçait l'extrémité pointue dans une cavité, creusée dans un bloc de bois. Après un mouvement de rotation entre les mains ouvertes ou au moyen d'un archet, une étincelle jaillissait et embrasait le bout pointu du bâton. Avec cet instrument rudimentaire, le praticien pouvait réaliser des pointes de feu et cautériser des abcès ou des furoncles...

Dans l'ensemble, l'ingéniosité des praticiens était remarquable: un cas de tétanos céphalique[164] aurait ainsi été résolu grâce à un roseau par lequel on introduisait une boisson ou un aliment liquide dans la bouche du malade. Un roseau identique, mais biseauté, aurait servi à percer et à drainer une tumeur liquidienne[165]. Le «médecin des yeux» lui-même utilisait un roseau long et souple (ou encore un tuyau de plume de vautour) pour injecter un collyre dans un œil malade.

Bandages et sparadrap

Pour panser les plaies, les Égyptiens préféraient la toile de lin à la laine, une matière jugée impure; le coton, apparu beaucoup plus tard en Égypte, ne leur était pas connu tandis que «le lin (à l'origine *linum humile* et maintenant *linum usitatissinumi*) a été cultivé en Égypte depuis des temps très reculés»[166]; la toile a été fabriquée dès les périodes néolithiques, prédynastiques et dynastiques. Les Égyptiens s'en servaient dans deux situations chirurgicales: pour le traitement des plaies, et pour la fabrication des bandages ou le maintien des pansements.

Au contact direct des plaies, ils plaçaient soit des compresses, soit des charpies, soit encore des tampons de lin qui avaient la propriété d'absorber les sérosités. Ces pièces de tissu pouvaient à l'occasion être le support de préparations pharmacologiques[167], par exemple à base de graisse et de miel. Qu'on pense à cette prescription d'une compresse mouillée et accompagnée de sable du désert pour guérir une morsure de serpent dans le papyrus de Brooklyn n° 44; ou encore à cette mèche de lin sèche, placée à l'entrée d'une blessure au cou pénétrant jusqu'à la trachée[168]. Selon J. H. Breasted[169], cette mèche était peut-être destinée à drainer le pus par capillarité, en lieu et place du traditionnel pansement de miel et de graisse.

En effet, le pansement le plus souvent mentionné, à appliquer sur des plaies ouvertes, intégrait, le premier jour, de la viande fraîche pour un effet calmant grâce à son caractère astringent et homéostatique[170], puis une préparation à base de miel, de graisse et de fibre végétale jusqu'à guérison définitive. Le papyrus de Brooklyn mentionne aussi l'application de viande saignante (en particulier de varan) sur les morsures récentes: la prédilection pour ce traitement vient de l'ancienne croyance, selon laquelle la viande prélevée sur un animal récemment abattu était encore imprégnée de vie.

Quant au miel, il possède des propriétés hygroscopiques qui lui donnent un pouvoir antiseptique en modifiant le milieu dans lequel se développent les germes, ce qui protège en partie de l'infection des plaies. Mais toutes les substances sucrées en général étaient connues empiriquement pour leur action bénéfique sur la cicatrisation des plaies et des ulcères.

La graisse, elle, purifiée à la chaleur pour provoquer la saponification, était privilégiée en raison de son rôle adoucissant, ou pour éviter l'adhérence du tampon de lin sur la plaie. La cire d'abeille venait parfois compléter ces recettes, ainsi que les produits d'origine végétale: l'acacia (*acacia vera*) et le saule pour leur action astringente, le sycomore, le jujubier pour les morsures de vipères, les caroubes, la mauve, le mélilot, le ricin, la valériane et l'oignon.

Des minéraux tels que l'alun, le minium, le sel du nord (ou natron), la limaille de cuivre, l'ocre rouge étaient également appliqués localement.

Des liquides comme le lait, l'huile, le vin ou l'eau servaient souvent d'excipient dans les préparations d'application locale.

Les produits susceptibles de fermenter tels que la bière, les mucilages d'orge, les dattes et la farine étaient également utilisés localement en raison de leur action adoucissante. Toujours avec le lin, les Égyptiens tissaient des bandelettes de différents formats et d'une texture plus serrée, pour protéger une plaie en maintenant les préparations locales et assurer simultanément une excellente contention mécanique sur des blessures béantes ou des fractures. J. H. Breasted[171] reste ainsi admiratif devant l'extraordinaire savoir-faire des embaumeurs, passés maîtres dans l'art d'appliquer et d'arranger les bandelettes, une habileté dont les momies rendent parfaitement compte. De là à se demander si les médecins égyptiens n'avaient pas acquis les mêmes compétences dans le domaine du bandage, il n'y a qu'un pas, que franchit F. Jonckheere : ce dernier a donné comme preuve la description d'une série de bandages « croisés » ou « en huit » pour la tête, des « *spicas* simples » pour l'aine ou le bassin, de « doloires » pour les membres et des « roulés complets » pour les pieds.

Ce même tissu enfin, taillé en bandes, servait à fixer les attelles, pour immobiliser les fractures[172]. Selon Lefebvre, celles-ci étaient préalablement recouvertes de toile avant application, ce qui revenait à les rembourrer[173], comme on a pu le constater sur le corps d'une adolescente de quatorze ans dont le fémur droit brisé était maintenu par quatre attelles de bois, recouvertes de lin, appliquées autour de la cuisse jusqu'au genou, et d'un homme dont la fracture de l'avant-bras est immobilisée au moyen de trois attelles en écorce couvrant le coude et le poignet.

Réservées à un tout autre usage, mais toujours dans le même matériau, de fines bandelettes de lin appelées *awi* ou *aawi*, toujours décrites par paires dans le traitement des plaies, étaient appliquées comme du sparadrap en travers de la blessure béante afin de rapprocher les lèvres de la plaie pour accélérer la cicatrisation[174].

D'autres substances, selon Lucas[175], auraient pu être utilisées comme adhésifs ou entrer dans leur composition, au premier chef la cire d'abeille dont la culture remonte à l'Ancien Empire, comme l'attestent certains bas-reliefs. Ou encore le *diapalme*, la cire de palmier. Mais la cire est mentionnée dans plusieurs préparations pharmacologiques du papyrus de Brooklyn, sans que l'on puisse en préciser l'origine. Par ailleurs, les Égyptiens avaient fabriqué une colle à partir d'extraits d'animaux (os, peau, cartilage ou tendons), broyés jusqu'à former une gélatine que l'on faisait bouillir puis sécher par évaporation. Sans compter les gommes, comme celles extraites du dellium, de la myrrhe et des espèces variées d'acacia qui poussaient en Égypte et au Soudan. Les résines extraites principalement de certains conifères de la région orientale du Bassin méditerranéen, tels le cèdre du Liban, le pin de Cilicie et le pin d'Alep, pouvaient elles aussi servir de matière adhésive.

Mais quand il fallait recoudre la plaie ? Le papyrus Smith semble indiquer que les Égyptiens étaient capables de suturer au fil une plaie ouverte[176]. Selon Lefebvre, les fils employés à cette fin provenaient en réalité de l'intestin d'un animal débité en fines lanières, ou des cordes de boyau[177]. Sir F. Petrie aurait même retrouvé des aiguilles susceptibles d'avoir été utilisées pour ce type de sutures.

Antiseptiques et analgésiques

Les Égyptiens connaissaient-ils les substances à action antiseptique ? Le papyrus Edwin Smith propose l'application d'une décoction de feuilles de saule sur une plaie du thorax infectée[178], une préparation qu'une expérience séculaire présentait sans doute comme antiseptique. Il est vrai par ailleurs que l'écorce de saule, dont on extrait la salicine, possède un pouvoir astringent et fébrifuge. D'autres substances végétales, comme la farine d'orge, exerçaient elles aussi une action résolutive : citons aussi les cendres du bois de jujubier mélangées à du vinaigre et l'oignon, une préparation à l'action vasodilatatrice appliquée sur les morsures de serpent.

Reste une curieuse substance appelée *imrw*, sept fois citée dans le traité Edwin Smith, et dont Pline[179] mentionne l'usage en médecine à l'époque romaine. D'autres textes égyptiens font état de son emploi comme astringent. Selon J. H. Breasted, elle pouvait servir de désinfectant sur les plaies souillées[180] et pourrait être en réalité de l'alun, un minéral extrait des mines de Dakhla et Kharga dans le désert à l'ouest de la vallée du Nil. Entre autres minéraux utiles, on relèvera aussi le cuivre : des déchets en sont appliqués sur une morsure de vipère[181], en raison de sa capacité à atténuer la virulence du venin. L'oxyde de cuivre, doté d'une action résolutive et astringente et associé en pommade à de l'oxyde de zinc, était employé dans le traitement des furoncles et des anthrax.

Quant à la douleur, les Égyptiens savaient-ils la soulager ? Réalisaient-ils des anesthésies sous une forme quelconque ? Outre le pavot et la mandragore, représentés sur des bas-reliefs et des colliers, les chercheurs se sont intéressés à la « pierre magique », calcaire des environs de Memphis. Dioscoride précise en effet que les Égyptiens pratiquaient une curieuse forme d'anesthésie locale avec cette pierre réduite en poudre et appliquée sur l'endroit concerné. Pline[182] de son côté l'a décrite comme du marbre mélangé à du vinaigre pour provoquer un dégagement de gaz carbonique[183]. Mais, selon Nunn, si l'inhalation de gaz carbonique à 20 % entraîne une légère perte de connaissance, elle ne provoque pas une anesthésie à proprement parler[184]. Dans sa thèse sur les poisons en Égypte[185], Baslez a rapporté deux hypothèses communément admises sur cette « pierre magique » : selon les avis, il s'agirait d'un asphalte qui libérerait au contact de la flamme des vapeurs bitumineuses abondantes, capables d'étourdir le sujet, ou bien d'une pierre siliceuse, revêtue d'un enduit narcotique à base d'opium.

Sur la piste des momies : la paléopathologie

Momifier : pourquoi, comment?

L'objectif des chercheurs en paléopathologie, cette « science des maladies dont on peut démontrer l'existence sur des restes humains et animaux des temps anciens », dignes héritiers de Sir Armand Ruffer, est de percer les mystères de l'être momifié pour recueillir des informations d'ordre scientifique, en particulier dans le domaine de la médecine égyptienne.

Les relations entre embaumeurs et médecins

Faisons une première mise au point indispensable sur les rapports entre les momies et la connaissance médicale. Outre les informations pathologiques et médicales que l'on peut tirer de leur analyse, les momies ont longtemps été considérées comme liées à la médecine parce que l'on croyait que la particularité des rites funéraires supposait chez les thérapeutes des connaissances anatomiques développées. La première erreur moderne a donc été de croire que les Égyptiens auraient été les précurseurs de l'anatomie grâce à la parfaite maîtrise de la technique de momification[1] ; la seconde, de penser qu'ils réalisaient couramment des autopsies à but scientifique, comme l'a laissé supposer Pline l'Ancien : « Il était de coutume pour les médecins d'examiner les corps des patients décédés pour déterminer les causes de la mort.[2] »

Si cette pratique était en usage au cours de la période gréco-romaine dans l'école d'Alexandrie avec Érasistrate et Hérophile[3], il est peu probable en revanche que les médecins égyptiens de l'époque pharaonique, qui identifiaient tout cadavre à « la chair d'Osiris »[4], aient jamais procédé à des dissections méthodiques, au risque de commettre une profanation. Cela explique la confusion qui existe dans la description des artères, des veines, des lymphatiques et des canaux glandulaires, désignés sous le nom générique de *metou*, « conduit ».

Certains auteurs ont toutefois supposé que des médecins égyptiens, après avoir assisté au travail des embaumeurs, aient pu s'inspirer de leurs connaissances : G. Lefebvre[5] a ainsi laissé entendre que la pratique très ancienne de l'embaumement avait permis d'établir, sinon une connaissance, au moins une conception anatomique inconnue des autres peuples orientaux. Selon Dolfus, les observations du papyrus Smith laisseraient penser que des relations au moins livresques s'étaient établies entre médecins et embaumeurs[6], comme c'est le cas ici : « Elle désigne le (même) pansement que celui qui est à la disposition de l'embaumeur, et que le médecin utilise » (papyrus Smith, n° 4, 19-V, 5).

D'ailleurs, plusieurs familles comprenaient à la fois des médecins et des embaumeurs. Ainsi, sur une stèle d'offrandes d'Abydos du Moyen Empire, Nemtiemhat a été désigné sous l'appellation de chef des médecins et de *herep Serket*, tandis que son frère Chedoui était prêtre (*sem*) et « embaumeur » (d'Anubis), et son fils Tétou, à la fois prêtre-lecteur et *hery-tep* « supérieur des mystères de la salle d'embaumement ». L'existence de ces titres au sein d'une même famille laisse penser que cette relation n'était pas fortuite, et permet de supposer un savoir-faire commun[7].

En définitive, même si les relations entre les deux professions sont probables, l'essentiel des connaissances anatomiques dont disposaient les médecins de l'Égypte ancienne devait surtout provenir de l'examen des blessés et des études anatomiques réalisées sur les animaux. En effet, dans l'écriture hiéroglyphique, les symboles du cœur, de la langue, des dents, de l'utérus comprennent un déterminatif animal, ce qui traduit la reconnaissance de leur homologie avec les organes humains et l'influence d'une anatomie comparative.

La conception complexe de la personnalité humaine

Tout repose sur la conception égyptienne de la personnalité humaine[8]. L'homme n'était pas considéré comme une unité mais plutôt comme un être complexe constitué de huit composantes étroitement liées – quatre sur le plan concret (le corps: *khet*, c'est-à-dire l'enveloppe charnelle de l'individu, le nom, le cœur et l'ombre) et quatre autres sur le plan imaginaire (l'*Akh*, le *Ka*, le *Ba* et le *Sahu*). La mort dissociait ces huit éléments matériels et immatériels, ces derniers continuant à vivre de leur côté en dehors de l'enveloppe corporelle. Il fallait donc préserver à tout prix le corps (*khet*) après le décès pour qu'il devienne céleste, et annuler toute possibilité de décomposition pour que le *Ka* et le *Ba* soient capables de « reconnaître » l'enveloppe qui les avait abrités une vie durant: la réintégration de ces éléments était en effet la condition *sine qua non* pour que l'*Akh* s'élève du corps jusqu'au tribunal divin. En résumé, la momification visait à maintenir le corps intact afin qu'il puisse devenir le réceptacle des composantes spirituelles, indispensables à la vie dans l'au-delà. Grâce à la pensée symbolisée par le rite, l'Égyptien était persuadé que vivant ou mort, il participait à l'entretien du monde en établissant un pont entre la terre et l'au-delà. Le pharaon, lui, avait pour fonction de garantir et de pérenniser l'ordre du monde tel qu'il lui avait été légué par les dieux.

La momification, qui constituait alors « le passage entre les deux vies », trouvait sa justification dans le mythe d'Isis et d'Osiris. Selon la légende, Geb et Nout, respectivement dieu de la terre et déesse du ciel, qui vécurent au début des temps, engendrèrent les dieux Osiris et Seth et les déesses Isis et Nephtys. Osiris épousa sa sœur Isis, appelée aussi « grande de magie », et régna avec elle sur la terre.

Le couple de Seth et Nephtys offrait leur antithèse exacte puisque selon les Ennéades, Nephtys était la sœur et l'épouse de Seth. La légende rapporte aussi que Seth, jaloux, aurait décidé d'évincer Osiris. Pour ce faire, il aurait profité d'un banquet pour présenter un superbe coffre secrètement ajusté aux mesures de son frère et aurait promis de l'offrir à qui pourrait y entrer. Osiris s'y serait placé en toute innocence : aussitôt Seth et ses complices auraient fermé le couvercle avant de jeter le coffre transformé en cercueil dans le Nil. Isis, partie arpenter le pays à la recherche du corps de son mari, avait bientôt été avisée que le coffre avait été déposé par les flots sur le territoire de Byblos en Phénicie, au pied d'un arbrisseau. Une fois le cadavre d'Osiris récupéré, elle s'en était retournée en Égypte pour l'enterrer. Seth, furieux, avait alors découpé le corps du défunt en trente-six morceaux qu'il avait dispersés à travers tout le royaume.

Isis retrouva les différentes parties et les rassembla à l'aide de bandelettes après les avoir embaumées. Elle se serait alors posée sous la forme d'un épervier sur le phallus d'Osiris pour concevoir un fils, Horus. Ce dernier finit par venir à bout de Seth et par prendre le pouvoir, tandis qu'Osiris momifié et divinisé devenait roi du monde souterrain. Comme l'a bien expliqué Rachet, « Osiris devint l'archétype divin de la momie qui conserve le corps pour l'éternité. Le corps momifié s'identifie à Osiris, en prenant alors son nom, qui est ajouté au nom porté par le vivant »[9].

D'où vient la momification ?

Cet « acte de foi, sacralisé et fidèlement mené selon les rites consignés par écrit et profondément ancrés dans les communautés d'embaumeurs pendant de nombreux siècles » est aujourd'hui parfaitement connu grâce aux textes et à l'étude des momies, même s'il a fallu de nombreuses années pour mettre au jour les techniques de l'embaumement.

L'une des premières questions posées était la suivante : comment est né ce savoir-faire ? Il semble que l'idée de momifier les morts apparaisse à l'époque prédynastique, lorsque les corps étaient enterrés dans de simples fosses creusées dans le désert. Les Égyptiens auraient empiriquement compris, après que le vent et les animaux eurent bouleversé le contenu des sépultures primitives, l'effet dessiccateur du sable chaud et du climat très sec et la bonne conservation, involontaire, des corps qui en résultait. Il est d'ailleurs exact que le sable brûlant qui enveloppait la dépouille pouvait rapidement absorber les 75 % d'eau qu'elle contenait, enrayant ainsi la décomposition. Dans ces conditions, le corps perdait les 3/4 de son poids, la peau durcissait et prenait l'aspect du cuir. Paradoxalement, les progrès techniques et le désir d'apporter une meilleure protection au défunt ont conduit les Égyptiens à édifier dès la Ire dynastie des tombes beaucoup plus élaborées, mais c'est un résultat que les mastabas n'ont pu perpétuer. Les perfectionnements apportés (cercueil de vannerie ou de bois placé au fond d'une chambre aux murs maçonnés, à côté d'une chapelle et de mobilier funéraire), destinés à préserver de façon optimale les corps, n'ont pu éviter une putréfaction normale. En effet, les corps conservés dans ces nouveaux mastabas, privés du contact asséchant du sable, se décomposaient en ne laissant que leurs os[10].

Les premières tentatives

Les essais actifs de conservation des cadavres sont donc véritablement apparus dès le début de l'Ancien Empire[11]. Pendant les trois premières dynasties, le corps, placé en position fœtale, entouré de bandelettes de lin bien serrées et trempées dans la résine pour conserver la forme du défunt[12], était isolé du milieu ambiant. Au fil du temps la méthode s'est améliorée et a abouti à la constitution de « fausses momies » au cours de la IIIe dynastie. Les thanatopracteurs égyptiens laissaient le cadavre se dessécher jusqu'à ne plus laisser que la peau sur les os, avant de reconstituer le corps autour du squelette grâce à un rembourrage de « charpies » imprégnées de résine.

Mais au début de la IVe dynastie, les embaumeurs, qui avaient analysé le phénomène de décomposition des viscères à l'origine de la putréfaction, les extrayaient de l'abdomen grâce à une incision réalisée sur le flanc gauche, entraînant par là un changement définitif de la position du défunt, de la position fœtale au décubitus dorsal[13]. Les viscères extraits du corps étaient alors conservés dans les vases canopes emplis d'une solution de natron, un carbonate naturel de sodium cristallisé[14] extrait des lacs salés qui se trouvent encore dans la zone du Ouadi el-Natroum (d'où son nom) entre Le Caire et Alexandrie. Cette substance avait la propriété d'absorber complètement l'humidité des éléments du corps qui se trouvaient à son contact. Enfin, vers la fin de la Ve dynastie, ils réalisaient après éviscération, un bandelettage plus élaboré qui, recouvert d'une couche de plâtre ou de résine, imitait parfois des vêtements de la vie quotidienne. Les traits du visage, eux, moulés avec du plâtre, étaient peints. Mais si les corps conservaient leur forme, la décomposition, elle, continuait à œuvrer sous les bandelettes, qui finissaient par ne plus former qu'une coquille vide autour du squelette. La priorité des embaumeurs était donc d'éloigner du corps la totalité des sources possibles de putréfaction, en utilisant après éviscération le natron destiné à assurer la dessiccation sur la momie elle-même. C'est aussi à cette période que les embaumeurs commencèrent à constituer un corps de métier distinct, payé par des dons en nature, le plus souvent des offrandes aux dieux récupérées, ou encore différentes rétributions fournies par la famille du défunt. Malgré ces avantages, ils ne devaient pas jouir d'une situation sociale très élevée.

À partir du Moyen Empire, la momification, jusqu'alors réservée aux rois et aux très hauts dignitaires, se répandit dans la société, avec un succès mitigé. C'est de cette époque que datent les premiers instruments et produits d'embaumement que nous ayons retrouvé, souvent enterrés dans un petit puit, à quelques mètres de la tombe[15].

La momification au Nouvel Empire

Les progrès décisifs dans les techniques de momification, les plus onéreuses et les plus efficaces, coïncident avec l'avènement de la XVIIIe dynastie : c'est alors qu'elles atteignent leur plus haut degré de perfection, comme le montrent les momies royales particulièrement bien conservées[16]. Le rite de l'embaumement se déroulait selon un protocole bien établi en sept étapes successives, après réception du corps deux ou trois jours *après la mort* par les prêtres sur la rive est du Nil. La dépouille était transportée sur un bateau vers la rive ouest, puis installée dans la « Tente de purification » (l'*Ibou*). Le chef des embaumeurs, « le Supérieur des mystères », représentant du dieu Anubis et porteur d'un masque en bois ou en terre cuite à son effigie, assisté de son « prêtre lecteur », chargé de la partie religieuse de la momification et de la lecture des formules incantatoires, dirigeait alors les prêtres chargés de l'embaumement. Le corps, dépouillé de ses vêtements, était entièrement lavé avec de l'eau contenant du natron, puis épilé, chevelure exceptée. Une fois séché, le corps était nettoyé avec un linge imprégné d'un colorant, sans doute antiseptique, qui laissait une fine pellicule rougeâtre sur la peau – ce qui explique les différentes teintes épidermiques des momies aujourd'hui.

La deuxième étape comprenait l'extraction du cerveau par les fosses nasales, une opération réalisée sur presque toutes les momies du Nouvel Empire[17]. L'embaumeur forçait la fine paroi osseuse de l'ethmoïde à l'aide d'un instrument pointu enfoncé dans la narine. Avec un long crochet, l'encéphale était réduit en petits morceaux, puis évacué par l'ouverture de la cavité nasale. Un produit extrait de cendres de plantes comme le kali et avec de la soude, était ensuite introduit dans la cavité crânienne afin de nettoyer parfaitement la paroi osseuse. Après plusieurs heures, le corps, manipulé, tourné sur le côté ou sur le ventre, la tête penchée en avant (ce qui entraînait des fractures cervicales relevées sur un certain nombre de momies) rejetait ce liquide. Après un dernier lavage, le prêtre introduisait dans les deux narines une substance résineuse liquide, chaude, qui recouvrait toutes les parois de l'endocrâne, en quelques mouvements de rotation appliqués à la tête. L'excès de résine se concentrait par déclivité dans la région occipitale, formant le classique « bouclier occipital » décrit par les radiologues. À la fin de ces soins, les orifices – nez, bouche et oreilles – étaient recouverts de résine ou de cire fondue, ou encore bourrés de tampons de lin imprégnés de ces substances.

Dans la troisième étape, on éviscérait les cavités abdominales et thoraciques, par un orifice dont la position s'est modifiée au cours du temps. D'abord réalisé parallèlement au flanc gauche au-dessous du rebord costal, il a ensuite été pratiqué plus bas, à partir du règne de Thoutmosis III, parallèlement à la ligne ilio-pubienne, mais toujours du côté gauche[18]. Un scribe ou *grammate* devait en tracer l'emplacement exact tandis que l'inciseur, le *paraschiste*, réalisait l'ouverture à l'aide d'un long couteau d'obsidienne recourbé, la « pierre d'Éthiopie »[19]. Par cette ouverture assez étroite de 12 cm en moyenne, le *taricheute*, placé à la gauche du défunt, introduisait profondément la main gauche et extrayait à main nue ou à l'aide d'une petite pierre tranchante, les intestins, l'estomac et le foie, laissant la rate et les reins en place[20], ainsi que la vessie et les organes génitaux féminins. Dans tous les cas le sexe restait au contact de la momie, afin que la vie sexuelle du défunt soit intacte dans l'au-delà : s'il était coupé, le phallus était entouré de lin ou replacé dans l'abdomen. Le diaphragme, lui, était découpé afin de prélever les poumons, mais le cœur, siège de la conscience et des sentiments, restait dans le thorax. Lorsqu'il était arraché par erreur, il était soigneusement replacé ou rattaché.

La quatrième étape consistait à laver soigneusement les viscères à l'aide d'une eau légèrement nitrée, puis à les saler et à les exposer au soleil pendant une courte durée. On les immergeait dans un liquide liquoreux saturé d'aromates et de résine : le *shedeh*[21], un breuvage fortement alcoolisé titrant environ 20 degrés, à base de vin cuit des oasis du désert lybique. Les viscères étaient alors imprégnés de parfums : myrrhe, résine de térébinthe, laudanum et styrax, (mais sans doute pas de ce « vin de palme » qu'ont mentionné Hérodote[22] et Diodore[23]), avant d'être enduits de résine et d'huile ; puis chacun était enveloppé dans une étoffe de lin pour être placé dans un des quatre vases canopes.

Lors de la cinquième étape, les embaumeurs procédaient à la déshydratation des tissus. Ils commençaient à bourrer la cavité abdominale et thoracique « de sachets de toile contenant du natron solide, de tampons de linge imprégnés de gomme-résine parfumée, de débris végétaux comme de la paille ou des fibres de palmes » puis recouvraient le corps entier de natron sec cristallisé (certainement en grandes quantités, soit dix fois le volume d'un corps) qui, par son pouvoir osmotique, attirait l'eau des tissus. Pour qu'il soit ainsi délesté de 30 % à 40 % de son poids, le corps était placé sur un lit en déclivité légère, au pied duquel un récipient recueillait la composante hydrique du corps. Selon Hérodote[24], cette étape prenait 70 jours mais la durée de cette déshydratation reste l'objet de controverses.

Au cours de la sixième étape, le corps du défunt était transporté dans un autre lieu: la « maison de la perfection » (*per nefer*), pour être lavé et nettoyé, puis enduit d'une première onction qui lui donnait une teinte rouge orangée. À la deuxième, on lui appliquait un mélange de corps gras végétaux (huile de genièvre, huile de cèdre, laurier, poivre, ciste, baies de genévrier) accompagné de lait, de vin et de cire d'abeille pour lui redonner une certaine souplesse. Les embaumeurs rembourraient le corps de divers matériaux: toile de lin imbibée de résine, natron, lichen, oignons, boue ou encore sciure et poix mélangées. L'incision abdominale était le plus souvent scellée à la cire; celle des rois était dissimulée sous une plaque de métal ou d'or, sur laquelle on avait gravé l'œil « Oudjat », en signe de protection et de guérison.

Les yeux étaient desséchés par le natron, souvent enlevés et parfois remplacés par des bourrages de tissus (pour Ramsès III), des pierres précieuses, des prothèses décorées ou même des oignons peints (pour Ramsès IV). Les orifices narinaires, eux, étaient généralement bouchés au moyen de tissu ou de cire.

La septième étape faisait intervenir les *coachytes* qui réalisaient l'emmaillotage de la momie pendant au moins 15 jours, en l'accompagnant d'actes et de formules rituels : ils glissaient d'ailleurs entre les couches de bandelettes, imprégnées de cire ou de gomme végétale, de nombreuses amulettes protectrices ainsi que des bijoux (143 pour Toutankhamon)[25]. Une fois le corps enveloppé d'un linceul de toile plus forte, un masque de tissu ou de papyrus, renforcé de plâtre ou de résine, était placé sur le visage et les épaules. Des parfums, des onguents et encore de la résine versés sur la momie venait parachever le travail.

À côté de cette momification complexe réservée aux personnes des classes élevées, deux autres catégories d'embaumement avaient cours, plus expéditives. Pour les plus pauvres, on se contentait d'injecter dans les intestins du jus de syrmaïa, une sorte de radis noir, puis le corps était séché dans un bain de natron. La momification de deuxième classe, elle, consistait à injecter de l'huile de cèdre dans l'abdomen avant de plonger le défunt dans le natron. Au moment de retirer le corps, l'huile de cèdre sortait, emportant les viscères qu'elle avait liquéfiés. Puis la dépouille était remise à la famille.

L'étude paléopathologique des momies

L'objet de tous les désirs

Selon la légende, François Ier aurait consommé des momies. Témoignage fascinant d'un passé lointain, les momies ont toujours fait l'objet d'un vif intérêt d'abord strictement économique. Elles étaient recherchées non seulement pour les objets qu'elles renfermaient, mais aussi pour leur utilisation dans la pharmacopée ou dans l'agriculture en tant qu'engrais[26]. Le pillage des sépultures par des individus peu scrupuleux est donc un phénomène très ancien : des vols commis aux alentours de Thèbes ont même été signalés sous le règne de Ramsès IX[27].

Il a fallu attendre le XIXe siècle pour que les momies fassent l'objet d'études scientifiques. La première autopsie véritablement « savante », réalisée par Rousseau en 1802, a été suivie par celle de Larrey en 1813[28]. Mais c'est surtout la date de 1820 qu'il faut retenir : cette année-là eut lieu à Londres la dissection très médiatisée d'une femme de 55 ans de la XXVIIe dynastie[29]. Mais «savante» ne veut pas dire «scientifique» : tout au long du XIXe siècle, les séances de débandelettage de momies furent avant tout l'objet d'un intérêt morbide de la part d'un public amateur de sensations fortes. Ce n'est qu'en 1886, après la découverte des pharaons les plus célèbres sur le site de Deir el-Bahari, que l'on a assisté aux premières autopsies rigoureuses de momies. À partir de cette période, les dissections de momies se sont multipliées (90000 entre 1880 et 1910 d'après Rawling)[30], pratiquées par des anthropologues, des égyptologues ou des médecins, qui, là encore, ne faisaient pas toujours preuve d'une parfaite rigueur. Ils réalisaient des études rapides, grossières et mutilantes dans un but plus démonstratif que scientifique.

Ce n'est qu'après les travaux de Sir Armand Ruffer, en 1921, que la paléopathologie a véritablement débuté. C'est seulement à partir des années 1970 que des momies ont été examinées selon des protocoles peu mutilants, par des équipes multidisciplinaires[31]. La plus belle illustration est le traitement à Paris de la momie de Ramsès II[32], en 1976, par un extraordinaire collège de radiologues, de dentistes, d'anatomo-pathologistes, de parasitologues, de bactériologues, d'entomologistes et de spécialistes des végétaux antiques.

Sonder les reins et les cœurs

Imaginez la stupéfaction des patients et du personnel de l'hôpital du Caire, où se trouvait alors le seul appareil de radiologie de toute l'Égypte, à la vue de deux égyptologues, Elliot Smith et Wood Jones, manipulant précautionneusement la momie de Thoutmosis III à la sortie d'un taxi [33] en 1903... Les égyptologues ont très vite compris l'intérêt de la radiographie, qui avait l'avantage de laisser intacte une momie enveloppée de ses bandelettes[34]. C'est une technique qui fit florès: en 1913, Bertolotti rapportera ainsi la première anomalie radiographique osseuse sur une momie de la XIe dynastie[35]. Le pionnier de cette méthode, R. L. Moodie, réalisa pour sa part une étude sur dix-sept momies en 1931[36], lui-même largement dépassé par Gray qui publia, en 1967, quelque 200 observations de momies conservées dans les différents musées européens, notamment en Grande-Bretagne (British Museum, Newcastle, Liverpool...) et aux Pays-Bas[37]. L'année suivante, le gouvernement égyptien autorisait l'examen radiographique des momies conservées au musée du Caire par une équipe de professeurs de l'université du Michigan.

La radiographie conventionnelle a un intérêt évident que Brothwell[38] et Bucaille[39] ont souligné, permettant de détecter la présence ou l'absence d'ossements humains sous les bandelettes et de démasquer ainsi les «fausses momies» élaborées le plus souvent au XIXe siècle par des marchands égyptiens peu scrupuleux à la demande pressante des collectionneurs. Par ailleurs, la radiologie permettait de déceler des corps étrangers radio-opaques, comme des amulettes cachées dans l'épaisseur des bandelettes; sans même parler des informations d'ordre anthropologique que les clichés ont pu livrer[40]. Ainsi, il est possible d'évaluer la stature du sujet par l'étude du rachis et des os longs des membres, de déterminer le sexe par les clichés du bassin et du crâne, ainsi que l'âge grâce au panoramique dentaire (qui précise le degré de minéralisation et l'état d'éruption dentaire)[41], à l'état d'ossification du squelette, à la synostose des sutures et l'oblitération des fontanelles sur les radiographies du crâne et en estimant la surface de la symphyse pubienne et de la surface articulaire sacro-iliaque sur les radiographies de bassin. La radiologie dentaire, pour s'en tenir à cet exemple, a ainsi livré l'âge du décès de trois momies associées à des pharaons: Thoutmosis II (environ 30-40 ans), Mineptah (environ 60-70 ans) et Ramsès II (environ 85-90 ans)[42]. L'examen radiologique de Thoutmosis Ier, lui, a permis de déterminer son âge osseux de seulement 18 ans. Un résultat qui contredit les informations selon lesquelles il serait mort vers 50 ans, après un règne qui aurait duré 11 ans et 9 mois, s'il s'agit bien du corps de Thoutmosis Ier momifié.

La radiologie permet aussi de déceler des pathologies osseuses, éventuellement précisées par des techniques plus spécialisées. Ainsi les radiographies du squelette d'Aménophis II ont montré un amincissement des interlignes sacro-iliaques et des calcifications des ligaments paraspinaux dorsolombaires, suggérant le diagnostic de spondylarthrite ankylosante. Sans compter certaines lésions des tissus mous à dépister (calcifications artérielles, lithiases biliaires, kystes calcifiés...)[43].

Autre technique moins connue du grand public, et fort appréciée avant l'arrivée du scanner, la xéroradiographie a aussi été appliquée à l'étude des momies[44]. Parce qu'elle enregistre l'image produite par les rayons X à l'aide de procédés photoélectriques, elle a l'avantage de donner des images très contrastées sur les détails des tissus mous et des cartilages.

La tomographie au polytome, elle aussi surtout utilisée avant le scanner, permettait d'obtenir par un balayage aux rayons X des images en coupe, plan par plan. C'est par cette technique, très féconde, pour l'étude des structures osseuses complexes du crâne, que l'équipe de Cockburn a mis en évidence en 1969 l'orifice d'excérébration, invisible sur les clichés standard[45].

Mais le scanner, apparu en 1972, a véritablement révolutionné l'étude des momies. En 1977, cette technique fut appliquée pour la première fois par l'équipe de D. Harwood-Nash de Toronto pour analyser une momie datant de la XXIIe dynastie (environ 900 av. J.-C.)[46]. Entre 1978 et 1981, les départements d'anthropologie et génétique humaine et de radiologie médicale de l'université de Tübingen ont entrepris, sous la direction de W. M. Pahl, des recherches scanographiques sur des momies originaires d'Égypte mais aussi d'Amérique du Sud et d'Asie[47]. C'est surtout au cours des années 80 que T. Falke[48] et M. Marx[49] ont réalisé un grand nombre d'examens tomodensitométriques afin de recueillir quantité d'informations intéressantes dans le domaine de la paléopathologie.

Quel est l'avantage du scanner sur les autres techniques? Il permet l'étude précise du squelette, des masses musculaires et du contenu des cavités thoraco-abdominales, en réalisant des coupes très fines du corps entier. L'étude scanographique de

Tashat, fille de Djehutihotep, « gardien des portes du temple d'Amon » à Thèbes au cours de la XXVe dynastie, a ainsi restitué une magnifique image de son cœur, où sont clairement visibles dans la chambre ventriculaire résiduelle des structures correspondant aux cordages et aux muscles papillaires[50].

Avec le scanner, les chercheurs peuvent également préciser des détails d'ordre égyptologique : le mode et la technique de bandelettage utilisés, les objets funéraires dissimulés, les matières placées à l'intérieur du corps, la forme, la taille et la localisation exacte de l'incision de la paroi abdominale et surtout la technique de momification appliquée (éviscération complète, matière employée pour le remplissage sous-cutané, yeux artificiels, etc.).

Depuis peu, on peut compléter cette analyse tomodensitométrique des momies par une reconstruction en trois dimensions[51]. C'est le cas de la momie d'une prêtresse de la XXIIe dynastie, nommée Tjentmutengebtiu, conservée dans son sarcophage au British Museum de Londres[52]. Grâce à la reconstruction des tissus momifiés, on a pu reproduire sa tête et jusqu'à l'expression du visage, sans même l'ôter de son sarcophage ni toucher aux bandelettes[53]. À travers les images de ses dents, on a pu situer l'âge de son décès entre 19 et 23 ans, alors que les données archéologiques l'avaient estimé entre 25 et 40 ans. Appliquée à trois autres momies de Manchester, cette technique a restitué une image des défunts proche des statuettes à leur effigie[54].

Seule la résonance magnétique nucléaire est peu sollicitée dans cette affaire[55]. En effet, la déshydratation inhérente à la momification empêche la production de protons, gênant ainsi l'image[56].

Inspection en règle

Les caractéristiques morphologiques et anatomiques, normales et pathologiques, du sujet, établies grâce à la radiologie standard et au scanner sont d'excellents guides pour le bon déroulement de l'autopsie.

L'inspection vient en premier lieu; on y examine le corps avant de passer à la dissection proprement dite. Il s'agit d'abord de rechercher des stigmates de lésions sur l'enveloppe cutanée, qui a l'aspect d'une carapace foncée, craquelée, à cause des résines et des cires appliquées par les embaumeurs. L'examen de la momie de Thoutmosis II a ainsi mis en évidence des papules de 1 mm à 1 cm[57], au niveau du thorax, des épaules, des bras, des mains, des fesses, des jambes et des pieds; seuls le visage, les paumes et les plantes étaient intacts[58]. Deux diagnostics hypothétiques ont été formulés, susceptibles d'expliquer ces troubles dermatologiques chez Thoutmosis II. Il présentait soit des papules dysmétaboliques (xanthomes plans, amyloses cutanées ou mucinoses papuleuses), soit une dyskératose folliculaire de Darier. L'aspect diffus des lésions et des calcifications des parties molles, l'âge précoce et la constitution fragile du pharaon tendent à confirmer la première hypothèse. Mais la topographie des papules et la présence des mêmes éléments chez le fils et le petit-fils de Thoutmosis II évoquent une maladie familiale et orientent plutôt vers la seconde hypothèse. L'examen de la momie de Ramsès V, un pharaon mort vers 30 ans, a par ailleurs mis en évidence sur la face, sur l'abdomen et sur les cuisses des papules communément admises comme des stigmates de variole, sans que l'on puisse établir un diagnostic définitif, en l'absence de tout examen anatomo-pathologique.

Ajoutons que quatre momies analysées portaient des tatouages (des points et des traits disposés en lignes parallèles ou en losanges) : Amounet, la prêtresse d'Hathor, trouvée dans une tombe de la XIe dynastie, deux danseuses thébaines d'époque plus tardive et une femme nubienne. La prêtresse d'Hathor, par exemple, était tatouée sur l'épaule gauche, le bras droit, la cuisse et la région inguinale droites, ainsi que sur l'abdomen au niveau sus-ombilical et une large ellipse était inscrite dans la région sus-pubienne. L'examen de la face, lui, met souvent en évidence une déformation et un allongement liés à la technique de momification, dans laquelle la mandibule était replacée avec plus ou moins de difficulté. Le nez, fréquemment fracturé lors de l'embaumement, peut éventuellement manquer ou être pourvu de prothèses. Au niveau des oreilles, on retrouve sur certaines momies des lobes percés et déformés par le poids des anneaux portés: on a même retrouvé chez un adolescent des oreilles composées de résine et d'un tissu en coton dont on n'a pu établir si elles ont été posées avant ou après la mort.

Des empreintes digitales ont été prélevées sur des momies bien conservées, à l'aide des substances siliconées. Mais leur interprétation reste très délicate ; seule une étude réalisée sur un nombre suffisamment important de sujets appartenant avec certitude à la même famille aurait quelque sens.

L'endoscopie ou voyager dans le corps

Dans un deuxième temps, c'est l'intérieur de la momie qui est étudié : cet examen a longtemps reposé sur une classique dissection anatomique en tout point semblable à celle qui est réalisée de nos jours par les carabins[59]. Mais de plus en plus souvent une endoscopie est effectuée en préalable à la dissection. Notman et Stanworth dans le cadre du Manchester Mummy Projectet P. Bonfils dans celui du Munich Mummy Project, ont souligné l'intérêt de cette technique, toujours améliorée par la miniaturisation des sondes de fibroscopie. Elle présente en effet l'avantage d'établir un bilan des lésions de l'abdomen et du thorax ainsi que le contenu des cavités, et d'évaluer la technique d'embaumement, la recherche des organes et des paquets canopes. Mais elle permet surtout de réaliser des biopsies de tissus qui font l'objet d'une étude histologique ou chimique approfondie[60]. La sonde est introduite dans un premier temps par l'incision abdominale d'éviscération plutôt que par les orifices naturels oral et anal, le plus souvent obturés sur les momies. La tête peut également faire l'objet d'une exploration endoscopique par les conduits auditifs externes et une biopsie de tissu cérébral peut même être réalisée en cas de besoin.

L'infiniment petit : l'examen histologique des tissus momifiés

Avec les études histologiques, des diagnostics rétrospectifs peuvent être posés, une fois surmonté l'obstacle de la déshydratation des tissus momifiés, qui rendait difficile la coupe sous microtome et son interprétation. Il fallait donc avant tout réhydrater les tissus. Après un essai malheureux par l'Autrichien Czermack en 1852[61], Shattock a obtenu quelques résultats par congélation de fragments de l'aorte de Mineptah[62]. Mais c'est surtout Ruffer[63] qui a considérablement amélioré les connaissances histopathologiques et mis au point en 1910 une nouvelle méthode de réhydratation, en laissant tremper les prélèvements pendant 34 à 48 heures dans un mélange contenant du carbonate de sodium à 1 % et du formol. Au cours des décennies qui ont suivi, des chercheurs ont continué à se pencher sur le problème : Sandison[64] a réussi à perfectionner une technique de préparation histologique des tissus momifiés en 1955 et ouvert ainsi le champ à la réalisation d'études intéressantes. Grâce à ces techniques, la plupart des tissus humains peuvent faire l'objet d'un examen histologique en bonne et due forme : même si certains, comme les muscles, le foie et les nerfs, s'avèrent généralement très altérés, d'autres, en parfait état, offrent de très belles images : c'est le cas de la peau et des phanères, des tissus cartilagineux, des vaisseaux et des éléments sanguins[65].

En 1968, les premières études en microscopie à balayage, réalisées sur des fragments de peau provenant de deux momies prédynastiques (4000 av. J.-C.)[66], ont montré un épiderme préservé mais sans noyaux de cellules visibles. Les chercheurs en ont donc conclu que l'état de conservation des momies résultait du climat très sec plutôt que du procédé d'embaumement lui-même, alors que les interprétations émises jusque-là faisaient la part belle à l'abrasion de l'épiderme par les solutions de natron au cours de la momification. En 1993, cette hypothèse a été confirmée par une étude ultrastructurale de la peau de deux momies égyptiennes (150 av. J.-C. et 90 ap. J.-C.)[67], qui a mis en évidence, outre des spores de bactéries, une préservation parfaite des structures cutanées, en particulier des desmosomes de l'épiderme, les jonctions inter-cellulaires et des composantes fibrillaires de la matrice extra-cellulaire du derme. Ces données confirment l'excellence du procédé d'embaumement par la qualité de préservation des structures tissulaires.

Le dernier repas

Nous connaissons la nourriture des Égyptiens grâce aux représentations sur les parois des tombes. Le repas le plus connu est celui qui a été découvert par l'archéologue anglais W. B. Emery dans le caveau de Saggâra-XXX datant de la IIe dynastie, vers 2700 av. J.-C.. Ce festin comprenait un poisson, une caille rôtie, un ragoût de pigeon, des rognons, accompagnés de pain et de gâteaux au miel, ainsi que des baies de jujubier et même une compote de figue. Le tout accompagné de vin. C'est pourquoi les archéologues portent de plus en plus d'intérêt à l'analyse des matières fécales[68] ou coprolithes, recueillis à partir des momies après dissection des intestins. L'examen microscopique de ces substances peu ragoûtantes, après réhydratation, met en évidence les constituants des matières fécales. Pratiqués sur une série homogène de spécimens, les examens fournissent des données précises sur les habitudes alimentaires d'une population. Mais il n'est pas toujours possible de les retrouver, leur conservation à l'intérieur du corps par les embaumeurs dépendant du type de momification et de l'époque. De plus, les sujets analysés ne constituent pas un groupe homogène suffisamment important pour extrapoler les données alimentaires de toute une population. La présence de fibres végétales dans les matières fécales d'Henenet (épouse de Mentouhotep), et de fibres musculaires dans celles de PUM II (momie égyptienne de la période ptolémaïque datant d'environ 170 ans av. J.-C. et conservée au Pennsylvania University Museum) a cependant permis de révéler la composition de leur dernier repas[69].

Ramsès II, le rouquin

Rien n'est négligé : cheveux et poils recueillis à la pince avec leurs follicules sont étudiés sous microscopie optique et électronique après préparation. On a ainsi pu savoir que Ramsès II était... rouquin[70]. Plus sérieusement, à partir des données sur le développement général de la pilosité, sur la forme des poils et leur couleur, on peut rattacher le défunt à tel ou tel groupe de population. On a par ailleurs relevé des lésions compatibles avec des pathologies du cuir chevelu, principalement les teignes dues à des champignons dermatophytes ; sans compter que l'examen des cheveux et des poils permet d'identifier un certain nombre de composants minéraux ou toxiques[71], par exemple des concentrations significatives d'oligo-éléments, grâce à des procédés spectrométriques. On a retrouvé du calcium, magnésium, strontium, manganèse, zinc, fer et cuivre, en proportions importantes sur 168 momies[72]. Des études complémentaires ont permis d'expliquer les différentes concentrations des minéraux par les habitudes alimentaires. Ajoutons à cela certaines drogues retrouvées aussi dans les cheveux de momies[73], des résultats vérifiés à plusieurs reprises, par des équipes différentes[74].

Quel âge ont les momies ?

Pour dater les momies, deux solutions : la méthode de datation au carbone 14 et la réaction de racémisation des acides aminés.

La première méthode, mise au point par W. F. Libby en 1947, repose sur la mesure de la radioactivité du carbone 14 sur des échantillons de muscles de momies. Le principe de cette technique repose sur le fait que cet isotope radioactif, dont la demi-vie est de 5 568 ans, incorporé tout au long de l'existence par tout organisme ayant assimilé du gaz carbonique contaminé par des rayons cosmiques, a une activité qui diminue régulièrement en fonction du temps. Le niveau de radioactivité du carbone 14, mesuré grâce à un compteur Geiger, permet de calculer le temps écoulé depuis la mort de l'organisme. Avantage : la datation peut se faire pour toute structure qui comporte du carbone et ayant entre 100 et 40 000 ans. Inconvénient : les sources d'erreur sont nombreuses, car les résultats dépendent du volume de l'échantillon et de la contamination éventuelle par des éléments environnants. Cette méthode donne donc avant tout une datation approximative.

L'autre méthode de datation repose sur la technique mise au point par Barraco, en 1973, fondée sur la réaction de racémisation des acides aminés. Le point de départ est cette fois les acides aminés, qui composent les protéines des êtres vivants et agissent sur l'orientation du plan de la lumière qui les traverse. Ces acides aminés de synthèse sont constitués d'autant de formes lévogyres que dextrogyres, déviant ainsi la lumière polarisée soit vers la droite, soit vers la gauche. En étudiant la proportion de l'une et l'autre forme, il est possible de déduire l'âge du tissu étudié. Avantage : cette méthode ne requiert qu'une petite quantité de matériel. Inconvénient : ses résultats varient en fonction de la température. L'étude d'une momie, en ce cas, implique la connaissance, même approximative, des conditions thermiques dans lesquelles elle fut inhumée.

Du sang, du sang

L'étude des groupes sanguins a été appliquée à la paléosérologie pour la première fois en 1927 par Kritchevsky, qui a démontré la présence de substances dites agglutinogènes A et B de Landsteiner sur des cadavres. En étudiant les groupes sanguins des momies égyptiennes, L. G. Boyd[75] a, lui, relevé la fréquence des groupes A, B et O dans l'Égypte ancienne, sensiblement comparable à celle que l'on retrouve dans le pays actuellement[76]. Par ailleurs, la présence du groupe B sur des momies prédynastiques remontant à plus de 3 000 ans av. J.- C., infirme l'hypothèse de certains médecins selon laquelle le groupe B ne serait qu'une mutation du groupe O apparue à l'ère chrétienne. Cette méthode a de plus permis d'établir un lien de parenté entre Semenkharé et Toutankhamon qui étaient frères et qui appartenaient donc au même groupe[77].

Le groupage HLA, dont on sait qu'il joue un rôle essentiel dans l'histocompatibilité et la prédisposition génétique à certaines affections, a aussi pu être décelé après prélèvement de deux échantillons de tissus momifiés, au niveau musculaire et cutané profond. C'est là une piste de recherche particulièrement intéressante en paléopathologie organique, car elle devrait permettre l'identification de maladies génétiques qui restaient jusque-là inconnues ou seulement soupçonnées chez les Égyptiens. Par ailleurs, grâce à cette méthode, les anthropologues auront la possibilité d'établir plus précisément les origines des populations et leur évolution, même si cette technique onéreuse et difficile à mettre en pratique reste d'un usage pour l'instant limité.

Des microbes vieux comme l'Égypte

Dans les corps des momies, les recherches microbiologiques, dont Ruffer fut le pionnier, ont isolé un certain nombre de micro-organismes. Il a ainsi réussi à déceler dans les poumons de deux dépouilles un agent bactérien proche du pneumocoque, responsable de pneumonies et une bactérie gram négative proche du bacille de la peste. En 1977, l'équipe du Royal Ontario Museum a isolé des œufs calcifiés de schistosomes responsables de bilharziose dans le foie, les intestins et les reins d'un tisserand mort voici 32 siècles, dénommé Nakht et rebaptisé ROM I[78]. Cette même momie abritait aussi des œufs de ténia dans ses intestins et des kystes de *Trichinella spiralis* dans ses muscles intercostaux. De son côté, l'équipe du Philadelphia University Museum dirigé par Cockburn a retrouvé un œuf d'*ascaris lombricoides* dans l'intestin de la momie d'un prêtre baptisé PUM. Par ailleurs, le « Parasight F-test » qui repose sur la méthode ELISA, appliqué à des fragments de peau, de muscle et de poumons de quatre momies prédynastiques et de deux momies datant de la XXe dynastie, a identifié l'antigène PTHRP-2 caractéristique du *Plasmodium falciparum*, l'agent responsable du paludisme[79].

Et demain ?

Dans l'infiniment petit, on passera sans doute à la paléobiochimie, qui analyse à la fois les composants macromoléculaires organiques (protides, lipides, glucides) et le dosage des éléments chimiques simples[80]. L'identification des protéines, caractérisées par leur poids moléculaire et leur composition en acides aminés, donne en effet de précieux renseignements sur la conservation des tissus, mais aussi sur les conditions d'embaumement, le natron ayant la propriété de fixer les protéines de poids élevé. De plus, l'étude des lipides, des glucides et des vitamines détermine les différents types d'alimentation tandis que le mode de vie repose sur la recherche du cholestérol, des triglycérides, des phospholipides ou de la vitamine E[81]. Le dosage des éléments chimiques (le sodium, le potassium, le calcium et le magnésium mais aussi le plomb, le mercure, l'argent, etc.), lui, est rendu possible par une technique dont le nom peut sembler barbare au grand public, la spectrophotométrie d'absorption. Les études comparatives de momies et de contemporains ont ainsi montré des concentrations identiques de mercure dans les os, contrairement au plomb dont les concentrations sont trente fois moindres chez les momies.

Dans la seconde moitié des années 1980, ces techniques de biologie moléculaire, inaugurées par S. Pääbo et adoptées dans le domaine de la paléopathologie, ont déjà ouvert des possibilités extrêmement intéressantes[82]. Ce chercheur a mis en évidence en 1985 des fragments d'ADN anciens sur différentes préparations histologiques provenant de muscle strié squelettique et de tissu conjonctif de corps momifiés issus de l'époque pharaonique[83]. S. Pääbo a ainsi réussi à isoler du matériel génétique à partir de prélèvements réalisés sur 23 momies égyptiennes d'époques différentes, à extraire et à cloner un fragment d'ADN de 3,4 kilobases d'une momie d'un enfant conservée au musée égyptien de Berlin et datant de 500 av. J.-C.[84]. Le dosage d'enzymes cardiaques a permis aussi de poser le diagnostic rétrospectif d'infarctus du myocarde d'Horem Kenesi, mère d'Amon, victime vers l'âge de 60 ans d'une mort subite autour de 1050 av. J.-C.

Cette nouvelle discipline a permis l'étude de maladies sévissant en Égypte ancienne jusqu'alors inconnues, et par ce biais, de comprendre la fréquence et l'évolution des pathologies retrouvées. Outre certaines relations de parenté entre les membres de familles de pharaons[85], elle peut aider à suivre les migrations des habitants de la vallée du Nil et des populations environnantes à l'époque pharaonique.

Au fil des ans, au fil des sexes

La santé féminine

Christiane Desroches-Noblecourt a admirablement bien décrit la place de la femme dans la société égyptienne : « L'image féminine traduit l'amour, la mère, la pleureuse (ou deuillante), celle qui provoque le désir, qui donne la vie ou veille sur le défunt partant vers son éternité. Dans ces rôles essentiels, elle apparaît comme désirable, respectable et protectrice : elle matérialise, quoi qu'il en soit, une attirance, un besoin, un réconfort »[1].

Épouse et mère

Les représentations qui montrent la femme égyptienne en compagnie de son époux lors de diverses festivités prouvent le rôle crucial qu'elle tient au quotidien. Difficile pourtant de parler d'« égalité des sexes », comme le rappelle Pierre Granget : « Ni anges ni démons, mais simplement des hommes, les Égyptiens anciens, en tant qu'individus, ont éprouvé envers les femmes les sentiments que de tout temps celles-ci ont inspiré aux hommes : de l'amour à la haine, du désir à la jalousie et du respect au mépris. Mais, si vives qu'aient été leurs passions, ils ont, en tant que société, considéré la maternité comme la vocation exclusive de la femme, et le mariage (monogamique) comme le lieu privilégié de son épanouissement »[2]. La santé féminine est donc avant tout celle d'une (future) épouse et mère, deux fonctions étroitement liées si l'on en croit un extrait des *Maximes d'Any* sur la finalité de la famille égyptienne : « Épouse une femme tant que tu es jeune, elle te fera ton fils. Puisse-t-elle enfanter pour toi tant que tu es jeune. Il est sage de faire des gens. Il est en bonne (situation), un homme dont les gens sont nombreux : il est honoré en proportion de ses enfants. »

Essentiellement monogame, malgré quelques cas de bigamies officielles, chaque foyer se devait en effet d'avoir plusieurs enfants, de préférence des garçons, pour être reconnu dans la société et éviter l'opprobre : le cas contraire passait pour une preuve d'égoïsme[3]. À ces enfants, venaient souvent s'ajouter des parents à charge (une mère veuve, un père malade, une sœur trop jeune pour être mariée...) : l'ensemble composait la famille nombreuse égyptienne que l'on voit représentée sur les monuments funéraires.

Fertile ou pas

Dans ce contexte, la stérilité, qui exposait au risque de répudiation[4], était vécue comme une disgrâce divine, que les jeunes femmes craignaient au plus haut point et dont on leur tenait grief : en cas d'accouchement problématique, par exemple, toute la faute retombait sur elles, sans que les dieux ne soient jugés responsables. À titre préventif, les adolescentes portaient donc des ceintures décorées de fils d'or à motif de cauris, des coquillages symbolisant la vulve. Ces accessoires étaient principalement utilisés au sein des familles aisées. Mais on pouvait se procurer d'autres amulettes représentant un enfant, une femme enceinte ou encore le dieu Bès, toutes susceptibles de procurer la fertilité à qui la portait.

Si la stérilité était avérée, la magie restait alors le principal recours. Pour la diagnostiquer, on utilisait une recette originale dont le papyrus Kahoun n° 28 donne le détail : « Tu devras laisser la nuit une gousse d'ail hum[ectée] [...] dans son vagin (littéralement : « dans sa chair ») jusqu'au matin. Si une odeur se manifeste dans sa bouche, elle accouchera (de façon normale). Si [aucune odeur ne se manifeste dans sa bouche] elle (n'accouchera) pas (de façon normale), et pour toujours. »

Le test en question suppose une continuité entre le vagin

et le système digestif supérieur : la montée de l'odeur depuis le sexe jusqu'à la bouche de la patiente confirmait un dégagement des conduits. Dans la conception égyptienne, en effet, la stérilité était censée couper la communication des organes génitaux avec le reste de l'organisme : les accouchements difficiles pouvaient entre autres résulter de l'obstruction de ces canaux (*met*). L'idée fit recette : par la suite, ce texte fut intégralement repris par les Arabes et avant eux par les Grecs qui l'avaient étendu au diagnostic de stérilité dans le livre d'Hippocrate au chapitre « Sur les femmes stériles »[5].

Garçon ou fille ?

Fertile, la femme peut assurer son rôle de mère, à commencer par la conception de l'enfant. Elle partage cette tâche avec le père, bien sûr, mais aussi avec le dieu Khnoum, qui collabore activement à la procréation et y tient un rôle fondamental. Au cours de la vie embryonnaire, le souffle dynamique du dieu se mêle au sang de la mère, véritable vecteur de vie, pour lier la semence que l'on croyait extraite de l'os paternel, et constituer le squelette de l'enfant[6]. Dans cette perspective philosophique et religieuse, la mère se charge de la partie non-osseuse. Dans son utérus ou *mout remetj* (autrement dit « mère des hommes »[7]), que les Égyptiens décrivaient comme un organe errant et sans attache, les chairs se déposent sur le squelette en formation placé par le père ; on pensait que dans la composition de ce substrat entrait le lait maternel, lui-même produit par la liquéfaction des tissus féminins au cours dc la grossesse.

Pour les Égyptiens, c'était justement la qualité de ce lait maternel qui déterminait le sexe de l'enfant: le meilleur donnait un petit garçon (il entrait d'ailleurs dans la recette de plusieurs remèdes sous le titre de « lait d'une femme ayant mis au monde un garçon »). Pressés d'engendrer un descendant mâle, les Égyptiens faisaient tout leur possible pour connaître le sexe de l'enfant avant la naissance. Pour le déterminer, on pouvait prendre par exemple « orge (et) blé amidonnier, que la femme humectera au moyen de son urine, chaque jour, ainsi que des dattes et du sable, (mis) dans deux sacs (séparés). Si ensemble ils se développent (= s'ils se développent comme ils le font ordinairement), elle accouchera (de façon normale). Si (seul) l'orge se développe (= si l'orge est le seul des deux qui se développe bien), cela signifie un enfant mâle. Si (seul) le blé se développe (= si le blé est le seul des deux qui se développe bien), cela signifie une fille. S'ils ne se développent pas, elle n'accouchera pas (de façon normale) »[8].

Quel principe a inspiré cet étrange test? Difficile à dire. Deux interprétations linguistiques, tout d'abord: l'une repose sur l'identité graphique des mots « père » et « orge » (tous deux se prononçant « *jt* » en égyptien), et donc sur la coïncidence entre la céréale et le sexe mâle; l'autre, émise par Grapow[9], sur le fait que l'orge en égyptien est du genre masculin et le blé, lui, du genre féminin. Enfin une troisième hypothèse, soulevée par Thorwald[10], donne à cette recette une origine pragmatique: Julius Manger, chercheur du laboratoire de l'institut de pharmacologie de Wurtzbourg, a ainsi mis en évidence en 1933 un rythme de croissance soutenu du blé entretenu avec l'urine d'une femme enceinte d'un garçon et une pousse plus rapide de l'orge lorsque l'enfant à naître était une fille. En 1963, une autre étude intéressante a d'ailleurs montré que les graines de blé et d'orge arrosées avec de l'urine de femme enceinte germaient dans 40 % des cas[11]. On peut se demander s'il s'agit d'une coïncidence ou d'un esprit d'observation des Égyptiens.

10 mois de grossesse ?

Deux textes de l'époque romaine, retrouvés dans le temple d'Esna, apportent une précision étonnante sur le déroulement même de la grossesse puisqu'ils mentionnent les besoins du fœtus sur « 10 mois »[12]. Comment expliquer cette gestation longue? Faut-il penser que son début était diagnostiqué de manière aléatoire? Certes, on ne sait pas véritablement si les Égyptiens considéraient l'aménorrhée (l'arrêt des règles) comme un signe évident de grossesse[13]. Mais le diagnostic reposait sur un examen attentif de la peau, des seins et du réseau veineux, comme cela est évoqué dans le papyrus Berlin n° 196 et dans le papyrus Kahoun n° 26[14]: autant d'arguments qu'Hippocrate lui-même reprendra dans ses aphorismes (aphorisme V, 37, 52,53 et aphorisme V, 42). La durée étonnante de la grossesse se justifie donc autrement, tout simplement par le... calendrier: les Égyptiens appréciaient le temps qui s'écoulait en mois lunaires (28 jours) et considéraient qu'un mois entamé comptait comme un mois plein.

Au bout de ces « 10 mois », donc, la femme enceinte approche du terme. En guise de protection, elle aura porté pendant toute sa grossesse, autour du cou ou de la taille, des amulettes, ivoires magiques ou autres, représentant des divinités telles que Bès, Thouéris ou Anubis, accompagnées de formules magiques protectrices. Elle aura aussi éventuellement creusé des figurines de la déesse Thouéris pour y serrer des morceaux de ses vêtements. Mais l'accouchement sera-t-il sans conséquences sur la santé de la mère et de l'enfant? Pour s'en assurer, autant vérifier la vitalité de la femme enceinte, et examiner l'état de ses conduits (*met*). Ce sont en effet eux qui guident le passage du souffle divin, seul capable de maintenir en vie le fœtus, comme le suggère ce papyrus[15], en décrivant un examen qui pourrait fort bien correspondre à la prise de pouls que nous connaissons : « [Autre] (moyen de) voir. À son coucher, tu enduiras sa poitrine et ses deux bras jusqu'aux épaules avec de la graisse/huile neuve. Tu te lèveras le matin pour voir cela. (Si) tu constates que ses conduits (*met*) sont intègres et parfaits, sans dépression : accouchement calme. (Si) tu constates qu'ils sont déprimés et de la couleur (?) de sa propre chair superficielle, cela signifie avortement (?). (Si) tu constates qu'ils sont intègres (entre) la nuit et (le moment de) leur examen : elle accouchera en retard. »

Autre méthode pour établir le diagnostic, celle du papyrus Kahoun 29 (3, 19-20), qui se fonde sur la recoloration de la peau : « Tu devras pincer sur le ventre, le bord (?) de ton pouce étant placé au-dessus de son fœtus (*ménia*, littéralement « celui qui palpite »). [Si] [...] (cela) se défait (= si la marque disparaît), [elle accouchera (de façon normale)]. [Si] cela ne disparaît pas, elle n'accouchera pas (de façon normale) et pour toujours. »

Sans compter divers signes qui permettent au médecin de prédire un accouchement normal et que l'on retrouve dans ces mêmes papyrus : cela va de la fermeté de la poitrine aux vomissements de la femme enceinte enduite de lie de bière – le nombre de vomissements correspondant au nombre d'enfants dont elle accouchera...

Comment accoucher

L'accouchement lui-même est un mélange de pratiques religieuses et magiques, et de techniques médicales[16]. Au début, soit au cours de la VIe dynastie, on se contente d'installer un siège de travail primitif, le *meskhen*, constitué de trois briques entre lesquelles on manœuvrait pour désengager le nouveau-né[17]. À partir de la XVIIIe dynastie, un véritable siège obstétrical remplacera cette technique rudimentaire[18], ou encore les sièges bas dont bénéficiaient certaines privilégiées. (La présentation du bébé tête en bas était d'ailleurs considérée comme normale, comme en témoigne le hiéroglyphe représentant l'accouchement: il montre la tête et les deux bras du fœtus sortant du ventre[19]). L'accouchement se déroulait donc toujours en position accroupie.

Mais l'interprétation symbolique de la naissance influençait aussi grandement l'organisation de l'accouchement. Les hommes étant exclus, plusieurs femmes, venues avec la femme en couches accueillir le nouvel être façonné par le dieu potier Khnoum, se substituaient symboliquement aux déesses protectrices. Une première, qui mimait la déesse Nephtys, s'installait derrière la parturiente pour la tenir droite pendant le travail. Une deuxième devait l'exhorter à pousser et prenait la place de Heket. Une troisième était chargée de contenir l'expulsion de l'enfant et de l'accueillir en reproduisant les gestes d'Isis. En leur compagnie, la future mère récitait alors des prières à l'attention de Khnoum, invoquant Shou, représentation de l'élément vital aspiré par le nouveau-né, et la forme d'Amon, autrement dit l'Homme: «Redoutez Khnoum, femmes enceintes, (vous) qui avez passé votre terme, car c'est lui le dieu Shou de la naissance qui ouvre les lèvres de l'organe féminin et assure la naissance en sa forme d'Amon.»

La délivrance ne signait pas la fin de l'accouchement. Restait à expulser le placenta: considéré comme le frère jumeau du nouveau-né, il jouissait d'une valeur symbolique importante. À ce titre, il était enterré dans le jardin de la maison, ou bien, soigneusement conservé, guérissait les maux de l'enfant et cautérisait des plaies profondes.

Enfin, la femme était soumise à une période de quatorze

jours de «purification» en dehors de chez elle, dans un rite similaire à celui des Hébreux tel qu'il est indiqué dans le Lévitique (12, 2-5) : «Si une femme est enceinte et enfante un garçon, elle sera impure pendant sept jours... Si elle enfante une fille, elle sera impure pendant deux semaines... »

Néanmoins, tous les accouchements n'étaient pas aussi anodins que ce résumé pourrait le laisser croire : certaines momies nous ont révélé que les choses pouvaient prendre un cours dramatique. Ainsi la dépouille de Henenet, épouse de Mentouhotep, au bassin très étroit, porte trace d'une déchirure de la vulve sur toute la longueur, accompagnée d'une large fistule vésico-vaginale. Plus impressionnante encore, la momie d'une femme morte en couches, retrouvée allongée sur le dos, cuisses écartées et genoux fléchis : son nouveau-né est mort, la tête écrasée.

Pour favoriser la naissance et apaiser ces accouchements difficiles, les Égyptiens usaient de solutions diverses : outre le morceau de vêtement placé sur une statuette représentant Thoueris, on pouvait administrer une préparation pendant ou après le travail : «Autre remède pour délivrer (= favoriser la naissance d'un enfant qui se trouve dans l'intérieur du corps d'une femme) : sel marin : 1 ; blé amidonnier : 1 ; jonc femelle (?) : 1. Panser le bas-ventre avec cela.[20]» D'autres remèdes enfin devaient faciliter l'expulsion du placenta : «Remède pour faire descendre le placenta d'une femme à sa place naturelle : sciure de sapin. (Ce) sera mis dans la lie. Enduire la brique revêtue d'étoffe. Tu devras faire en sorte qu'elle s'assoie sur cela.[21]»

Les nouveau-nés

Lavé, séché et enfin déposé dans une sorte de couche de brique, le nourrisson restait vulnérable. On épiait les premiers instants de sa vie pour évaluer sa résistance, aussitôt renforcée par un rituel magique qui devait assurer sa protection, avant de choisir son nom et de prédire son avenir. Le premier des soins médicaux et symboliques dispensés est l'allaitement par la mère, source fondamentale de vitalité pour le nourrisson, qui garantira son bon développement pendant les trois premières années de sa vie.

Premiers soins, premiers rites

L'accouchement passé, tout danger était loin d'être écarté pour le nouveau-né : la mortalité infantile, très importante, pouvait varier de 20 % à 50 % pendant la première année de vie, si l'on en croit certaines études[22]. Les nouveau-nés étaient donc l'objet de toutes les attentions, aussi bien pour évaluer leur résistance que pour les protéger par la suite, même si l'entreprise n'était pas toujours couronnée de succès. Témoins, les nombreux nouveau-nés et nourrissons enterrés à Illahoun au pied d'anciennes maisons, certains dans des sarcophages « cartonnés » en fibres de lin, décorés à l'occasion et garnis d'amulettes protectrices.

Nulle difficulté, donc, pour comprendre que le nouveau-né faisait l'objet d'un examen attentif dès ses premières heures. Les pronostics de longévité formulés le jour de la naissance s'appuient sur différents critères. Certains font appel à des signes encore familiers pour nous, comme le diagnostic d'un nouveau-né geignard ou hypotonique, le visage tourné vers le bas: « Autre détermination. Si l'on entend sa voix plaintive, cela veut dire qu'il mourra. S'il place son visage en direction du sol, cela veut dire encore qu'il mourra.[23] »

D'autres reposent sur les principes propres à la médecine égyptienne, comme l'intégrité des conduits (*met*), déjà cruciale pendant la grossesse et l'accouchement de la mère. Le nouveau-né qui vomira le placenta, symbole nourricier par excellence, est ainsi susceptible de rejeter la vie : « Autre chose qui lui est faite le jour où il est mis au monde : une boulette de son placenta, avec [...]. (Ce) sera pilé dans du lait et lui sera donné dans un vase (*henou*). S'il vomit cela, cela veut dire qu'il mourra. S'il l[avale], cela veut dire qu'il vivra...[24] »

On en trouve enfin qui restent obscurs à nos yeux, sans qu'aucune explication rationnelle ait pu être avancée jusqu'à ce jour : « Autre : déterminer le sort d'un enfant le jour où il est mis au monde. S'il dit *ny*, cela veut dire qu'il vivra, s'il dit *embi*, cela veut dire qu'il mourra[25] », même si l'on sait que *ny* et *embi* se traduisent respectivement par « oui » et par « non ».

Le diagnostic vital établi, les nouveau-nés bénéficiaient de précieuses attentions de la part de leur entourage pour les protéger contre les forces néfastes terrestres et divines. On pouvait par exemple « fabriquer une (amulette) de protection individuelle pour un enfant le jour où il est mis au monde : [...] une boulette d'excréments là-dessus, dès qu'il (= l'enfant) est descendu du ventre de sa mère [...] »[26].

Mais des incantations pouvaient remplir cet office. Celle qui suit, sans doute récitée par la mère et ses aides-accoucheuses, avait pour but avoué l'éviction des esprits malfaisants : mais rien n'empêche de penser, avec Christiane Desroches-Noblecourt, que de telles prières devaient aussi agir sur la jeune mère et diminuer son anxiété, néfaste pour la lactation :

« Ta protection est la protection du ciel [...] de la terre [...] de la nuit [...] du jour [...].
Ta protection est la protection des sept Entités divines,
Qui mirent la terre en ordre lorsqu'elle était déserte ;
Et placèrent le cœur en bonne place.
[...]
Que chaque Dieu protège ton nom,
Chaque lieu où tu te trouveras,
Chaque lait que tu boiras,
Chaque sein sur lequel tu seras pris,
Chaque genou sur lequel tu seras assis,
Chaque vêtement qui te sera mis,
Chaque endroit où tu passeras le jour,
Chaque protection qui sera prononcée sur toi,
Chaque objet sur lequel tu seras couché,
Chaque nœud qui sera fait sur toi,
Chaque amulette qui sera mise à ton cou,
Qui te protège, par eux,
Que te garde en bonne santé, par eux,
Que te tienne sauf, par eux
Que t'apaise par eux, chaque dieu et chaque déesse.
Disparais (démon, toi), qui viens dans les ténèbres, qui entres sournoisement,
Ton nez derrière toi, et le visage tourné en arrière, mais à qui échappera ce pourquoi tu es venu !
Disparais (larve, toi) qui viens dans les ténèbres, qui entres sournoisement,
Ton nez derrière toi, et le visage tourné en arrière, mais à qui échappera ce pourquoi tu es venue !
Es-tu venu pour embrasser cet enfant ?
Je ne permettrai pas que tu l'embrasses.
Es-tu venu pour le calmer ?

Je ne permettrai pas que tu le calmes.
Es-tu venu pour lui nuire ?
Je ne permettrai pas que tu lui nuises.
Es-tu venu pour le prendre ?
Je ne permettrai pas que tu le prennes. » (extrait du papyrus Berlin 3027)

Les enfants prématurés, particulièrement exposés à la mortalité infantile, n'étaient pas oubliés. Une formule magique du papyrus Berlin 3027 leur était même expressément destinée : « Incantation pour une malheureuse femme qui a accouché avant terme.

Salut à vous (les 7 fils de lin), au moyen desquels Isis a tissé et Nephtys a filé un (large) nœud en tissu divin composé de 7 nœuds. Tu seras protégé par lui, ô enfant !

(Désormais) bien portant, un tel fil d'une telle (déesse) : il te rendra bien portant ; il te rendra sain, il fera que te soient propices tout dieu, toute déesse ; il fera tomber l'ennemi, l'être hostile ; il fermera la bouche à celui qui te veut du mal (?) comme quand a été fermée la bouche, comme quand a été scellée la bouche des 117 ânes qui sont dans le lac de Dédes ; je les connais, dès lors je connais leurs noms, mais ils ne sont pas connus de celui qui voudrait nuire à cet enfant au point de le rendre malade…

On dit cette incantation par 4 fois sur 40 perles rondes, 7 pierres smaragdites, 7 morceaux d'or, 7 fils de lin tissés (et filés) par deux sœurs utérines (comme Isis et Nephtys) : l'une fila, l'autre tissa. Qu'on en fasse une amulette à 7 nœuds et qu'elle soit mise au cou de l'enfant : ce sera la protection de son corps. »

Dernière étape décisive dans ces soins dispensés au nouveau-né et destinés à assurer son intégrité : l'attribution du nom, une fois constatés les signes d'une apparente bonne santé. Pour lui donner ce « grand nom » ou « vrai nom »[27], les parents faisaient suivre un nom divin ou royal, modifié, d'un verbe ou d'un adjectif.

Autre solution : appeler l'enfant en fonction du nom d'un Dieu cité par la mère elle-même, au moment de l'accouchement ou à la suite d'un songe. Sur ce modèle, la légende rapporte que le nom d'un enfant royal était toujours prononcé au moment de l'acte d'amour, ou soufflé à la jeune reine par les déesses qui assistaient à l'accouchement.

Trois ans au sein

« Rends en double le pain que t'a donné ta mère ; porte-la comme elle t'a porté. Elle s'est souvent chargée de toi et ne t'a pas déposé lorsque tu fus enfanté après tes mois. Elle s'est assujettie (à tenir) son sein dans ta bouche pendant trois ans avec persévérance... » : cette maxime d'Any[28] en dit long sur les attentions que la mère égyptienne portait à son nourrisson, au point de le nourrir au sein durant les trois premières années de sa vie. Elle gardait généralement l'enfant près d'elle la journée entière dans une besace attachée à son cou. De nombreuses statues et bas-reliefs l'attestent, qui mettent en scène une femme assise sur le sol, un genou levé, allaitant un nouveau-né ou plus fréquemment un tout jeune enfant assis. Des déesses elles-mêmes y figurent, le plus souvent Isis donnant le sein à son enfant ou au pharaon. Cet exemple divin et le rôle crucial de l'allaitement expliquent sans doute la reconnaissance que les familles aisées vouaient aux nourrices en charge de leurs enfants[40] comme celle d'Hatchepsout vénérée dans le sanctuaire d'Hathor à Deir el-Bahari. En effet, cette nourriture des plus naturelles permettait de lutter efficacement contre le rachitisme, qu'elle contribua à rendre, à notre connaissance du moins, pratiquement inexistant[29].

Encore fallait-il garantir le flux et la qualité du lait maternel pendant ces trois longues années, cruciales pour la survie et le développement du nourrisson. Pour stimuler la lactation, la médecine égyptienne usait de pratiques magiques, à grand renfort d'amulettes, essentiellement à l'effigie de Thouéris, la déesse hippopotame, accompagnées d'incantations et diverses formules. Elle disposait aussi de figurines creuses et probablement remplies de lait: le liquide devait s'en écouler par l'une des mamelles percées et favoriser symboliquement l'allaitement. Au vu des recettes qui venaient compléter ces pratiques, on peut s'interroger sur l'efficacité toute psychologique de ce type de traitement: « Ramener le lait à une nourrice que tète un enfant: épine dorsale d'un poisson-combattant. (Ce) sera bouilli dans la graisse/huile. Enduire avec (cela) son dos. » On peut aussi utiliser un remède à base de « *khenemet* (de pain) d'orge corrompu, (pain) dont le feu (de cuisson) aura été préparé avec des plantes (*khesaou*). (Ce) sera mangé par la femme dont les jambes s'affaissent (?) »[30] autrement dit qui est faible.

Restait à contrôler la qualité du lait. Sur ce point, les Égyptiens, qui voyaient là un vecteur potentiel de maladies, se montraient très sourcilleux: «Examen d'un lait mauvais (littéralement: le voir d'un lait mauvais) : Tu devras examiner son odeur semblable à la puanteur du poisson » toute contraire à celle d'un lait comestible dont l'« odeur est semblable à celle des râpures de rhizome de souchet comestible »[31].

C'était donc la bonne santé de la mère, protégée des diverses affections du sein (gerçure, mastite, engorgement), qui garantissait celle du nourrisson. Les Égyptiens pensaient en effet que ces pathologies du sein, au-delà de l'arrêt pur et simple de la lactation et de ses conséquences dramatiques sur la croissance, pouvaient altérer la qualité du liquide et transmettre des substances nocives à l'enfant. Pour s'en prémunir, quoi de mieux qu'une « conjuration au sein »:

« Ceci est le sein où fut atteint Isis dans le marais de Chemmis quand elle mit au monde Shou et Tefnout. Ce qu'elle fit pour eux (= les seins) fut de conjurer avec la plante (*iar*), avec une gousse de la plante (*seneb*), avec la partie (*bekat*) du jonc, avec les cheveux (= fibres) de sa partie (*ib*) (partie interne du jonc), (tout cela) qu'on avait apporté pour chasser l'action d'un mort, d'une morte et ainsi de suite. Ce sera préparé sous la forme d'une bande tournée à gauche qui sera placée sur (l'endroit de) l'action d'un mort, d'une morte (avec les mots suivants) : "Ne provoque pas d'évacuations ! Ne fabrique pas de substances qui rongent ! Ne produis pas de sang. Prends garde que ne se développent (contre toi) (les substances malignes qui font que) l'obscurité (se développe) contre les humains." Paroles à dire sur la plante (*iar*), sur la partie (*tja*) de la plante (*seneb*), sur la bande tournée à gauche, à laquelle sont faits sept nœuds. (Ce) sera nœuds. (Ce) sera appliqué sur cela. »[32]

Et si le mal est fait, voici la recette d'un cataplasme à base de calamine, une substance issue de l'oxydation de métaux, fréquemment employée pour le traitement des inflammations des muqueuses ou de la peau : « Autre remède pour un sein douloureux : calamine : 1 ; fiel de taureau : 1 ; chiures de mouche : 1 ; ocre : 1. (Ce) sera préparé en une masse homogène. Enduire le sein avec (cela) quatre jours de suite.[33] »

Malgré toutes ces précautions, l'enfant lui-même pouvait se montrer réticent, refuser le sein et concourir ainsi à sa propre perte. En ce cas, la médecine exploitait encore les ressources de la magie pour le convaincre de boire : « Horus ingurgitera et Seth mâchera [...] », certaines formules visant même à « étancher la soif d'un enfant » : « Ta faim est enlevée par [...], ta soif est [enlevée] par Ageb-Our, jusqu'au ciel. Ô oiseau (*pakh*), ta soif est dans mon poing, ta faim est dans ma griffe [...]. La vache Hesat [met?] son sein dans ta bouche. Ta bouche est comme la bouche de l'oiseau (*khabesou*) sur les effluves (qui sortent du corps) d'Osiris. Tu ne mangeras pas ta faim, tu ne boiras pas [ta soif] [...], ton gosier ne deviendra pas insensible. Qu'un homme dise cette formule sur une galette (?) de terre, placée sur une bande de lin [...] mise sous forme de (?) [...].[34] »

En dernier recours, les nouveau-nés privés du lait maternel et des services d'une nourrice auraient été nourris au lait de vache[35]. Mais il n'existe aucune représentation d'allaitement artificiel. On suppose toutefois que des cornes de vaches creuses ou des vases anthropomorphes en forme de femme ou de déesse agenouillée, un enfant sur les genoux, étaient remplis de lait pour faire office de biberons.

Les aléas de l'enfance

L'attention portée au nouveau-né ne se dément pas avec le temps, et passé le sevrage, l'enfant reste l'objet de soins constants : « L'amour des enfants est un des traits caractéristiques des Égyptiens et ils ne laissent passer aucune occasion de le prodiguer, parfois même dirions-nous avec une certaine ostentation »[36]. Le long allaitement dont les enfants ont bénéficié leur assure une protection relative contre les affections digestives microbiennes. Un équilibre que leur alimentation, telle que la décrit précisément Diodore, vise à conserver après le sevrage : « Ils les nourrissent très légèrement, à peu de frais. Leurs repas sont frugaux, grossiers et économiques, constitués de moelle de papyrus cuite sous la cendre, de racines et de tiges de quelques plantes aquatiques, crues, bouillies ou rôties. Et comme, grâce à la douceur du climat, les enfants ne portent ni chaussures, ni vêtement, l'ensemble des dépenses souscrites par les parents n'excède pas vingt drachmes par enfant. Cette frugalité est la raison même de la vaste population de l'Égypte.[37]»

Les enfants de l'ancienne Égypte restent néanmoins sensibles à diverses affections, qui vont de la simple toux à un mal étrange et jusqu'à ce jour non identifié, en passant par les troubles urinaires, les éruptions cutanées et le coryza. Nombre de remèdes pouvaient soigner grands et petits[38]. Calmer de simples cris de douleur pouvait justifier l'invention d'une recette spécifiquement destinée aux enfants, comme celle-ci à base d'une plante *chepten* qui pourrait correspondre au pavot, un sédatif et antalgique renommé: «Remède pour chasser les cris répétés (*âchaou*) : partie (*chepnou*) de la plante (*chepten*) ; chiures de mouche qui sont au mur. (Ce) sera préparé en une masse homogène, filtré, puis absorbé quatre jours de suite. (Cela) cessera parfaitement. Quant au mot *âchaou*, il se rapporte à un enfant qui crie (continuellement).[39]»

Pipi au lit et premières dents

Voici un remède à base de faïence et d'une pierre semi-précieuse de Nubie, le *tjehenet*, censée soigner une affection infantile qui pourrait bien, encore aujourd'hui, nous être familière: «Ce qui doit être préparé pour un enfant qui souffre d'incontinence d'urine: bouillie *tjehen* (et mise) sous la forme d'une boulette. Si c'est un enfant (déjà) grand, il l'ingurgitera (tel quel) en avalant. S'il est (encore) dans les langes, cela lui sera broyé dans du lait par sa nourrice, et il en sucera quatre jours de suite.[40]» Mais ce n'est pas le seul trouble urinaire relevé chez l'enfant. Dans le même papyrus, deux paragraphes plus haut, il est fait mention d'un «tas d'urine» qui pourrait, à l'inverse, correspondre à un épisode de rétention urinaire. «Autre (remède), pour faire qu'un enfant évacue un tas d'urine qui est à l'intérieur de son ventre: un papyrus usagé. (Il) sera bouilli dans de l'huile et son corps (en) sera enduit jusqu'à ce que son évacuation soit normale.»

Plus que la préparation elle-même, placée sur le ventre du jeune patient, c'est sans doute le massage de l'abdomen qui favorisait le déclenchement de la miction par stimulation mécanique. Mais traiter l'enfant ne suffisait pas: il fallait aussi soigner la mère, jugée responsable des troubles urinaires de son rejeton: «Autre (remède), pour rendre normale l'urine d'un enfant: moelle qui est dans le roseau. (Elle) sera pilé dans un vase (*khaou*) de bière douce, de sorte qu'elle soit épaissie. (Ce) sera bu par la femme (= la nourrice), et on (en) donnera aussi à l'enfant dans un vase (*henou*).[41]»

Autre souci: l'arrivée des premières dents. En Égypte aussi, la «petite souris» joue son rôle, mais il est loin d'être purement symbolique. C'est du moins ce que suppose Lefebvre, qui voit dans la recette suivante de quoi soulager les petits Égyptiens de l'Antiquité lorsque leurs premières dents percent: «On fait manger à l'enfant et (sa) mère une souris cuite. Les os de celle-ci sont placés à son cou dans une étoffe de lin fin (à laquelle) on fait sept nœuds.[42]»

Les souris sont partout dans la médecine égyptienne: elles figurent en entier ou en partie, sous forme d'os ou de graisse, dans les pommades contre les douleurs rhumatismales ou pour le traitement du cuir chevelu. Mais ce remède, en particulier, semble avoir connu un certain succès: pour preuve, les os de rongeur, retrouvés dans les voies digestives de plusieurs enfants inhumés dans un cimetière de la période prédynastique[43]. Et, curieusement, on verra circuler à nouveau cette cure à base de souris du XVIe jusqu'au début du XXe siècle, sous forme de décoctions contre les incontinences urinaires, les troubles dentaires et la coqueluche[44].

Troubles oto-rhinologiques ou les sept orifices

À en croire un paragraphe du papyrus Ebers, à notre système ORL aurait correspondu chez les anciens Égyptiens une vision globale des sept orifices de la tête : les narines, les yeux, les oreilles, la bouche. Parmi les diverses affections susceptibles de perturber ce bel ensemble, le texte en décrit une qui, très proche de notre actuelle sinusite, se soignait grâce à une préparation à base de gomme et l'incantation magique suivante : « Des serviteurs de Rê et des adorateurs de Thot. Vois ! J'ai apporté le remède qui te concerne, contre toi, la portion qui te concerne contre toi, contre toi : lait de femme ayant mis au monde un enfant mâle, gomme odorante. Cela te chassera ! Cela te fera fuir ! Cela te fera fuir ! Cela te chassera ! Descends jusqu'à terre, décompose(-toi), décompose(-toi). (À dire) quatre fois. Paroles à dire quatre fois sur du lait de femme ayant mis au monde un enfant mâle (et sur) de la gomme odorante. (Cela) sera placé dans le nez.[45] »

Ce même papyrus fait mention du coryza, sous différentes appellations : l'exsudat (*khent*), conséquence de la décomposition d'une substance pathogène appelée *setet*[58], l'exsudat (*rech*), de nature similaire, et l'exsudat (*nia*), d'origine inconnue à ce jour. Pour chacun des trois, la médecine avait ses remèdes :

> « Pour chasser l'exsudat (*khent*) qui est dans le nez : galène : 1 ; bois pourri : 1 ; oliban sec : 1 ; miel : 1 ; farder l'œil avec (cela), quatre jours de suite. Fais ! Tu verras ! C'est vraiment excellent ! »
>
> « Remède pour l'exsudat (*rech*) : vin de dattes. Remplir l'ouverture (du nez). »
>
> « Autre (remède) pour chasser l'exsudat (*nia*) qui est dans le nez : plante (*niaia*). (Ce) sera écrasé avec des dattes et appliqué au nez.[46] »

Encore plus intéressant : devant un enfant se plaignant d'otalgie et sans doute touché par une otite moyenne, dont le cas est rapporté dans le papyrus de Berlin au chapitre « Oreilles » (200 à 2004), on voit se manifester une véritable attitude thérapeutique, adaptée aux deux des trois différents stades d'évolution de la maladie susceptibles d'être diagnostiqués.

Dans la phase initiale, les premiers symptômes de l'otite moyenne, caractérisés par une « sensation de lourdeur de l'oreille », sont traités selon un protocole qui combine les propriétés antiseptiques des extraits de térébenthine avec l'action anti-inflammatoire du céleri.

Au cours de la deuxième phase de l'otite moyenne, les douleurs lancinantes peuvent être soulagées avec une préparation à base de cumin, épice dotée d'un effet antiseptique et d'une action anti-inflammatoire : « [...] : graines de pyrèthre : 1/64 ; cumin : 1/64 ; fruit (*peret-cheny*) : 1/64 ; graine de l'arbre (*ârou*) : 1/8 ; plante (*ânkh-imy*) : 1/4 mélilot : 1/32 ; feuilles d'acacia : 1/32 ; [...] [...]de *djai* : 1/64 ; miel : 1/8 ; bière douce : 15 *ro*. Réduire en cendres. (Ce) sera bu par l'homme (ou l'enfant).[47] »

D'autres préparations décrites ailleurs permettent de traiter l'écoulement de l'oreille qui caractérise la troisième phase, l'otite purulente. Parfois, l'oreille simplement malade pourra être fumigée avec de la fiente de crocodile, du frai de grenouille ou des écailles de tortue ou, dans le cas d'une supposée otite externe, par « un traitement froid (car) il ne doit pas être chaud. Si un conduit (*met*) tremble (frissons ?), tu devras lui préparer : partie (*shepa*) de la malachite.[48] »

C'est peut-être même un excès ou un bouchon de cérumen qui est envisagé ici : « S'il (l'orifice de l'oreille) est gras (= séreux) à cause de cela, tu devras lui préparer le traitement (suivant) qui est destiné à assécher une plaie : tête de rat/souris ; vésicule biliaire de chèvre ; écailles de tortues ; conise. Saupoudrer avec cela très souvent... »

Si la médecine échouait, ou si rien n'était fait pour guérir l'enfant, les conséquences pouvaient se révéler dramatiques, aussi bien physiologiquement[49] que socialement. À en croire Jacques Willemot[50], les enfants incapables de parler à l'âge de 3 ans, et donc certainement sourds, étaient considérés comme des possédés, et à ce titre noyés dans le Nil. Les muets plus âgés, quant à eux, étaient relégués au rang d'esclaves. C'est là une hypothèse difficile à vérifier, même s'il est probable qu'ils aient été traités comme de simples animaux, au même titre que l'enfant né sans cerveau.

Une méchante toux

Les Égyptiens regroupaient toutes les affections broncho-pulmonaires sous le terme générique de toux, qu'ils interprétaient comme des « soubresauts dus aux sécrétions (*seryt*) », sans doute l'expectoration. Mais ils avaient diverses manières de soigner ce symptôme unique : 39 exactement. Autant de préparations thérapeutiques réparties entre le papyrus Ebers et celui de Berlin, dont certaines destinées à la fois à l'enfant et à l'adulte.

Dans leur composition entrent des ingrédients dont on reconnaît encore aujourd'hui les vertus : ainsi le miel, notoirement apaisant[67], 12 fois mentionné, la crème, le lait, ou des matières sucrées comme des caroubes ou de la pulpe de dattes, qui calment l'irritation, ou encore le mélilot (appelé aussi herbe aux mouches ou luzerne bâtarde), une plante herbacée aux fleurs très odorantes qui renferme de la coumarine, une substance antitussive, antispasmodique et diurétique[51]. Plus inattendue, la coloquinte, habituellement connue pour ses vertus purgatives, se retrouve parfois dans ces remèdes : en l'utilisant, le médecin manifeste son intention d'expulser du corps l'origine du mal à défaut de pouvoir en annuler le symptôme.

Comme autre remède possible, Dioscoride prescrivait le cumin auquel il joignait un régime hypercalorique, encore proposé de nos jours dans la prise en charge des affections pulmonaires sévères, mais aussi et surtout la pratique des inhalations[52] pour soulager les toux chroniques. En effet, les Égyptiens ont largement contribué à établir les bienfaits de ce traitement, comme le prouve le passage du papyrus suivant qui en fait mention pour la première fois dans l'histoire de la médecine: « Tu devras prendre sept pierres, et tu devras les chauffer dans le feu. Tu devras prendre une de ces pierres et la placer au-dessus de ce médicament. Tu devras la recouvrir d'un pot neuf, dont le fond a été percé, et tu devras introduire une tige de roseau dans le trou. Tu devras placer ta bouche à l'orifice de cette tige pour pouvoir inhaler la vapeur s'en exhalant…[53] »

Inhalations et fumigations étaient pratiques courantes. Les premières, largement reprises par les autres médecines de l'Antiquité, remplissaient selon Winter[54] une fonction thérapeutique et hygiénique. Les secondes, elles, s'inscrivaient dans le cadre des mesures d'hygiène publique[55].

La durée des prescriptions ne dépassait souvent pas quatre jours, peut-être à titre symbolique, ce chiffre jouissant d'une valeur magique et bénéfique, essentiellement sous l'Ancien Empire.

Et si c'était la rougeole ?

Identifier une maladie décrite par les Égyptiens avec notre terminologie demande parfois de résoudre de véritables énigmes. Par exemple, on trouve trace dans un papyrus d'une maladie a priori enfantine, une violente éruption cutanée attribuée par les Égyptiens à l'action d'une mystérieuse substance (*temyt*) qu'il fallait combattre.

«Remède pour chasser la substance (*temyt*): charbon; chenefer; lie de liquide (*âat*); farine de (?) (laissée sur) l'aire (de battage du blé): minéral (*didi*); blé amidonnier; *shery-pededou*; sel marin. (Ce) sera cuit. Panser avec cela.[56]» Et «autre (remède): fruit du ricin; graines de plante (*nechaou)*; dattes; pois; graine de pyrèthre; liquide (*ta*) du blanchisseur; miel. À employer comme précédemment.[57]»

Le livre de protection pour la mère et l'enfant donne quelques précisions sur cette redoutable substance: «Autre (formule): écoule-toi! Substance (*temyt*), qui brises les os [...] qui entres dans les conduits (*met)* [...].[58]» Ailleurs, elle est associée au démon (*nesyt*): «Conjuration de la substance (*temyt*). Chaleur qui sort de Bousiris [...] (?). Isis se tient en larmes, après avoir adoré la peau d'Horus (qui est) la peau d'un tel fils d'une telle. Ô, bélier qui descend du ciel à l'appel d'Isis (?). Rê a parlé (?). Osiris a parlé (?). Que le flot asperge la chair superficielle d'un tel fils d'une telle. Écoule-toi, chaleur! Osiris a parlé: il a entendu le message (de Rê) et la terre est en joie. Rê se tient dans le temple [...] (?)

Paroles à dire quatre fois sur: miel; liquide (*pa-pour*), résine (*saour*); farine de (?) (= laissé sur) l'aire de (battage du blé).[58]»

La longue conjuration du papyrus de Londres n° 25 permet de lutter contre ces deux fléaux réunis, dont la gravité, perçue comme l'expression d'un châtiment divin, justifie le recours à la magie des divinités:

«Autre [conjuration pour chasser] le démon (*nesyt)* et la substance (*temyt*) qu'Isis a faite pour son père, selon ce qui fut fait pour lui [...].

Par la Grande Ennéade qui se trouve devant l'équipage le jour où, dans la chapelle, elle rendit hommage,

La nuit où Osiris ouvrit la bouche pour parler devant la Place pure en disant:

C'est mon fils Horus qui me vengera!

Et c'est pourquoi son fils Horus est celui qui le vengera.»

Selon l'hypothèse passionnante de Pascal Hennequin[60], on pourrait rattacher le démon (*nesyt*) à des convulsions, fruits de troubles neurologiques chez l'enfant. En ce cas, l'affection associant la substance (*temyt*) au démon (*nesyt*) pourrait bien être la rougeole, qui associe elle-même des signes dermatologiques à des manifestations neurologiques remarquables[61].

La maladie inconnue du bââ

Mais parfois, ces analyses n'aboutissent pas à la formulation d'hypothèses aussi précises. Contrairement à celle dont la fameuse substance (*temyt*) est responsable, l'affection nommée bââ, mentionnée à plusieurs reprises dans des textes sur les maladies enfantines, reste véritablement non identifiée: «Chasser le *bââ*; dire comme formule magique [...] acacia. (Ce) sera tourné à gauche et mis au cou de l'enfant. C'est un moyen de chasser le *bââ*.[79]»

«Repousser le *bââ*: parties (*tepaout*) du sycomore: dattes fraîches; partie (*hemou*) de ricin; chanvre; tampon végétal (fabriqué à partir des filaments) de la plante (*debyt*); liquide (*mesta*). (Ce) sera bu par la femme.[62]»

Voici les indices que l'on a pu tirer de la lecture des différents papyrus: on sait que la mère, «porteuse saine» de la substance *bââ*, était susceptible d'affecter son enfant par l'intermédiaire de son lait. C'est d'ailleurs à elle que l'on administrait le remède pour soigner l'enfant, comme si le lait maternel devait transmettre également poison et contrepoison. Lors de la contamination, le *bââ* diffusait dans tout l'organisme de l'enfant pour détruire ses viscères. Si grave était cette maladie que les incantations d'Isis, pourtant considérée comme une déesse puissante, échouaient à la traiter. L'on avait alors recours à l'acte magique, censé repousser le *bââ* vers l'hirondelle, oiseau dont Isis avait pris la forme lorsque le corps d'Osiris était resté enfermé dans la colonne.

Afin d'identifier avec certitude cette entité nosologique, de nombreux égyptologues ont émis des hypothèses, sans succès. Affection d'origine alimentaire, selon W. R. Dawson[64]; d'après Hermann Grapow[65], affection contractée par la mère, qui infecte ensuite l'enfant. Comment savoir? Thierry Bardinet[66] a sans doute livré la meilleure interprétation de ce mal: «Il s'agirait plutôt d'une substance particulière entraînant une maladie spécifique, animée par quelque souffle nocif et ayant un pouvoir destructeur qui lui est propre.» Jusqu'à preuve du contraire et dans l'attente d'une identification plus précise, il faut donc conclure que les Égyptiens tenaient cet agent invisible pour responsable de plusieurs affections différentes chez l'enfant: ils les regroupaient sous le même terme à cause de leur origine commune.

Des adolescents déjà en crise

Aucun texte ni aucune scène de la vie quotidienne ne représentent les bouleversements physiologiques de l'adolescence. Seul le dessin d'un scarabée, symbole du dieu Khephri et de la transformation, discrètement porté à proximité du personnage ou au-dessus de la cartouche, distinguait les représentations des adolescents sur les murs des temples ou des tombes. Des cérémonies marquent la fin de l'enfance chez le garçon: sa mèche d'enfant est coupée, son habit d'adulte (le pagne) lui est remis et il est circoncis.

Rites et passages: circoncision et début des règles

La circoncision était donc l'un des rites du passage à l'âge adulte pratiqué chez le jeune homme, vers l'âge de 16 ou 17 ans. Quoique les papyrus médicaux ne mentionnent à aucun moment cette intervention, un certain nombre de témoignages suggèrent que les Égyptiens réalisaient des circoncisions dès le troisième millénaire avant notre ère[67]. Le signe du phallus (traduit suivant les cas par « phallus », « mâle », « copuler » ou « uriner ») sur les hiéroglyphes représente toujours cet organe sans prépuce. On ne peut pour autant en déduire que cette coutume ait été impérative et systématique puisqu'on a retrouvé des momies d'hommes non circoncis du Nouvel Empire. Ahmosis Ier lui-même, pharaon de la XVIIIe dynastie, n'a pas été circoncis, contrairement à son père et ses frères, ce qui n'a pas manqué de susciter bon nombre d'interrogations chez les égyptologues. Selon Arnauld Bellouard, une arthrose généralisée, affectant principalement ses genoux, laisse supposer une forme intermédiaire d'hémophilie chez ce pharaon: une maladie qui pourrait expliquer sa constitution fragile et sa gonathrose bilatérale[68].

Quoi qu'il en soit, la signification de la circoncision chez les Égyptiens reste floue[69]. Certains affirment, le *Livre des morts* à l'appui, qu'il pourrait s'agir d'un rituel religieux rappelant le geste de Rê: « Du sang tomba du phallus de Rê, après qu'il eut achevé de se couper lui-même »[70]. Pour d'autres auteurs, il s'agirait d'une mesure d'hygiène[71] comme le signale Hérodote à propos des prêtres: « Ils pratiquaient la circoncision pour des raisons d'hygiène car ils préféraient la propreté à l'esthétique. [72]»

Un bas-relief datant de la VIe dynastie, aux alentours de 2423-2262 av. J.-C.[73], retrouvé sur un mur du mastaba de Ankh-ma-hor à Saqqarah, relate les différents moments de l'intervention. Au cours de la première phase, le jeune homme est debout, face à un sujet accroupi qui prépare des instruments. Le commentaire indique: «Frotte bien ce qui sera» et l'officiant répond: «Je te le rendrai agréable», suggérant l'utilisation d'une forme d'anesthésie, qui pourrait bien être la pierre de Memphis[74]. Au cours de la deuxième phase, le jeune homme, tenu par derrière, se cache les yeux de ses mains et la scène est ainsi légendée: «Tiens-le pour qu'il ne s'évanouisse pas». Au cours de la troisième phase, l'opérateur tient le phallus et réalise la circoncision avec une obsidienne[75].

Et les jeunes filles? Sur leur passage à l'âge de femme, les sources entretiennent un paradoxe. L'absence de tout document d'ordre médical signalant le début des règles n'empêche pas le papyrus Ebers de mentionner un traitement à administrer après plusieurs années d'aménorrhée:

> «Si tu procèdes à l'examen d'une femme chez qui de nombreuses années se sont écoulées sans que les menstruations viennent; elle vomit quelque chose de comparable au liquide (*hebebet*); l'intérieur de son corps est comme un intérieur du corps atteint par le feu; cela cesse dès qu'elle a vomi.
> Ce que tu devras dire à son sujet: c'est une montée de sang qui est dans son utérus parce qu'il lui a été lancé un charme. Ce que tu devras préparer pour cela: baies de genévrier: 1/32; cumin: 1/64; résine de térébinthe: 1/64; rhizome de souchet comestible: 1/16. Tu devras donner du lait de vache, 80 *ro*, mis sur le feu avec de la moelle d'os (*khened*) (de taureau). (Cela) sera placé dans ce lait et il en sera bu quatre jours de suite.[76]»

Peines de cœur et premiers émois

À ces transformations physiologiques et signes physiques, il faut ajouter d'autres métamorphoses. Les Égyptiens, eux aussi, ressentent les premiers émois de l'amour et souffrent de «peines de cœur». Les jeunes Égyptiennes cherchent ainsi à se faire désirer par celui qui deviendra peut-être leur mari:

«La bien-aimée connaît parfaitement le lancer du lasso,
Sans venir au dénombrement des troupeaux
De ses cheveux, elle lance contre moi ses rets,
De ses yeux, elle me rend captif,
De sa parure elle me maîtrise,
De sa langue, elle me marque au fer rouge.[77] »

Elles exprimaient parfois les émotions envers l'être aimé :

«Lorsque je le prends entre mes bras
Et que ses bras m'enlacent,
C'est comme au pays de Pount,
C'est comme avoir le corps imprégné d'une huile parfumée.
Lorsque je l'embrasse
Et que ses lèvres sont entrouvertes
Je me sens ivre
Sans avoir bu de bière.[78]»

Mais il arrivait que la passion amoureuse tournât au drame. Parfois même le jeune homme est atteint d'un mal incurable, le «mal d'amour», à considérer comme une véritable mélancolie, à en juger par la description qu'en donne un extrait du papyrus Chester-Beatty I :

«Si viennent à moi les maîtres médecins, mon cœur n'est pas sensible à leur remède.
Les exorcistes ? Il n'y a pas de salut à obtenir d'eux (et cela pour la raison) que mon mal n'a pas été défini.
Mais le fait de dire : la voici, c'est ce qui me redonne la vie.
Mon salut, c'est qu'elle entre ici.
Je la verrai et je serai guéri.
Elle ouvrira ses yeux et mes jambes seront rajeunies.
Elle me parlera et je serai vigoureux.
Je l'embrasserai et elle écartera de moi le mal... »

Autre malheur, pour les femmes cette fois: être confrontée à une rivale. Dans ce cas, l'amante jalouse pouvait solliciter la magie pour faire tomber les cheveux d'une «femme détestée» à base de «*ver-ânârt* cuit, bouilli dans la graisse» (papyrus Ebers n° 474). L'antidote, peu ragoûtant, se composait entre autres du «bas de la jambe d'hippopotame et d'écailles de tortue» (papyrus Ebers n° 476).

Ivresse de la jeunesse: l'excès de boisson

Mais alors, les jeunes Égyptiennes et Égyptiens noyaient-ils leurs chagrins d'amour dans l'alcool? Toujours est-il qu'en dehors de l'eau du Nil, ce peuple consommait de grandes quantités de lait de chèvre, de brebis, et de vache mais aussi de bière, fabriquée à partir de l'orge. Seuls les plus riches pouvaient s'offrir régulièrement du vin, véritable produit de luxe. Sous l'Ancien Empire, il y en avait six sortes dont le blanc, le rouge, le noir et le vin de Basse Égypte, sans compter une autre boisson, le *chedeh*, sans doute une liqueur alcoolisée, citée dans nombre de textes. Les adolescents se soûlaient souvent sans modération à la taverne, comme en témoigne cette tirade d'une mère qui tance vertement son fils, visiblement porté sur la boisson[79]:

«On me dit que tu négliges la pratique de l'écriture,
Et que tu t'adonnes aux plaisirs.
Tu traînes de taverne en taverne,
La bière t'enlève tout respect humain,
Tu égares ton esprit.
Tu es comme un gouvernail brisé,
Qui ne sert à rien.
Tu es comme une chapelle privée du dieu,

Semblable à une demeure sans pain.
On t'a rencontré occupé à sauter un mur.
Les gens fuient devant les coups dangereux.
Ah ! Si tu voulais comprendre que le vin
Est une abomination.
Tu maudirais le vin doux,
Tu ne penserais pas à la bière
Et oublierais le vin de l'Étranger. »

Qu'il suive plutôt l'enseignement du sage Any, qui incite à modérer sa consommation d'alcool : « Ne fais pas d'excès en buvant une grande cruche de bière ! Lorsque tu parles, il sort de ta bouche une phrase incompréhensible. Tu tombes, tu te fractures les membres et nul ne te tend la main. Tes compagnons de beuverie se lèvent et disent : Qu'on nous débarrasse de cet ivrogne ! Lorsqu'on vient ensuite pour te chercher et te demander conseil, on te trouve couché à terre et tu es comme un petit enfant.[80] » Même les femmes n'échappaient pas à ce mauvais penchant. Dans la tombe de Paheri à el-Kab, on en voit une réclamer à boire avec force cris : « Donne-moi dix-huit coupes de vin. Ne vois-tu pas que je désire m'enivrer ? Mon intérieur est sec comme de la paille.[81] »

Mais gare aux lendemains d'ivresse… « Qui de trop de vin se remplira, le mal aux cheveux au lit le tiendra » (papyrus Insinger)[82].

Ne pas vieillir!

Un âge canonique?

Tout comme nous, les Égyptiens tentaient de résoudre la quadrature du cercle: vieillir en conservant ses facultés intactes. 110 ans semblait être l'âge canonique auquel un Égyptien pouvait aspirer après une vie bien remplie. Fréquemment cité dans les textes, ce chiffre en a fait rêver plus d'un: mais sa signification reste éminemment symbolique et étroitement associée à la notion de sagesse[83]. Les vœux de prospérité et de longévité s'exprimaient donc par le biais de ce nombre mythique, comme le montre cette lettre adressée au sage Amenemopé par un de ses élèves: «Que l'Amenti te soit accordé, sans que tu aies ressenti la vieillesse sans que tu aies été malade. Puisses-tu accomplir 110 ans sur terre, tes membres restant vigoureux, ainsi qu'il doit être fait à un béni comme toi quand son dieu le récompense»[84]. Certains Égyptiens, comme le célèbre mage Dedi, «un simple particulier de 110 ans»[85], l'auraient atteint. D'autres s'en sont approchés: Pépi III, mais surtout Ramsès II, le plus célèbre vieillard de l'ancienne Égypte[86], mort à 96 ans sans s'être particulièrement ménagé. Illustre guerrier, il épousa 200 femmes dont il eut 96 fils et 60 filles. Nebenterou, grand prêtre de la XXIe dynastie, avait lui aussi atteint cet âge illustre. On peut lire, gravé sur sa statue en guise d'épitaphe: «J'ai passé ma vie dans la joie, sans soucis, ni maladie... et ainsi j'ai dépassé les années de chacun parmi mes contemporains. Tâchez que pareille chose vous arrive»[87].

En réalité, rares étaient ceux qui connaissaient cette chance. Bien peu d'Égyptiens devaient atteindre un âge avancé, à en croire la persistance des cartilages de conjugaison observée sur les défunts de cette époque. L'espérance de vie moyenne devait se situer entre 30 et 35 ans, abstraction faite de la mortalité infantile, impossible à estimer mais certainement élevée. Plus précisément, les 709 crânes d'adultes de la collection de Turin ont permis de situer, après étude, l'âge moyen du décès à 30 ans pendant l'époque prédynastique et à 36 ans pendant l'époque dynastique[88]. C'est sans doute à cette faible espérance de vie que l'on doit attribuer le très petit nombre de cancers retrouvés, plutôt qu'à l'équilibre alimentaire ou à un quelconque patrimoine génétique : prises de court, pour ainsi dire, les tumeurs malignes, ou néoplasies, n'avaient pas le temps de se développer.

« Pour transformer un vieillard en jeune homme »

Dans l'ancienne Égypte, on n'en redoutait pas moins les méfaits du grand âge. L'écriture hiéroglyphique atteste d'ailleurs cette appréhension, en symbolisant le vieillard par un homme courbé sur le bâton qui le soutient. Ptah-Hotep[89] lui-même décrit avec lucidité dans ses maximes les décrépitudes qui le menacent sur le tard :

> « Souverain, mon maître, le grand âge est là, la vieillesse est descendue en moi ; la langueur est venue, la faiblesse de l'enfance se renouvelle, elle fait que celui qui est redevenu enfant dort sans cesse. Les bras sont faibles, les jambes ont renoncé à suivre le cœur qui est devenu fatigué. La bouche est muette, elle ne peut plus parler ; les yeux sont faibles, les oreilles sont sourdes ; le nez est bouché, il ne peut plus respirer. Le goût s'en est complètement allé. L'esprit est oublieux, il ne peut se souvenir d'hier. Les os font mal dans le vieil âge ; se lever et s'asseoir sont difficiles l'un et l'autre. Ce qui était bon est devenu mauvais. Ce que fait la vieillesse aux hommes est mal en toutes choses. »

Fait remarquable chez les Anciens Égyptiens, les dieux eux-mêmes n'étaient pas à l'abri de cette déchéance : « Rê apparaissait tous les jours à la tête de l'équipage de la barque solaire et se plaçait sur le trône du double horizon. L'âge faisait trembler sa bouche et il laissait dégoutter sa salive par terre. »

Depuis les temps les plus anciens, on a donc voulu remédier à cette décadence généralisée comme en témoigne, au verso du papyrus Edwin Smith, l'antique recette pour « transformer un vieillard en jeune homme ». On mentionnera en premier lieu tous les anti-rides et autres préparations cosmétiques « Pour transformer la peau » (papyrus Ebers 714), « Pour ouvrir la chair superficielle » (papyrus Ebers 713), « Pour faire en sorte que le visage soit étiré » (papyrus Ebers 716), ou « Pour chasser les rides du visage » (papyrus Ebers 716) ; tel ce fond de teint original, par exemple, pour « rendre parfaite la chair superficielle » et obtenir une pâleur à la mode : « Autre (remède) pour rendre parfaite la chair superficielle : poudre d'albâtre, 1 ; poudre de natron, 1 ; sel marin, 1 ; miel, 1. (Ce) sera mélangé en une masse homogène avec ce miel. Enduire la chair superficielle avec (cela) » (papyrus Ebers 715).

Avec l'âge, les Égyptiens pouvaient souffrir de problèmes de peau bien plus sérieux, que l'examen des momies permet de diagnostiquer[90], compensant le silence des papyrus sur ce sujet, exception faite des « substances qui rongent » ou possibles démangeaisons mentionnées dans les papyrus Ebers 591 et 615. L'existence d'acné sénile[91], par exemple, est attestée par les comédons relevés sur certaines momies de vieillards : Ramsès II lui-même aurait apparemment été touché au front par de petites tumeurs rouges brunâtres. Ces marques disgracieuses font d'ailleurs l'objet d'une correction esthétique jusqu'après la mort. Sur la momie d'une prêtresse d'Amon morte sous la

XXIe dynastie, les embaumeurs avaient ainsi tenté de dissimuler les escarres des fesses et du dos, sans doute dus à un alitement prolongé avant décès, avec des pièces de peau de gazelle.

Autre parure naturelle que l'âge malmène: la chevelure, dont on prenait grand soin la vie durant. Par coquetterie, les femmes conservaient souvent les cheveux longs et frisés, et laissaient pousser chez leurs enfants une mèche bouclée sur le côté de la tête. Mais la plupart des Égyptiens, les prêtres exceptés, se rasaient la tête et le corps et, dans les hautes sphères de la société, portaient perruque. Le rasage semblait plutôt efficace contre la chute des cheveux, à en croire Hérodote: «Dès l'enfance, les Égyptiens se rasent les cheveux et, sous l'action du soleil, les os de leurs crânes s'épaississent. Ils ne connaissent pas la calvitie pour la même raison, c'est en Égypte, en effet, qu'on voit le moins d'hommes chauves.[92]»

Malgré ces précautions, la calvitie pouvait parfois survenir sur le tard, comme le suggère l'examen de certaines momies. Si, à sa mort, Ramsès II avait encore les tempes et la nuque relativement fournies[93], Aménophis III et Séti Ier, eux, étaient devenus pratiquement chauves. Les femmes n'étaient pas épargnées: pour cacher son crâne dégarni, la reine Néfertari, qui souffrait d'alopécie, poussait la coquetterie jusqu'à porter une perruque de faux cheveux. Par peur de la calvitie, les Égyptiens avaient donc mis au point de nombreuses recettes magiques pour faire repousser les cheveux, toutes plus étranges les unes que les autres: «Autre (remède) pour faire pousser les cheveux d'un chauve: graisse de lion, 1; graisse d'hippopotame, 1; graisse de crocodile, 1; graisse de chat, 1; graisse de serpent, 1; graisse d'ibex, 1. (Ce) sera préparé en une masse homogène. Enduire la tête du chauve avec (cela)» (papyrus Ebers 465).

Ici intervient le principe de l'analogie, bien connu des magiciens, qui permettait de s'approprier la vitalité par les poils de ces animaux, en particulier du lion à la belle crinière. Mais on pouvait aussi se munir du « sabot d'un âne » (papyrus Ebers n° 468), de « chiures de mouche » (Papyrus Ebers 774), de « (sang de) vulves de chienne » (Papyrus Ebers 460) et de « graisse d'hippopotame » (Papyrus Ebers 775).

Les vieillards soucieux de leur élégance, enfin, pouvaient combattre le blanchissement des cheveux avec cette lotion magique des plus intéressantes : « Autre (remède) pour chasser véritablement la substance qui dévaste (les cheveux) et soigner les cheveux : sang de taureau noir. (Ce) sera placé dans de la graisse/huile. Enduire avec (cela).[94] »

Bon pied, bon œil

L'étude des momies a permis d'approfondir les connaissances sur les troubles rhumatismaux dont devaient souffrir les Égyptiens[95], examens radiologiques à l'appui. On a ainsi constaté de l'arthrose chez de nombreux pharaons : rachidienne[120] chez Aménophis Ier et cervicale dans le cas de Mineptah. La radiographie de Ramsès II a permis de poser un diagnostic encore plus complet, en mettant en évidence, au niveau du rachis lombaire et du bassin, un effacement des articulations sacro-iliaques, un élargissement paradoxal des espaces intervertébraux et une calcification globale du ligament vertébral commun. On comprend mieux pourquoi les rhumatismes préoccupaient singulièrement les Égyptiens, comme le suggèrent les 20 prescriptions consignées dans le papyrus Ramesseum et le papyrus Ebers. Il est alors question de remèdes destinés à « assouplir la jonction des deux endroits du corps », à « assouplir une partie ankylosée », ou « faire guérir un os situé en n'importe quel endroit du corps d'un homme » ou « pour délier les parties raidies situées en n'importe quel endroit du corps». Élaborés essentiellement à base de corps gras et de graisses animales, ces onguents, qui devaient faire office de baumes décontractants, pouvaient aussi intégrer de la moelle osseuse, de la farine, du natron, de la rate de bœuf, de la gomme, de l'encens, du céleri, des oignons, du cumin, du genévrier, ou du jus d'acacia, ou même tout simplement de la boue, dont on frottait les membres atteints.

Avec l'âge, la motricité n'était pas la seule faculté à se dégrader; la vue aussi était touchée. La chaleur, la poussière, les insectes et une hygiène déplorable[96] : autant de facteurs aptes à favoriser les maladies des yeux. En ce domaine, les dépouilles des Anciens ne nous sont d'aucune aide pour établir des diagnostics rétrospectifs, car le processus de momification s'accompagne toujours d'une déshydratation et d'une rétraction du globe oculaire. C'est donc la lecture des papyrus d'Ebers et de Kahoun qui livre l'essentiel des informations, entre autres la description d'un probable xanthélasma qualifié de «graisse qui est dans les yeux»[97] ou encore la mention dans le papyrus Ebers des remèdes destinés à «chasser (les substances qui causent) l'obscurité dans un œil» (n° 339, 340, 354) mais aussi de «substances malignes causant la faiblesse de la vue» (n° 415).

La cataracte, qui surgit souvent avec l'âge, semble diagnostiquée dans l'un de ces papyrus comme une «montée des sécrétions dans les yeux» d'après P. Ghalioungh[98]. Une expression qu'on retrouvera chez les Grecs (*hypochisis*) et chez les Romains (*suffusio*)[99]. Cette affection aurait eu, à en croire certains, un exemple illustre: rien moins que la fameuse reine Nefertiti, dont l'œil droit est voilé de blanc sur le magnifique buste en calcaire peint qui nous est parvenu. En admettant qu'elle fût vraiment atteinte par cette maladie, rien ne garantit sa guérison: car on ne sait pas réellement si l'on pratiquait des interventions chirurgicales sur la cataracte. Des voisins de l'Égypte, les Akkadiens, habitants de la Mésopotamie, auraient utilisé la technique dite de « l'abaissement », qui consiste à déplacer le cristallin vers le bas avec une aiguille jusqu'à ce que le patient recouvre la vue. Mais le sujet reste controversé. Seul Chrysippe, un écrivain du IIIe siècle av. J.-C., porte témoignage d'une intervention chirurgicale de la cataracte effectivement réalisée en Égypte et soutient qu'elle était couramment pratiquée[100]; une opération que le chirurgien grec Antylle d'Alexandrie semble d'ailleurs avoir menée à une période plus tardive.

L'âge de ses artères

Outre la peau et les os, les organes aussi sont usés par le temps. Avec la vieillesse augmentent les risques de troubles cardio-vasculaires : sans jamais préciser l'âge de leurs éventuels patients, les médecins égyptiens ont laissé une étude approfondie de ces dysfonctionnements divers dans un *Traité du cœur et des vaisseaux*, qui constitue une partie du papyrus Ebers et révèle l'étendue du savoir acquis en la matière. Insuffisance ou trouble du rythme cardiaque, infarctus du myocarde et anévrisme artériel : autant de pathologies dont on retrouve rétrospectivement la description dans ce papyrus, détaillée avec une clairvoyance étonnante.

Les Égyptiens avaient par exemple bien établi le lien existant entre le foie et la circulation sanguine, appelée les « quatre conduits (*met*) [qui] sont pour le foie ; ce sont eux qui lui donnent liquides et souffle (courant dynamique) »[101]. C'est du moins ce que révèle leur analyse de l'insuffisance cardiaque et de ses conséquences hépatiques, via une surcharge volémique[102]. Toute insuffisance cardiaque globale, désignée sous le terme de *hasef* « faiblesse qui existe dans le cœur », pouvait ainsi avoir des retentissements « jusqu'aux poumons et au foie » et entraîner un état de choc cardiogénique, où le malade « devient sourd », le pouls imprenable, une fois « les vaisseaux affaissés », et les extrémités du patient très froides « après que leur chaleur (s'en sera allée) »[103]. Dans les cas gravissimes, *dixit* le papyrus, le « cœur (*haty*) ne parle plus », la tension artérielle s'effondre et le pouls, trop rapide, devient filant. À ces symptômes s'ajoutent d'inquiétants signes neurologiques de bas débit cérébral, manifesté par une torpeur et une somnolence ainsi décrites : « le cœur (*haty*) ne parle plus ou encore les conduits (*met*) du cœur (*haty*) restent muets, alors qu'ils ne donnent aucune indication sous les mains (du médecin) »[104].

Quant aux troubles qui affectent le rythme cardiaque, leur analyse témoigne de la même science : les médecins égyptiens avaient compris, semble-t-il, la relation à établir entre un bon état de santé général et une localisation stable et définie du cœur. Plusieurs gloses du papyrus affirment en effet qu'une position anormale du cœur serait synonyme de maladie, et supposent une atteinte faite à l'ensemble du corps dès lors que cet organe « s'éloignera de sa place »[105]. Ainsi, dans « la danse du cœur (*haty*) » des malades égyptiens[106], le médecin observe que le cœur du patient « s'éloigne sur son sein gauche » : un déplacement de la pointe du cœur aujourd'hui diagnostiqué dans les cas de simple tachycardie ou d'arythmie lorsque le volume cardiaque augmente[107]. Mais lorsque « le cœur (*haty*) de l'homme ne bat pas beaucoup »[108], et « descend un peu », autrement dit lorsque la diminution des pulsations cardiaques a pour conséquence un éloignement du cœur de sa base, l'heure est grave aux yeux du médecin égyptien : « l'altération (corporelle) de l'homme s'étendra ».

Autre sujet d'inquiétude pour le patient : lorsque survient une douleur évocatrice d'une crise d'angine de poitrine ou même d'un infarctus du myocarde. « Un malade qui souffre de l'entrée de l'intérieur (*ib*), tandis qu'il a des douleurs dans son bras, dans sa poitrine, dans un côté de son estomac (*ro ib*) »[109] a ainsi peu de chances de s'en remettre. « C'est la mort qui le menace »[110].

Enfin, plus largement, le réseau sanguin et les affections angiologiques étaient eux aussi bien connus des Égyptiens, que ce soient les varices à « l'aspect [...] sinueux et serpentiforme »[111] ou bien le redoutable anévrisme artériel[112]. L'analyse clinique est d'ailleurs finement menée et met bien en évidence le caractère battant et expansif qui le distingue des autres troubles : « Si tu examines un gonflement des vaisseaux dans un membre d'un homme et que tu le trouves hémisphérique, et qui croît sous tes doigts à chaque battement ». Le papyrus va jusqu'à avancer la cause de ce dysfonctionnement artériel : « Ce sont les vaisseaux qui l'ont produit, il est dû à une blessure des vaisseaux »[113] et proposer un traitement pratiqué par le *sa hemem*[114], autrement dit le spécialiste du maniement du cautère, en l'occurrence un instrument métallique ou un roseau porté au feu comme le suggère Leca[115].

Ailleurs, le papyrus brosse de manière précise le tableau clinique d'un œdème aigu du poumon où « toutes ces parties du corps sont faibles » : il s'accompagne d'une expectoration abondante « de la salive (en excès) » et d'une sensation d'étouffement assimilée à « l'inondation du cœur (*ib*) »[116]. Sur les autres organes vitaux, les connaissances des Égyptiens étaient plus lacunaires : ils ignoraient ainsi la fonction des reins[117], que les embaumeurs laissaient en place dans la cavité abdominale, contrairement à la vessie qu'ils extirpaient. L'étude des reins des momies a révélé plus de lésions parenchymateuses qu'anatomiques. Étant donnée la rareté des calculs rénaux[118], on suppose que les troubles mentionnés dans le papyrus Ebers[119] correspondent à une rétention d'urine qui produirait des « tas »[120]. Il fallait donc aider son évacuation pour la « rendre normale » (Ebers 263). Pour ce faire, on appliquait sans doute le remède contre la cystite ou un quelconque trouble prostatique[121] mentionné dans le papyrus Ebers n° 265, destiné à « chasser une obstruction de substances brûlantes à la vessie alors que l'homme est atteint de rétention (*hebedou*) d'urine ».

La maladie de Parkinson et la démence sénile

La baisse des facultés intellectuelles fait aussi partie des méfaits de l'âge. Un texte du papyrus Ebers évoque ainsi la perte des fonctions supérieures sous l'effet destructeur d'un souffle morbide répandu dans l'intérieur (*ib*).

« Quant au fait que l'intérieur (*ib*) dépérit et (quant à) la perte de la mémoire : c'est un souffle propre au champ d'activité du prêtre-lecteur qui provoque cela. Quand il entre dans la trachée poumon à plusieurs reprises, il en résulte que l'intérieur (*ib*) en est lésé.[122] » Ailleurs, cette même action des souffles morbides serait susceptible d'altérer les conduits (*met*) et de provoquer ce qui pourrait bien être, en fait, une démence vasculaire[123].

Plus particulièrement, des lecteurs modernes ont cru reconnaître dans la description de tremblements survenus au niveau des membres supérieurs une maladie de Parkinson débutante[124] : cette affection se manifeste en effet au début par un tremblement unilatéral touchant surtout les extrémités distales des membres supérieurs[125]. D'après les Égyptiens, les principaux responsables de ces troubles seraient des êtres pathogènes vivants, les *setets*, dont la circulation est assurée par les conduits (*met*) jusqu'aux bras entraînant ainsi un tremblement *sedaou* : « Autre (remède) pour chasser (les substances qui causent) le tremblement et qui se trouvent dans les doigts… » (Papyrus Ebers n° 623)

« Autre (remède) pour chasser les substances (*daout*) qui se trouvent en n'importe quel endroit du corps d'un homme… » (Papyrus Ebers 625)

Quel statut pour les handicapés?

Difformes : nains, bossus, etc.

Les malformations pouvaient se révéler dès l'enfance. Quelles étaient alors les réactions de l'entourage ? Les avis sont partagés. Selon Christiane Desroches-Noblecourt[126], la présence d'une malformation ou d'une infirmité dans les premières années de la vie était considérée comme une marque de grâce divine et inspirait le respect. Diodore insiste d'ailleurs sur l'obligation faite aux parents de nourrir tous les enfants qui naissaient[127]. Mais selon Guillemette Andreu[128] : « les enfants handicapés, malformés, étaient abandonnés; considérés comme rejetés par les dieux, ces êtres anormaux étaient comparés à du bois tordu dont on ne pouvait rien faire ».

Le principal argument en faveur de cette hypothèse a été la découverte en 1823 d'une momie anencéphale par Joseph Passalacqua dans une tombe de Thèbes, dans laquelle se trouvaient des singes momifiés, également abandonnés[129].

L'enfant pouvait ainsi grandir bossu. De cette déformation osseuse subsistent de nombreuses représentations, dont une statuette prédynastique, aujourd'hui conservée au musée de Bruxelles, représentant un homme atteint d'une cyphoscoliose haute, avec un thorax en carène. On pourrait lui associer le jardinier bossu représenté dans la tombe d'Ipi, aujourd'hui conservé au Metropolitan Museum of Art à New York, et le harpiste figurant sur un ostracon, atteint d'une cyphose, sans doute d'origine professionnelle. Les momies confirment la présence de ces tumeurs osseuses. Smith et Dawson ont ainsi retrouvé trois ostéosarcomes sur des momies de la Ve dynastie, deux de l'extrémité supérieure de l'humérus et un du fémur[130]. Des maladies plus rares du squelette ont également été rapportées, comme celle dont souffrait cet enfant de la XIIe dynastie, atteint d'une maladie de Lobstein (ou maladie des os de verre).

Autre difformité : le nanisme. Mais il est extrêmement difficile de retrouver à partir de la lecture de papyrus médicaux des descriptions pouvant correspondre à des désordres métaboliques et endocriniens. Les représentations artistiques, bas-reliefs et statues, permettent toutefois d'évoquer un certain nombre de ces désordres métaboliques, pouvant entraîner le nanisme. La lettre de remerciements adressée par Pépi II à Herkhouf pour lui avoir ramené un Pygmée (un *deneg*, comme les appelaient les Égyptiens) suggère que leur compagnie était recherchée et appréciée. Les nains achondroplasiques, eux, ou *nemou*, étaient en charge de travaux bien spécifiques, comme la surveillance et maintenance des garde-robes des maîtres et les travaux d'orfèvrerie, et ont dû joindre à ces activités le rôle de bouffon à partir du Moyen Empire. Bien intégrés dans la société égyptienne, ils occupaient parfois des situations enviables comme celle de Seneb, un prêtre funéraire du tombeau d'un grand seigneur à la Ve dynastie qui s'est fait représenter assis à côté de sa femme et de Khnemhotpe[131].

Dernière difformité remarquable : celle que laissent les séquelles de la poliomyélite. Une stèle funéraire datant de la XIXe dynastie représente ainsi le portier syrien Rama venu faire une offrande à la déesse Astarté[132] en compagnie de son épouse et de son fils, un bâton à la main, sans doute utilisé comme béquille pour compenser la faiblesse de son membre inférieur droit atrophié et de son pied en varus équin, déformés sans doute par la poliomyélite[133]. La momie du pharaon Ramsès Siptah, mort vers 25 ans, pourrait être un autre cas, avec son pied bot varus équin gauche et sa jambe raccourcie compensée par l'hyperextension de la cheville et du pied[134]. S'agit-il de poliomyélite ou de malformation congénitale ? Difficile de conclure[135].

Des cas illustres

Reines et rois fournissent des exemples illustres de ces difformités. En voici deux qui ont fait l'objet d'abondants commentaires et échauffé les esprits.

Le bas-relief du temple de la reine Hatchepsout à Deir el-Bahari, qui représente la reine de Pount, a ainsi suscité de nombreuses interrogations. Outre quatre replis graisseux sur le ventre, et des seins gros et flasques, cette femme de taille normale est déformée par d'énormes bourrelets qui envahissent ses bras et ses cuisses et débordent devant ses genoux, en respectant relativement les extrémités. Enfin, elle souffre d'une importante hyperlordose, tandis que le bassin est complètement rejeté en arrière. Première hypothèse : la reine de Pount serait une Hottentote d'Afrique australe ; une explication recevable, puisque l'on ignore en définitive où se situait le pays de Pount : en Érythrée, au Yémen, au Sud Soudan ou en Afrique Australe ? Or, les femmes hottentotes, de petite taille, présentent unc importante masse graisseuse fessière qu'on appelle dans le langage médical une stéatopygie. Mais la reine, plus grande, ne donne cette impression qu'à cause de son importante hyperlordose.

Autres hypothèses: une hypothyroïdie avec myxœdème ou encore une achondroplasie; mais la plus intéressante évoque la maladie de Dercum, autrement dit une neurolipomatose qui associe une obésité, des masses adipeuses douloureuses prédominant à l'abdomen et à la partie proximale des membres et une asthénie musculaire. La fatigue dont souffre la reine de Pount est d'ailleurs suggérée par l'artiste, qui a pris soin de représenter derrière elle un âne sellé en guise de monture.

À tout seigneur, tout honneur: traitons à présent du «cas Akhenaton». Son dysmorphisme a suscité bien des interrogations, d'autant plus que sa momie n'a toujours pas été retrouvée à ce jour…[136] Ce qui intrigue, c'est son visage aux traits allongés, son menton proéminent, saillant et mince sur un cou frêle et long, son thorax mince, son abdomen bombé, son bassin élargi et une importante gynécomastie que l'on retrouve sur toutes les représentations de ce pharaon[137]: les parties génitales n'étaient même pas visibles sur l'une des statues où il est représenté nu. Un certain nombre d'auteurs se sont donc interrogés sur cette figuration asexuée d'Akhenaton, en la reliant aux divers arguments en faveur de sa probable stérilité. La paternité des six enfants qu'il a eus avec Néfertiti a en effet été remise en question, aucun ne bénéficiant du titre de fils. Il n'a jamais entretenu de harem comme son père, Aménophis III, ni épousé de princesse étrangère, expédient diplomatique déjà fort répandu. Il a enfin appelé son frère comme corégent, à un âge où il aurait encore pu espérer avoir un héritier mâle.

Diverses hypothèses[138] formulées à son sujet ont évoqué une acromégalie, en raison du prognathisme avec ouverture de l'angle de la mâchoire et de la taille importante des oreilles, ou encore un syndrome de Klinefelter à cause de l'aspect eunuchoïde avec gynécomastie et atrophie testiculaire. D'autres étiologies ont été envisagées comme celles de tumeurs testiculaires, surrénaliennes ou un syndrome paranéoplasique (avec sécrétion LH-like). Mais l'absence de la momie, dont la découverte reste improbable, fragilise toutes ces hypothèses et la représentation d'un Akhenaton barbu sur un ostracon remet en cause bien des diagnostics. Le plus probable est qu'Akhenaton a dû présenter un trouble endocrinien complexe, impossible à établir rétrospectivement. Il est d'ailleurs vain de fonder des hypothèses sur les seules représentations artistiques où le réalisme plus ou moins accentué se mêle au symbolisme.

En définitive, la clef de l'énigme réside probablement dans l'examen de la famille d'Akhenaton, en particulier ses frères ou demi-frères, Semenkharé et Toutankhamon, l'identité maternelle restant incertaine. La momie de Semenkharé, mort jeune (vers 25 ans), sans enfant, met en évidence, malgré son état déplorable, un squelette discrètement gynoïde avec un prognathisme qui semble confirmer les représentations artistiques, où il apparaît avec un abdomen et des hanches rebondies et une discrète gynécomastie. La momie de Toutankhamon, décédé lui aussi dans son jeune âge (vers 19 ans), sans descendance non plus, montre un diamètre bi-acromial à peu près égal au diamètre bi-trochantérien. Là encore les représentations artistiques montrent une très discrète gynécomastie. En résumé, ces anomalies minimes chez les probables frères d'Akhenaton suggèrent l'existence d'une maladie familiale. Il ne faut cependant pas ignorer que les représentations artistiques peuvent témoigner d'un style particulier, qui reproduirait un même idéal physique, celui d'Akhenaton. Ainsi Aÿ, successeur de Toutankhamon, mais sans aucune parenté avec les pharaons précédents, est-il lui aussi représenté sur les bas-reliefs d'avant son accession au trône avec un abdomen proéminent et une gynécomastie discrète.

Quelques anomalies nerveuses

Là encore, nous avons quelques connaissances éparses de ces handicaps et malformations nerveuses, essentiellement à partir de l'étude des momies.

L'hydrocéphalie supposée de certains sujets a ainsi donné lieu à de nombreuses discussions. D. E. Derry en a décrit un cas, détecté sur la momie d'un jeune adulte de la période romaine : le volume de sa boîte crânienne était de 2,9 litres et le jeune homme souffrait en conséquence d'une probable hémiplégie gauche, comme le suggèrent les os des membres et du bassin, plus minces à gauche qu'à droite[139].

Dans d'autres situations, ce diagnostic a pu être avancé, sans être définitivement établi : la momie de Semenkharé, successeur d'Aménophis IV, ou plutôt son squelette, retrouvé par G. Elliot Smith dans un sarcophage au nom de Tiyi[140], est discrètement gynoïde, avec un bassin large et légèrement eunuchoïde d'une envergure supérieure de 11 cm à sa stature. L'examen du crâne montre un prognathisme avec des mandibules proéminentes et des os temporaux, des arcades sourcilières et des os zygomatiques de grande taille. Devant ces différents symptômes, E. Smith et Fergusson ont parlé d'hydrocéphalie sans pouvoir confirmer leur diagnostic, notamment radiologiquement[141]. Pour prouver la présence d'autres malformations, on pourra citer entre autres les découvertes de Brothwell et A. T. Sandiso, qui ont retrouvé à Hermopolis un petit corps anencéphale au milieu de momies de singes[142] ou encore l'étude radiologique de momies par Gray qui a révélé plusieurs cas de spina-bifida[143].

Par ailleurs, deux crânes, retrouvés sur deux sites différents en 1949, présentaient chacun une hyperostose de la voûte crânienne : sur l'un, datant de la Ire dynastie, figuraient les séquelles d'une lésion évoquant un méningiome sous-jacent ; sur l'autre, de la XXe dynastie cette fois, tout semble suggérer l'existence d'un angiome de la voûte[144].

Les aveugles

Les Égyptiens, qui utilisaient souvent le motif du musicien aveugle dans leur iconographie, avaient aussi des connaissances médicales sur la question. Ils avaient ainsi identifié l'héméralopie, une perte de la vision de nuit, sous le nom de *charou* et la traitaient par l'administration de foie, un aliment bien connu pour sa richesse en vitamine A[145]. « Autre (remède) pour (les substances malignes qui causent) le *charou* qui est dans les yeux : foie de taureau rôti, pressuré. (Ce) sera appliqué à lui (= l'œil). Vraiment efficace » (papyrus Ebers 351)[146].

« Autre (remède) : foie de bœuf, placé sur un feu de paille de blé amidonnier ou d'orge, fumé avec leur fumée, et dont le jus sera presssé dans les yeux » (papyrus de Londres 35)[147].

Les risques du métier

Que faites-vous dans la vie?

Afin d'appréhender les problèmes de santé des Égyptiens, il nous a paru pertinent de reprendre la démarche actuelle de tout médecin dans sa pratique quotidienne. Celle-ci consiste à questionner son patient sur la profession qu'il exerce puisqu'elle conditionne les risques auxquels il s'expose et constitue son environnement principal.

Pêcher au bord du Nil

Rois et prêtres exceptés, qui considéraient la consommation du poisson comme un tabou, les Égyptiens prisaient le poisson et pratiquaient la pêche comme une activité courante, surtout sur les bords du Nil ou des marais du delta[1], en eau peu profonde, entre les tapis de lotus et les fourrés, ou plus au large, sur des barques de papyrus[2].

Peu à peu, le pouvoir central mit en place de gigantesques pêcheries où de vastes filets vinrent remplacer les harpons et hameçons en os ou en coquillage. Les poissons, au lieu d'être directement livrés sur des perches ou dans des couffins au chef des travailleurs agricoles, comme auparavant, étaient séchés et empaquetés[3]. Mais ces progrès ne modifièrent guère les conditions de vie des pêcheurs, toujours très rudes, comme l'a expliqué Guillemette Andreu[4]: « Ce sont des petites gens qui travaillent par équipées et reçoivent en salaire une ration du produit de leur pêche. Rien ne distingue le pêcheur. Comme le bouvier, il va nu, portant son pagne enroulé autour de son épaule. »

Les morsures de crocodiles

Les crocodiles qui pullulaient sur les bords du Nil, terrifiaient les pêcheurs pourtant protégés par des amulettes[5] et rendaient ce métier particulièrement dangereux, à en croire la *Satire des métiers*: «Je te citerai également le pêcheur, qui est plus malheureux que dans une autre profession. Le lieu où il travaille est le fleuve, parmi les crocodiles… [6]»

En guise de prévention, une seule solution: la capture de ces bêtes féroces. «Les Égyptiens ont plusieurs manières de les prendre; je vais décrire celle qui m'en paraît le plus digne. Le pêcheur, après avoir amorcé l'hameçon avec l'échine d'un porc, le laisse aller au milieu du fleuve; lui-même, sur le rivage, tient un petit cochon vivant et le frappe. Le crocodile, ayant entendu les cris, se hâte vers le lieu d'où ils viennent, et, rencontrant l'amorce, il l'avale; des hommes alors le retirent de l'eau… [7]» Il ne fait aucun doute que cette chasse au crocodile était dangereuse. On peut alors supposer qu'en cas de morsure, la victime était traitée avec le remède suivant[8]: «Ce que l'on doit faire pour la morsure de crocodile. Si tu procèdes à l'examen d'une morsure de crocodile et que tu la trouves avec sa chair déchiquetée (littéralement: «rejetée»), alors que ses deux côtés (= de la plaie) sont séparés, tu devras la panser avec de la viande fraîche en premier comme pour toute blessure.»

En plus des préparations, le médecin et la victime pouvaient adresser leurs prières de guérison à Sebek, le dieu à tête de crocodile.

Les «urines sanglantes»

La bilharziose urinaire est une affection parasitaire causée par la *Schistosoma haemotobium*, qui sévit encore à l'état endémique dans l'Égypte actuelle où elle touche environ 12 % de la population[9]. Les pêcheurs devaient être les principales victimes de cette maladie. Tout laisse penser que les Égyptiens issus des classes socio-économiques aisées qui bénéficiaient d'un embaumement étaient assez peu exposés à la bilharziose urinaire : cela expliquerait la rareté de l'affection parmi les momies examinées. Mais des reliefs peints sur la tombe de Ptah-Hotep et sur celle d'Ankha-Ma-Hor à Saqqarah[10] représentent des personnages atteints d'un déplissement de l'ombilic ou d'une distension abdominale, que l'on peut attribuer à une hypertension portale due à une manifestation tardive de la bilharziose.

L'hématurie était le premier symptôme de cette maladie. Un certain nombre de passages traitent de ces troubles urinaires, désignés sous le terme de « concentration (*henâou*) », parfois traduit par « sang »[11]. Si cette équivalence linguistique est exacte, le paragraphe suivant nous indiquerait un traitement de l'hématurie : « Autre (remède) à préparer pour celui qui est atteint de concentrations-*henâou* (sang ?) dans son urine : foie de taureau : 1 ; plante (*ineset*) : 1. (Ce) sera mis sous la forme d'un gâteau (*pât*), puis mangé. » Ebers 267 (49, 10-11).

Ce deuxième texte indique, lui, que l'hématurie est le signe d'un excès de sang : « Autre (remède) pour rendre l'urine de l'homme qui a de l'excédent (de sang) : souchet comestible : 1 ; fruit (*peret-cheny*) : 1 ; racine de plante (*beheh*) : 1 ; (ce) sera concassé en une masse homogène, laissé au repos avec de la bière douce, puis bu dès que le fond s'est déposé.[12] »

Si l'on trouve peu de textes faisant état d'hématurie, dans les papyrus médicaux, cela signifie probablement que les Égyptiens n'ont pas toujours considéré ce signe comme pathologique. Ce symptôme, qui affectait surtout le jeune homme, était perçu comme une sorte de « menstruation virile » marquant le passage de l'enfance à l'âge adulte, surtout pour les populations rurales.

La maladie-âaâ

Tout laisse penser que la maladie (*âaâ*), plusieurs fois citée dans les papyrus médicaux[13] et traduite par le célèbre égyptologue allemand Brugsch par « maladie divine mortifère », correspondait à un agent pathogène qui, sous l'influence d'un dieu ou d'un mort, était susceptible de provoquer ou de favoriser des pathologies parasitaires, dont la bilharziose[14]. Un certain nombre de textes figurant dans le papyrus Ebers l'associent à des troubles cardiaques: « Autre (remède), pour chasser le liquide (*âaâ*) qui est dans le cœur (*haty*), et pour chasser la perte de la mémoire, la fuite de l'intérieur (*ib*), la piqûre de l'intérieur (*ib*) : plante (*ineset*): 1/8; figues: 1/8; céleri: 1/16; ocre: 1/321; valériane (?) : 1/8; miel: 1/32; eau: 10 *ro*... [15]»

Cette « fuite de l'intérieur (*ib*) » pourrait bien être une tachycardie, des précordialgies résultant d'une anémie[16]. Pour comprendre la relation ainsi établie entre le cœur (*haty*) et l'urine, il faut se reporter à la conception physiologique égyptienne: dans la perspective des Anciens, les épais vaisseaux charriant le sang depuis le cœur aboutissaient directement à la vessie. C'est pourquoi, selon Jonckheere[17], les médecins égyptiens interprétaient cette maladie comme une affection parasitaire dont l'eau aurait contenu les germes, susceptible de contaminer le corps humain par l'urètre.

Le sort des paysans

Même si l'agriculture a constitué la grande richesse de l'Égypte, et malgré les efforts conscients du pouvoir central pour développer le système d'irrigation et assurer l'engrangement des récoltes en prévision des années défavorables, le sort des paysans n'était pas particulièrement enviable dans l'ancienne Égypte. On remarque malgré tout quelques transformations notables au fil des époques.

Sous l'Ancien Empire, la fonction d'agriculteur était assurée par des *mrtw* dont le statut s'apparente à celui des serfs : attachés à la terre, ils étaient astreints à des corvées, aux impôts et à l'entretien des fonctionnaires de passage sous la surveillance constante des scribes royaux ou des contremaîtres. La fin de la IVe dynastie voit la condition des paysans se modifier, avec la promulgation des chartes d'immunité. Au cours du Moyen Empire et du Nouvel Empire, ils jouissent d'une relative autonomie qui leur permet de s'installer sur des terres libres, ce qui rapproche leur statut de celui des métayers. Leurs parcelles, placées sous la dépendance d'un domaine royal, religieux ou privé, étaient dûment répertoriées dans un registre cadastral qui établissait pour chacune d'elles le taux d'imposition : chaque chef de famille responsable de son lot avait ainsi obligation de payer la redevance et de s'acquitter des corvées obligatoires, mais pouvait transmettre son bien à sa femme ou à ses enfants. Pour trouver la meilleure illustration de cette vie quotidienne des paysans dans l'ancienne Égypte, il faut lire le passage qui les concerne dans la *Satire des métiers*: « Le paysan gémit sans cesse, sa voix est rauque comme le croassement du corbeau. Ses doigts et ses bras suppurent et puent à l'excès. Il est fatigué de se tenir debout dans la fange, vêtu de guenilles et de haillons (...). Lorsqu'il quitte son champ et rentre chez lui le soir, il arrive complètement épuisé par la marche.[18] »

En insistant sur les difficultés qui touchent la vie quotidienne des paysans, ce texte en évoque sommairement le retentissement sur leur santé. Mais comment les paysans étaient-ils soignés ? Qui les prenait en charge en cas de maladie ou d'accident ? Les témoignages dont nous disposons évoquent des médecins chargés des soins médicaux au sein d'une collectivité de cultivateurs. Sous la

IVe dynastie, on retrouve ainsi la trace d'un certain Methen, connu sous le titre de *sounou gereget*, qui s'occupait de paysans travaillant dans un domaine agricole (*gereget*), propriété d'un maître du domaine.

Les animaux: une vraie plaie!

Comme les pêcheurs, les paysans étaient probablement victimes d'un environnement hostile. La *Satire des métiers*, citée plus haut, décrit fort bien les dangers qui guettaient le paysan au cours de ses longues et difficiles journées. Il devait redouter les animaux sauvages et en particulier les serpents, qui pullulaient: «La culture de blé lui prend beaucoup de temps, mais le serpent le suit et mange la semence aussitôt qu'elle est jetée sur le sol...» Plus impressionnants encore, les lions, dont on soignait la morsure en appliquant des soins locaux décrits dans le papyrus Hearst (n° 24). Mais les paysans pouvaient aussi être attaqués par des animaux domestiques comme des chiens, errants ou non, ou encore... des porcs, dont l'élevage se répandit à partir du Nouvel Empire. Pour guérir ces morsures, dont on sait qu'elles sont susceptibles d'entraîner des maladies infectieuses graves en raison de leur caractère septique, «tu devras la panser avec de la viande fraîche [le premier jour].[19]» Ou bien utiliser cet «autre remède: ocre rouge, fraîche: 1; plante (*ibsa*) : 1; [...] : 1; graisse (de taureau) : 1; graisse/huile: 1. (Ce) sera cuit. Panser avec cela.[20]»

En cas de morsure de chien, on pouvait aussi réciter une formule magique, comme celle qui figure dans le grimoire démotique de Londres et Leyde (19, 1-19, 9) :

> « (formule) à dire sur une (plaie causée) par un chien qui a mordu.
>
> Je viens de la nécropole d'Ebot, ayant la bouche remplie de sang de chien noir et je cracherai sur [...] le chien.

> Ô toi chien qui es un des dix chiens appartenant à Anubis, son propre fils, enlève ton poison par des charmes, écarte maintenant de moi ta salive. Si tu n'enlèves pas par des charmes ton poison et si tu n'écartes pas de moi maintenant ta salive, je t'emporterai comme un [...] selon le désir d'Eset, la sorcière, la maîtresse de la vertu magique qui sait ensorceler toute chose sans qu'on puisse ensorceler en son nom : Eset la sorcière. Broie de l'ail et [...], applique cela sur la plaie (causée par un chien) qui a mordu, et récite sur lui (la formule) jusqu'à ce qu'elle guérisse.[21] »

Est-ce là la description de la rage qui sévissait dans l'ancienne Égypte, comme le rapporte l'historien de la médecine Theodorides[22] ? Toujours est-il que ce texte prouve le lien établi par les médecins égyptiens entre le développement d'une maladie grave et la pénétration de la salive du chien dans l'organisme.

Les piqûres de moustiques, particulièrement nombreux dans l'ancienne Égypte, n'étaient pas moins redoutables que les morsures des autres animaux. Nous savons aujourd'hui que les moustiques sont susceptibles de transmettre un certain nombre d'affections médicales, en particulier le paludisme, dû à la piqûre d'un anophèle femelle. Même si cette maladie ne fait pas l'objet d'une distinction dans les papyrus médicaux anciens, les outils de détection microbiologiques dont on dispose depuis 1994 ont montré que les Égyptiens en avaient été victimes. On a pu en effet déceler la présence de l'antigène PtHRP-2 caractéristique du *Plasmodium falciparum* dans la peau, les muscles et les poumons des momies de l'époque prédynastique, du Nouvel Empire et de la XXVe dynastie[23] et mettre ainsi fin à un débat qui avait jusqu'alors partagé la communauté médicale[24]. En tout cas, conscients du danger et des désagréments encourus, les Égyptiens avaient recours à des moustiquaires improvisées, comme le suggère le témoignage d'Hérodote : « Contre les moustiques très abondants chez eux, ont trouvé ces défenses: au-dessus de la région des marais, ils en sont protégés par les tours où ils montent pour dormir, car les vents empêchent les moustiques de voler haut. Dans la région des marais, ils ont un autre moyen: chacun y possède un filet qui lui sert pendant le jour à pêcher, mais qui la nuit a un autre usage: l'homme en enveloppe la couche où il prend son repos et se glisse dessous pour dormir. S'il dort enveloppé d'un manteau ou d'un drap, les moustiques le piquent à travers l'étoffe, mais, à travers le filet, ils ne s'y essaient même pas.[25]»

Mais ce type de protection ne devait pas être d'une efficacité à toute épreuve. D'où la recette d'un insecticide cutané «pour empêcher les moustiques de mordre (= pour éviter de se faire piquer) : huile de moringa fraîche. (S') enduire avec (cela).[26]»

Aussi désagréables que les moustiques, les mouches étaient écartées grâce à la recette suivante: «Autre remède pour empêcher les mouches de mordre: graisse d'oiseau (*genou*). (S')enduire avec (cela)» (papyrus Ebers 845).

En dehors de la gêne qu'elles occasionnaient, les mouches, elles aussi, étaient à l'origine d'une maladie redoutable, le trachome, une affection oculaire qui peut conduire à la cécité. Les Égyptiens la connaissaient sous le nom de «*ouahout* qui sont dans les yeux» (papyrus Ebers 346) et la traitait par le laudanum, dont l'action apaisante est bien connue. Ce trachome pouvait lui-même être responsable du trichiasis («une torsion des cils dans un œil») (papyrus Ebers 424)[27], soigné soit par une préparation médicale, soit par l'ablation des cils suivie du badigeonnage de la paupière avec une sorte d'emplâtre (Papyrus Ebers 425). Pour mener à bien cette opération, on utilisait une sorte de pince à épiler dont quelques exemplaires ont revu le jour au cours de fouilles archéologiques.

Dernier fléau à attribuer aux animaux : la dégradation de l'hygiène domestique, dont les rongeurs sont les principaux responsables. On sait que les Égyptiens devaient sans cesse lutter pour écarter les rats de leurs maisons et de leurs réserves, et qu'ils disposaient de plusieurs formules pour les en éloigner, dont celle-ci, d'ordre magique : « Autre remède pour empêcher une souris d'atteindre quelque chose : graisse de chat. (Ce) sera placé sur toutes choses.[28] » Et celle-ci, qui relève peut-être de la thérapeutique excrémentielle : « Autre moyen d'empêcher les (animaux appelés) *keki* de manger le blé qui est dans la réserve : excréments de gazelle. (Ce) sera mis sur le feu dans la réserve et ses murs et son sol seront badigeonnés avec les cendres mélangées à de l'eau. C'est un moyen d'empêcher un milan de s'approprier quelque chose.[29] »

Néanmoins, on ne sait toujours pas avec certitude si la peste, transmise par l'intermédiaire des rats, existait dans l'ancienne Égypte. C'est probablement la maladie infectieuse qui a soulevé le plus d'hypothèses sur son ancienneté : en dehors des bacilles semblables à l'agent responsable de la peste mis en évidence par Ruffer dans le poumon et le foie d'une momie d'époque ptolémaïque, on ne dispose d'aucune preuve formelle à ce sujet[30].

Souvent affamés

La chasse aux rongeurs, qui s'attaquaient aux réserves, s'explique par la pénurie de nourriture, malgré l'abondance que semble indiquer la représentation de victuailles dans les monuments funéraires. Les ravages de la famine, due à des crues du Nil insuffisantes ou excessives[31], sont décrits dans plusieurs textes. L'un d'entre eux relève même des cas d'anthropophagie pendant la disette la plus sévère de la première période intermédiaire: «Alors que la Haute Égypte toute entière mourait de faim et que tous les habitants en étaient arrivés à manger leurs enfants, je fis en sorte que la mort consécutive à la famine n'advint jamais dans ce nome.[32]»

Une stèle d'époque ptolémaïque relate les effets désastreux d'une famine de 7 ans sur la santé physique et morale de la population, sous le règne de Djeser pendant l'Ancien Empire: «Les grains avortaient, les baies séchaient, tout ce qu'on avait à manger était insuffisant, tous les gens étaient frustrés de leurs revenus. Ils en arrivaient à ne plus marcher. Les enfants sanglotaient. Les adultes vacillaient. Quant aux vieillards, leur cœur était triste, les genoux ployés, assis par terre, les bras ballants.[33]»

Ailleurs, un relief provenant de la chaussée d'Ounas à Saqqarah, dont un fragment est conservé au musée du Louvre, donne une représentation réaliste d'individus assis, décharnés, aux côtes saillantes, incapables de bouger, parfois même sur le point d'expirer. Parmi eux, un enfant fortement amaigri présente un début de distension abdominale[34]. D'autres sources livrent des détails sur les déformations osseuses que devaient susciter famine et malnutrition. De sujets retrouvés à Béni Hassan semblaient ainsi avoir des membres plus courts que la normale et des cyphoses dorsales ont fait supposer un rachitisme. La représentation d'une femme au faciès grossier sur la barque en albâtre du trésor de Toutankhamon laisserait supposer de même un génus varum bilatéral avec incurvation des os longs, particulièrement net au niveau des jambes. Enfin, sur 30 % des momies examinées, Gray note des lignes d'arrêt de croissance des os longs, dont l'origine pourrait être une sous-alimentation ou des maladies infectieuses de l'enfance[35].

Lèpre et autres maladies

Les paysans de l'ancienne Égypte auraient-ils pu souffrir de la lèpre ? Oui, selon certains auteurs[36] qui ont suggéré que cette maladie se cacherait derrière l'affection cutanée évoquée dans un papyrus ancien, où l'on mentionne la manifestation d'une certaine « grosseur (*ânout*) des (= formée par les) massacres du dieu Khonsou »[37]. Il semble en tout cas que la lèpre, dont le foyer initial est asiatique, aurait migré en Égypte autour de 350 av. J.-C. par l'intermédiaire des armées d'Alexandre le Grand[38]. Cette hypothèse est confirmée par la découverte de manifestations de cette affection sur des momies datant de la période grecque ou chrétienne[39]. Ainsi Elliot Smith et Derry Dawson[40] ont mis en évidence des mutilations caractéristiques de la lèpre sur les mains et les pieds d'une momie d'époque chrétienne retrouvée en Nubie, près d'Assouan. En plus de deux crânes de la même époque dont l'aspect radiologique évoque un faciès léprome[41], quatre autres squelettes mis au jour en 1980 présentaient eux aussi des stigmates de la lèpre datant de l'époque grecque[42].

Pour les affections plus bénignes, on imagine sans peine que la mauvaise hygiène et les tempêtes de sable exposaient les paysans aux maladies des paupières. La blépharite, sans doute la plus fréquente, était traitée par application d'un mélange de plantes préparé en « une masse homogène, mis sous la forme d'une pâte qui sera séchée, pilée dans de l'eau et appliquée sur les paupières »[43]. C'était encore un emplâtre qui permettait de traiter les orgelets décrits sous le nom de « formation (*pedet*) qui est dans un œil »[44].

Une affection parasitaire, connue sous le nom de filaire de Médine aurait touché une momie de Manchester (n° 1770 du Manchester Museum Mummy Project) et également l'une de la tombe de Parennefer[46]. L'affection décrite dans le papyrus

Ebers 875 avec « des poches (multiples) (= poches cloisonnées) en n'importe quel endroit du corps d'un homme » (papyrus Ebers 875)[47] correspondrait selon certains auteurs à cette filaire de Médine.

Sur les chantiers

Les pharaons employaient sur les grands chantiers une main-d'œuvre pléthorique, essentiellement constituée de paysans réquisitionnés sur la base d'un système de conscription, de prisonniers de guerre et d'esclaves. Le travail n'était pas de tout repos pour les différents corps de métiers dont la *Satire des métiers* dépeint le quotidien : « Le tailleur de pierre grave au moyen du ciseau dans toute espèce de pierre dure. Quand il a achevé son travail ses bras sont brisés et il est exténué. Quand il s'assied au crépuscule, ses genoux et son dos sont courbaturés [...] Je te parle aussi du maçon qui construit les murs. Il supporte la douleur du fouet. Toujours au grand air exposé au vent, il maçonne vêtu d'un simple pagne. À l'atelier, il n'a qu'une ceinture de lotus qui laisse son postérieur à découvert. Ses bras baignent dans l'argile, tous ses vêtements sont maculés, et il mange son pain avec des doigts sales, parce qu'il ne peut les laver qu'une seule fois par jour »[48].

En l'absence de toute protection individuelle ou collective, les travailleurs égyptiens devaient être victimes de nombreuses maladies et accidents directement en rapport avec leur exercice professionnel. Ajoutons à cela les vapeurs toxiques, les poussières, le bruit et autres nuisances courantes sur les chantiers : autant de facteurs susceptibles de nuire à la santé et donc à la productivité de la main-d'œuvre. Nous savons ainsi que l'assiduité des équipes de travailleurs, chargés d'aménager et de décorer les tombes des rois, des nobles et de leurs familles dans la grande nécropole de Thèbes, était régulièrement contrôlée par un contremaître, le « grand de l'équipe »[49]. À côté des ouvriers assidus, il consignait sur son registre les « paresseux », mais aussi les absents qu'un accident ou une maladie avaient retenus loin du chantier. Le repos des malades semble en effet avoir été un principe que la correspondance des scribes entérine : « Le chef ne commande pas de malade pour lever la pierre »[50]. Des fragments de journaux de chantiers, retrouvés sur des ostracons, confirment l'existence de ces « congés-maladie », que les travailleurs prenaient aussi pour se rendre auprès de leur famille.

Les premiers médecins du travail

C'est sans doute la récurrence des problèmes de santé qui a justifié la rémunération d'un médecin attaché au personnel de la grande nécropole de Thèbes. Mais ce n'est pas le seul personnage qui, à notre connaissance, ait exercé cette fonction de « médecin du travail ». Nefermaat et Pouer ont été respectivement médecin et chef des médecins dans la « place de vérité », terme couvrant n'importe quel lieu en rapport avec la mort, mais désignant plus particulièrement la nécropole royale[51]. Un autre docteur du nom de Khay-Min figure également sur un papyrus du musée de Turin daté des années 8-10 de Ramsès XI (fin de la XXe dynastie) : on l'y voit qui prend occasionnellement part à l'équipe lors d'une distribution de vivres destinée aux ouvriers de la tombe royale[52]. Les diverses tâches que ces médecins ont pu remplir à Deir el-Medineh sont illustrées par une scène peinte sur un monument dans la tombe du sculpteur Ipy. Parmi les représentations des différents accidents de travail susceptibles de survenir sur le chantier, apparaissent deux médecins dans l'exercice de leur fonction : l'un d'entre eux, apparemment un spécialiste des yeux, enlève un corps étranger à un ouvrier, tandis qu'un autre soulage une luxation du coude. Pour l'aider, un assistant prépare une attelle pour immobiliser le bras du patient[53]. Car en dehors des docteurs proprement dits, on devait trouver sur les chantiers de véritables auxiliaires médicaux, comme ce fameux Pa-Héri-Padjet, un ouvrier de la nécropole royale dans la Vallée des rois dont un ostracon du British Museum (BM5634), daté de l'an 40 de Ramsès II, indique qu'il aurait remplacé un médecin[54] et pris le temps de visiter quotidiennement ses malades, sans que le contremaître lui en porte grief[55]. D'autres auxiliaires remplissaient des rôles plus spécifiques : ainsi, dans la nécropole thébaine, celui que l'on qualifiait de *herep Serket* devait prendre en charge les victimes des piqûres de scorpions. Le village de Deir el-Medineh abrite la tombe de l'un d'entre eux, un certain Amenmose qui aurait vécu sous les règnes de Séti Ier et de Ramsès II, et aurait fait partie de l'équipe assignée au tombeau du pharaon. Honoré des titres de « *herep Serket* dans la place de la vérité » et de « *herep Serket* du maître du double pays dans la place d'éternité », il appartenait sans doute à une famille de *herep Serket*, à en croire les inscriptions figurant sur les tombes de ses père et grand-père.

Un traité chirurgical

Pour traiter les victimes d'accidents du travail, ces médecins devaient faire avec les moyens du bord. Mais on se doute qu'ils devaient suivre un protocole bien établi où chaque cas clinique était pris en charge selon la même logique. Le papyrus d'Edwin Smith nous donne ainsi plusieurs « leçons » sur 48 cas traumatiques (dont 33 fractures) que les médecins du travail pouvaient rencontrer : 27 observations chirurgicales traitent de la pathologie du crâne et de la face, 4 du cou, 2 de la clavicule, 3 de l'humérus, 8 du thorax, 1 de l'épaule ; la description d'un dernier cas, concernant la colonne vertébrale, est restée incomplète.

Or, malgré la diversité des exemples traités, les traitements préconisés sont toujours simples, reproductibles, rationnels et à la portée de n'importe quel médecin ou infirmier compétent. Aurait-on là, comme le suggère Breasted[56] le « premier traité chirurgical » au monde, un guide des soins que nécessitaient les milliers de personnes employées dans ces vastes chantiers ?

Quelle que soit la fonction exacte de ce document, son organisation reste remarquablement claire et rigoureuse : les cas étudiés sont regroupés en 7 parties d'après la région anatomique dont ils relèvent. Chaque observation est exposée selon un modèle identique : en guise d'introduction, un intitulé qui débute par l'expression récurrente : « instructions concernant... ». Suivent les données de l'examen clinique permettant de poser diagnostic et pronostic, accompagnées d'une brève information sur la pathologie dont souffre le patient ainsi que sur sa localisation. Annoncé par une phrase stéréotypée, parfois répétée dans le corps du texte : « Si tu examines un homme ayant... », cet examen clinique, sommaire ou très détaillé selon les cas, donne la description précise de la lésion à l'origine du mal et des symptômes qu'elle entraîne. Cet examen peut être complété par un paragraphe traitant de l'évolution de la lésion, ou par la description d'une autre de ses formes cliniques.

À l'instar du médecin actuel, le praticien égyptien posait ensuite le diagnostic et le pronostic. La formule « alors, tu diras à son sujet... » annonce ainsi ses conclusions. Au vu du pronostic établi, il proposait éventuellement une prise en charge de l'un des trois types suivants. Le premier s'appliquait aux cas considérés comme bénins pour lesquels on disposait d'un traitement efficace : c'est alors « une maladie que je traiterai », c'est-à-dire une affection dont le pronostic est favorable. La deuxième situation concernait sans doute les troubles dont le pronostic était réservé, aussi décrits comme « une maladie contre laquelle je me battrai ». La troisième et dernière situation était celle des cas très graves, qui appelaient un pronostic défavorable : « une maladie contre laquelle on ne peut rien ».

Le traitement préconisé dépend alors du pronostic émis par le praticien : les cas bénins ou graves pouvaient être soignés ; pour les cas désespérés, c'est-à-dire un tiers des 48 cités dans le papyrus Edwin Smith, l'abstention était de rigueur, même si le médecin continuait à s'occuper de son patient : « Prends soin de lui, ne l'abandonne pas ». En dernier recours, on pouvait faire appel à la magie qui reste absente du reste du papyrus et n'intervient que dans le traitement de ces fameux cas-limites.

Les accidents du travail

Première conséquence des accidents du travail sur les chantiers de construction : les diverses plaies dont pouvaient souffrir les ouvriers, qu'elles fussent bénignes et fassent l'objet d'un traitement rationnel, ou sans remède possible. La blessure au cuir chevelu, traitée en priorité dans le papyrus d'Edwin Smith, est aujourd'hui encore l'un des accidents du travail les plus fréquents, que le port obligatoire du casque est censé prévenir. Dans l'ancienne Égypte, une exploration minutieuse permettait au médecin de vérifier au préalable l'intégrité de l'os sous-jacent : « Faire le bilan des endroits atteints (*menet*) qui sont là (dans l'homme)... [57]» On donnait ensuite le pronostic vital du patient, à l'issue d'un examen qui rappelle singulièrement notre manière de prendre le pouls sur toute victime d'un traumatisme crânien, pour vérifier s'il est en état de choc : « examiner à propos de sa (plaie) sur (= en plaçant les doigts sur) les conduits (*met*) de la tête, (ceux) de la nuque, (ceux) des jambes (...), son cœur (*haty*), dans le but de connaître le descriptif (médical) (*chesaou*) concernant ce qui se déroule en lui (= l'homme)... [58]»

Si la plaie s'avérait bénigne, il suffisait d'appliquer un pansement classique à base de viande fraîche le premier jour, puis un mélange de graisse, de miel et de tampons végétaux les jours suivants.

En cas de blessure plus grave, on rapprochait les bords des plaies cervicales avec des bandes adhésives ou à l'aide d'un fil de suture[59]. Celles de l'arcade sourcilière étaient suturées avec du fil de lin ou de fines lanières d'intestin d'animal, à grand renfort de bandes adhésives lorsque les berges se relâchaient[60]. Autres exemples de plaies accidentelles, sans doute fréquentes sur les chantiers : une « perforation (osseuse) dans la joue » et « à la tempe » une autre « plaie à la tempe » et « à la lèvre »[61]. En général, les praticiens étaient complètement démunis face au risque septique – ce sera d'ailleurs le cas jusqu'au XIXe siècle.

Quant aux fractures, luxations et autres, on les traitait comme aujourd'hui : d'abord en les réduisant puis en les contenant avec des attelles de bois et des bandages qui maintenaient solidement le membre fracturé. Ces troubles ostéo-articulaires étaient séparés en trois groupes, en fonction de leur siège, qu'ils touchent les membres supérieurs, le thorax ou le rachis cervical.

On voit ainsi une fracture de l'humérus traitée par réduction (« Tu devras le tirer par les deux épaules pour étendre les bras jusqu'à ce que cette fracture tombe à sa place ») puis par immobilisation, à l'aide de « deux attelles (recouvertes) de lin »[62]. Ailleurs, la luxation des articulations sterno-claviculaires est précisément décrite dans un souci clinique marqué : « Quant à l'expression "désajustement dans les deux régions des os claviculaires", cela signifie que les têtes des clavicules sont déplacées. Leurs têtes sont fixées dans l'os supérieur de la poitrine (= sternum) et montent jusqu'à la gorge. La chair de recouvrement de la région claviculaire se trouve sur cela »[63]. On procède là à une réduction. « Tu les (= les deux régions des os claviculaires) feras aller vers le bas, de sorte qu'elles se remettent en place ». Avant de poser un bandage bien serré, « puis tu le (= le désajustement) panseras avec des attelles (recouvertes) de lin »[64].

Parmi les traumatismes thoraciques cités dans ce même papyrus, outre une fracture de la clavicule et la mention d'une entorse cervicale simple (« désajustement d'une vertèbre du cou »), figure une luxation avec compression de la moelle épinière, véritable modèle d'observation clinique où sont détaillées toutes les manifestations de cette complication : quadriplégie (« il n'a plus conscience de ses bras et de ses jambes »), incontinence urinaire (« l'urine est tombée de son membre sans qu'il en ait conscience »), priapisme (« son phallus est en érection »), météorisme abdominal (« sa chair a reçu de l'air »)[65]. Un tel luxe de détails ne se retrouve plus dans le reste du papyrus, qui s'interrompt avant de traiter les fractures des membres inférieurs, ou les traumatismes de l'abdomen. Aucune trace non plus des évolutions de ces troubles ostéo-articulaires après traitement : nous ne savons donc rien des séquelles et des déformations dont pouvaient souffrir à long terme ces malheureux.

Attention les yeux!

Parmi tous ces accidents du travail possibles sur les chantiers, les blessures aux yeux, évoqués à plusieurs reprises dans les papyrus médicaux, devaient être légion – sans même parler des affections oculaires favorisées par la chaleur, la poussière, les insectes et l'hygiène déplorable[66]. Que « l'œil saigne » ou sécrète une « sérosité excessive »[67], qu'une blessure « lie (la chair) dans un œil »[68] et qu'on cherche à « chasser les parties abîmées d'une blessure (*genyt*) »[69], ou encore que des corps étrangers restent incrustés dans l'œil, les praticiens de l'ancienne Égypte trouvaient diverses solutions pour guérir l'organe malade, et procédaient même à la chirurgie oculaire sur les patients probablement les plus touchés, comme les tailleurs de pierre. On a ainsi retrouvé dans la tombe d'Ipy (n° 217 de la nécropole de Deir el-Medineh) une fresque où figure un médecin occupé à soigner l'œil d'un des charpentiers chargés de la construction d'une chapelle. Tout évoque là l'extraction d'un corps étranger sous-palpébral; peut-être une blessure de la cornée. Autre hypothèse: ce serait un collyre que le praticien verserait sur l'œil malade à l'aide d'un long stilligoutte. À côté de lui, on aperçoit en effet une petite caisse contenant probablement des instruments, des collyres et un vase peut-être destiné à délayer les poudres. Quant à la fonction exacte de celui qui soigne cet ouvrier, là encore, aucune hypothèse n'est définitivement admise. Pour certains il s'agirait d'un de ces barbiers-oculistes ambulants comme il en existait alors dans toute l'Égypte, qui peignaient au khôl les paupières de leurs clients. Pour d'autres, ce serait un médecin *sounou-irty*[70], autrement dit un « médecin des deux yeux » spécialiste de ce type de pathologie: les partisans de cette thèse prennent comme argument une boîte à collyre appartenant au chef des médecins du Nouvel Empire, sur laquelle étaient gravées les caractéristiques des troubles oculaires saisonniers auxquels chacun de ces collyres était destiné[71].

Le tétanos

Par ailleurs, les travailleurs étaient exposés au risque du tétanos par effraction cutanée, même en cas de blessure légère. Une fracture du crâne, par exemple, décrite comme une « plaie béante à la tête qui monte jusqu'à l'os » suscite dans le papyrus Smith n° 7 une observation rigoureuse compatible avec le diagnostic de tétanos[72] : le pronostic, grave mais non désespéré[73], devient plus pessimiste au vu des complications auxquelles le patient est exposé. La plaie s'infecte, et se met à empuantir (« l'odeur du coffre de sa tête est semblable à (celle) des déjections (*bekenou*) du mouton »), la fièvre monte (« son visage est enduit de sueur »), accompagné d'un trismus (« le cordage de la mandibule de cet homme est noué ») et d'une contracture de la face (« son visage semble comme s'il pleurait ») : tout évoque le diagnostic de tétanos céphalique. Finalement, la mise en place d'un système ingénieux pour alimenter le malade victime d'un tel trismus avec « un tube de bois, enveloppé de tissu » permet d'améliorer le pronostic vital et d'observer une évolution plus favorable.

Les reins moulus

On ne devait plus compter les hernies discales qui touchaient briquetiers et maçons[74] : au point que l'on retrouve la description du signe classique dit « de Lasègue » dans le papyrus Smith n° 48 : « Tu lui diras : " Étends tes jambes puis replie-les ! " Il les étendra mais les repliera de manière subite à cause de la douleur qu'il causera dans la vertèbre du dos qui est atteinte...[75] » Mais sur les momies, la pathologie vertébrale est difficile à établir, car l'on prend souvent les artefacts dus au procédé de momification pour des calcifications. Néanmoins, l'examen des corps révèle fréquemment des cas d'arthrose vertébrale[76], plus souvent des vertèbres dorsales que lombaires, peut-être en raison du poids moins élevé des Égyptiens, mais aussi de la forme différente de leurs sièges et lits de repos[77]. En effet, on a minimisé que ceux-ci dormaient sur de simples nattes et s'asseyaient sur des sièges plus bas qu'aujourd'hui.

Les redoutables scorpions

Encore une fois, comme envers les pêcheurs et paysans, l'environnement pouvait se montrer hostile : la piqûre d'un scorpion[78] pouvait largement justifier l'absence d'un travailleur à son poste, comme le rapporte un ostracon à propos d'un ouvrier du village de Deir el-Medineh. Ces arthropodes, qui devaient pulluler dans la nécropole de Thèbes, étaient particulièrement redoutés : leur piqûre, très douloureuse, avait des conséquences dramatiques. Une stèle d'Abydos témoigne ainsi de l'efficacité foudroyante du venin de scorpion : « Toi qui as péri sans gloire et obscurément d'une mort violente ; indigne de ta bonté ; car, piquée par un scorpion dans le sanctuaire de Thripis, le 10e jour de Thot dans la 38e année, à 5 heures, elle décéda le 11e. »

Pour soulager l'infortuné, on lui donnait à boire ou l'on versait sur lui de l'eau préalablement répandue sur des stèles représentant Horus[79] ou sur des statues guérisseuses afin qu'elle s'imprègne de leurs vertus magiques. Les malheureuses victimes pouvaient aussi invoquer Selket, la déesse à tête de scorpion, ou solliciter le pouvoir magique d'autres divinités, comme le suggère une formule magique retrouvée sur une stèle dite « de Matternich » qui implore l'aide d'une déesse rescapée d'un accident militaire : « Ô Rê, viens vers ta fille, la chatte sacrée (la déesse Bastet). Le scorpion l'a piquée sur un chemin solitaire. Sa plainte, elle est venue jusqu'au ciel. Viens donc vers ta fille ! Le venin est entré dans son corps ; il a circulé dans ses chairs.

(Rê lui répond.) Ne crains rien, ne crains rien, ma charmante fille ; vois, je me tiens derrière toi. C'est moi ; j'abats le poison qui est dans tous les membres de cette chatte. »

Être mineurs

L'exploitation des mines et des carrières qui se trouvaient dans le désert était considérée comme une activité économique importante dans l'Égypte pharaonique : mines de cuivre, de malachite et de turquoise dans le Sinaï, gisements d'or en Nubie et à l'est de Coptos[80]. Dès la Haute Époque, des expéditions de civils étaient envoyées sur ordre du pharaon pour exploiter les mines et les carrières dans ces régions lointaines. L'armée fournissait les cadres, l'administration envoyait des techniciens et réquisitionnait des corvéables, faisant appel à une main-d'œuvre considérable, comme en témoigne l'inscription retrouvée sur un rocher de la carrière de schiste du Ouâdi Hammârnât, qui précise qu'en l'an 38 du règne de Sésostris Ier (vers 1960 av. J.-C.) : « Ameny, porte-parole du roi, conduisit là une troupe de plus de 17000 hommes pour en rapporter de quoi façonner 60 sphinx et 150 statues »[81].

Le travail était ardu : plusieurs sources témoignent des moyens rudimentaires dont disposaient les ouvriers afin d'extraire les minéraux. Les hommes se glissaient dans les boyaux éclairés par de petites lampes, faisaient éclater la pierre en la chauffant à blanc avant d'extraire les blocs avec des pics. Selon Diodore de Sicile, les prisonniers nus et enchaînés, minés par la maladie, travaillaient jusqu'à l'épuisement et la mort[82], exposés à trois types de risques majeurs : l'effondrement des galeries ou la chute de blocs responsable de traumatismes, les troubles respiratoires et les morsures de serpents.

En revanche, de nombreux graffiti et plusieurs stèles attestent la présence de médecins au sein du personnel. Certains sont même nommés sur les inscriptions du Sinaï où l'on exploitait un certain nombre de mines de cuivre. Ainsi, sous Amenemhat III, pendant la XIIe dynastie, une liste de plus de cent noms cite le chef des médecins Renfséneb et le *herep Serket* Imounefer, et avec eux le nom d'un embaumeur, personnage indispensable du fait des aléas et de la durée des expéditions, où l'on trouvait souvent la mort en chemin.

Dans les carrières d'albâtre de Hatnoub, près d'Hermopolis, on trouve trace dans les inscriptions de deux médecins du début du Moyen Empire, sous la XIe dynastie. Le premier, un certain Herichefnekht, avait été missionné par le roi pour accompagner l'une des expéditions régulièrement commanditées par le gouverneur de la province, le nomarque Neheri. Il était accompagné dans sa mission par Ahanakht, un simple prêtre (*ouâb*) de Sekhmet, attaché au nomarque (?). Une inscription précise ainsi : « Le... prêtre (*ouâb*) de Sekhmet Ahanakht, fils de Nakht », qui a fait cette stèle pour le pacha Neheri : « Je suis venu pour accomplir l'ordre du maître... ». « C'est le scribe [...] Ahanakht, qui a fait cette image alors qu'il venait chercher de l'albâtre avec le chef des carriers Sebekemhat ».

Dans la liste des cadres et techniciens spécialisés de l'expédition associés aux médecins (*sounou*), on trouve souvent un conjurateur de Serket chargé de prévenir et de traiter les morsures et piqûres des animaux venimeux qui peuplent le désert. Une inscription biographique de la statue du *herep Serket* Harchebis de la XXXe dynastie précise qu'il est celui « qui connaît les trous des serpents en leurs lieux ; en extirpe leurs serpents, saillant la gueule de ceux qui sont en eux (= les trous des serpents)... vois, il voyage et son chemin est protégé. Le chef de ceux qui ouvrent (?) [la voie]... ».

«Crache ton venin!»

Les serpents venimeux représentaient une menace considérable pour les mineurs au travail mais aussi à leur domicile. La description de la légende du dieu Rê mordu par un serpent, qui présente un tableau clinique évocateur d'envenimation, témoigne indirectement des connaissances des Égyptiens sur ce type d'accident :

> « Alors, le serpent vénérable le piqua, le feu vivant, qui était issu de lui-même. Le dieu ouvrit la bouche. Il ne trouva pas sa bouche, pour y répondre ; ses lèvres remuaient,
> Tous ses membres tremblaient, et le venin s'emparait de sa chair...
> Je marchais sur le chemin et je me promenais dans les deux terres et dans les déserts, et mon cœur désirait voir ce que j'avais créé.
> C'est alors que je me piquai à un serpent, sans le voir.
> Ce n'est pas du feu,
> Ce n'est pas de l'eau,
> et je suis plus brûlant que le feu.
> Tous mes membres sont couverts de sueur, mon œil tremble et ne se tient pas tranquille ;
> Je ne puis voir, car il pleut sur mon visage à la saison d'été. »

Les médecins égyptiens, comme ce *Herep Serket*, médecin spécialiste des morsures de serpent, aux pouvoirs reconnus de magicien et de ritualiste, appelé au chevet d'un jeune malade, disposaient d'un recueil très complet, traitant des morsures de serpent[83].

La première partie[84] liste et décrit 38 serpents rencontrés en Égypte, en assimilant chacun d'entre eux à une manifestation divine. Chaque paragraphe mentionne le nom égyptien du reptile, sa parfaite description, la nature de la morsure, les signes cliniques qui se manifestent, les conseils de prise en charge et le pronostic («il vivra..., tu le sauveras..., il mourra...»).

Voici quelques exemples: en premier lieu, la vipère à cornes au chapitre 28, un serpent venimeux dont la morsure est guérissable: «Quant à la vipère à cornes, la couleur de sa peau est semblable à (celle de) la caille, alors que deux cornes se trouvent [sur] le sommet de sa tête, alors que la tête est triangulaire (?), alors que son [cou est étroit], alors que (sa) queue est épaisse.

(Si) l'orifice de la blessure est large, le visage du blessé gonfle. (Si) la blessure est petite, le blessé perd ses forces, excepté [...]. La fièvre (due à la blessure) est de neuf jours et il vivra. C'est une manifestation du dieu Horus. Son venin est attiré à l'extérieur en faisant vomir souvent, et il sera conjuré.»

Le chapitre 15 du même papyrus évoque un autre serpent, sans doute de la famille des élapidés, dont la morsure, elle, est mortelle: «[quant] au serpent (*âpopi*), il est tout entier rouge alors que son ventre est blanc. Il y a quatre dents dans sa bouche? S'il mord un homme, celui-ci meurt de manière subite.»

On reconnaîtra ailleurs la couleuvre à collier, un serpent non venimeux également présent en Europe: «Quant au serpent (*nebed*), sa longueur est d'une coudée et demie alors que ses flancs et son dos sont verts, que son ventre est blanc, que sa longueur est comparable à celle du serpent (*ka-en-âm*). Il n'y a pas de mort à cause de lui. C'est une manifestation de la déesse Hathor. Tout endroit où il vit en même temps que le serpent (*sekhtef*) d'Horus est protégé. On peut être sauvé de son action et on ne le conjure pas. »

La deuxième partie de ce papyrus dit « de Brooklyn », intitulée *Médications antivenimeuses et traitements médicamenteux* (chapitres 39 à 100), dresse une liste de recettes. Et comme, aux yeux des Égyptiens, la gravité des morsures justifiait le recours aux dieux, elles sont souvent accompagnées de formules de conjurations. Parmi elles, on trouve une incantation à Horus qui, selon la légende, aurait survécu à une morsure de serpent venimeux. Les Égyptiens imploraient aussi la déesse Selket. Figurent également dans ce papyrus des remèdes destinés à provoquer des vomissements pour expulser le venin : « Émétique pour la morsure d'un cobra à col noir mais aussi pour n'importe quel serpent : ail : 1/8 ; bière : 25 *ro*. Sel marin : 1/64. (Ce) sera filtré puis absorbé et rejeté en vomissant quatre jours de suite. »

Une formule a même été prévue en traitement d'urgence lorsque l'on ne trouvait pas le médecin d'urgence. *Herep Serket* : chapitre 91a du papyrus Brooklyn : « Remède à préparer pour un homme qui a été blessé par n'importe quel serpent, quand on ne trouve pas de conjurateur : huile (*hehe*) : 5 *ro*. (Ce) sera absorbé par le blessé. Le venin ne parviendra pas à lui » (chapitre 45a du papyrus Brooklyn).

On dispose même d'une recette destinée à traiter d'urgence toute victime d'une morsure de serpent en l'absence d'un médecin compétent.

D'autres traitements ont valeur préventive : ils se trouvent dans le papyrus Ebers, sous le chapitre intitulé *Recette pour la maison* et indiquent comment se protéger de l'attaque des serpents: «Autre (remède) pour empêcher un serpent de sortir de son trou: poisson *bulti* (= *tilapia nilotica*), séché et placé à l'entrée de son trou. Il sera incapable de sortir de là.» (papyrus Ebers 842). «Autre (remède) : natron placé à l'orifice de son trou. Il sera incapable de sortir.» (Papyrus Ebers 843) : «Autre (remède) : une gousse d'ail. (Ce) sera placée à l'entrée de son trou. Il sera incapable de sortir.» (Papyrus Ebers 844).

Enfin, pour éloigner les serpents du domicile, les Égyptiens disposaient aussi de petites boîtes dont le couvercle s'ornait d'un serpent, utilisées comme amulettes.

La maladie des «gueules noires»… et des autres

Moins spectaculaire mais tout aussi dangereuse: l'inhalation des poussières auxquelles étaient exposés les mineurs à l'œuvre dans les galeries souterraines. Nous savons aujourd'hui que leur accumulation dans les voies respiratoires entraîne des réactions du tissu pulmonaire responsables de pneumoconiose: cette maladie se manifeste d'abord par une gêne à l'effort, des troubles de la fonction respiratoire et des images radiologiques pathologiques. En évoluant, elles suscitent une insuffisance respiratoire, avec un cortège de complications infectieuses, tuberculeuses et cardiaques: nous savons aujourd'hui que 64 % des mineurs ayant passé plus de 20 ans au fond des mines souffrent de bronchite chronique[85].

En dehors des mineurs, les cas de pneumoconiose semblent avoir été très nombreux chez les Égyptiens, comme le suggère l'examen des momies. Dans l'ancienne Égypte, cette maladie semble avoir touché non seulement les ouvriers des carrières et des mines[86], mais aussi une bonne partie de la population. L'étude histologique des poumons de Nekht-Ankh, un maçon de l'époque, a ainsi mis en évidence la présence de particules biréfringentes dont l'étude en microscopie électronique a montré une haute teneur en silice, en fer et en titane[87]. En examinant les poumons de la momie Nakht-ROM I, on a aussi retrouvé des particules d'anthracite et de granit[88], tandis que l'étude de la momie PUM III, a mis en évidence des lésions silicosiques importantes dans les poumons et permis d'établir un taux de silice de 0,22 % (pour un taux normal inférieur à 0,05 %)[89]. Ces manifestations de la silicose ont également été retrouvées sur des momies d'individus issus de classes moyennes. Elles sont vraisemblablement la conséquence de l'inhalation de sable lors des tempêtes et des vents de sable. Par ailleurs, les traces de carbone retrouvées dans les poumons de momies ont sans doute leur origine dans l'atmosphère des petites pièces mal aérées de l'époque enfumées par les feux et les lampes[90].

On peut donc penser à bon droit que la pneumoconiose devait être l'origine principale de cette toux évoquée dans de nombreux textes comme des « soubresauts dus aux sécrétions (*seryt*) »[91]. Deux recettes contre ce symptôme ont été consignées sur l'ostracon n° 1091 de l'époque ramesside du musée du Caire.

Être tubard

D'autres affections broncho-pulmonaires pouvaient être responsables de ce même symptôme. Parmi les infections pulmonaires, citons-en une bien connue aujourd'hui du grand public : la tuberculose. Cette maladie a dû faire des ravages en ancienne Égypte, chez les mineurs mais aussi dans l'ensemble de la population. Cette affection, due au bacille de Koch, n'était, bien sûr, pas reconnue comme une entité pathologique particulière dans les textes et l'étude des momies apporte finalement peu d'informations complémentaires. En effet, les poumons étaient parfois extraits de la cavité thoracique par les embaumeurs qui avaient pris l'habitude de les déposer dans des vases canopes, parfois dissociés des corps. Quand ils n'étaient pas trop attaqués par le travail du temps, certains organes ont pourtant permis de poser des diagnostics cliniques rétrospectifs, même s'il est impossible d'affirmer l'origine tuberculeuse des lésions pulmonaires ou pleurales observées sur les restes des vases canopes. Les seules certitudes que nous ayons concernent quelques momies, comme celle d'une femme qui présentait des adhérences pleurales, séquelle probable d'une pleurésie guérie, fortement évocatrice d'une tuberculose. Mais là comme ailleurs, le bacille de Koch n'a pu être formellement isolé, car il disparaît rapidement après la mort[92]. En revanche, un certain nombre de traits évoquent fortement des tuberculoses osseuses, en particulier l'aspect de la momie d'un jeune prêtre d'Amon, un certain Neresperehan de la XXIe dynastie[93], qui a révélé à l'examen un aspect évocateur de tuberculose osseuse, avec la destruction des quatre dernières vertèbres dorsales et de la première lombaire associée à un volumineux abcès s'étendant dans la gaine du muscle.

Les soldats de Pharaon

À l'époque de l'Ancien Empire, le royaume ne disposait pas d'une armée permanente. En temps de paix, les forces du pharaon, peu nombreuses, étaient essentiellement constituées par les gardes du palais, les corps expéditionnaires chargés de surveiller les routes du désert et la police des chantiers. En cas de guerre contre ses voisins, la royauté recrutait une armée provisoire constituée de miliciens et d'auxiliaires étrangers.

Au Moyen Empire, en prévision de ses campagnes militaires, le roi faisait lever des armées de conscrits par l'intermédiaire des scribes. Ce n'est que sous le Nouvel Empire, avec le développement d'une politique impérialiste, que l'Égypte mit en place une armée de métier permanente et bien organisée, que les jeunes hommes pouvaient intégrer dès l'âge de dix ans[94]. Au cours de la XVIIIe dynastie, l'armée comptait deux corps de 5 000 hommes, répartis en deux entités propres, l'infanterie et les « blindés », autrement dit la charrerie[95]. Les soldats, rémunérés en or, recevaient aussi leur part du butin – essentiellement des esclaves et des terres – en récompense d'une vie passée à endurer les pires épreuves, qu'Amen-em-epe énumère dans ce poème[96] :

« Oh, qu'est-ce donc que tu dis :
"Le sort du soldat est meilleur que celui du scribe" ?
Viens que je te conte ce qui arrive au soldat accablé de tourments :
On l'amène tout enfant... et on l'enferme dans une caserne(?)
Un coup douloureux(?) lui est donné sur le ventre,
Un coup lui fend les sourcils, et sa tête est fendue par une blessure.
On l'étend et on le bat comme un papyrus (?),
Il est brisé par le bâton.
Viens, que je te conte son voyage en Syrie,
Sa marche en montagne.
Son pain et son eau il les porte sur l'épaule,
comme le faix d'un âne ;
ils raidissent sa nuque comme celle d'un âne.
Les vertèbres de son dos se courbent, et il boit de l'eau pourrie...
Arrive-t-il devant l'ennemi ?
Il est comme un oiseau captif(?)
Dans les membres duquel il n'y a plus la moindre force
Revient-il en Égypte ?
Il est comme du bois que le ver ronge.

Il est malade et doit se coucher,
On l'apporte sur l'âne... »

Mais nous savons grâce au témoignage de Diodore de Sicile que des médecins étaient chargés d'alléger un tant soit peu ces souffrances et de soigner les soldats: « Dans les expéditions militaires et dans les voyages, tout le monde est soigné gratuitement, les médecins étant entretenus aux frais de la société.[97] »

Morts de trouille

L'alimentation et la mauvaise hygiène des soldats favorisaient sans doute les... diarrhées. Difficile en effet de respecter sur le terrain les beaux conseils diététiques des papyrus médicaux: ne pas boire de bière chaude, ne pas manger de viande trop crue ou de fruits verts de sycomore[98]. Sans compter que les soldats en campagne, qui devaient manger avec les mains comme tous les Égyptiens, ne trouvaient pas toujours l'eau nécessaire pour se les laver avant et après chaque repas comme de coutume. D'où les diarrhées infectieuses, qu'on soignait de diverses manières. Les traitements proposés aux patients, adultes et enfants confondus, sont regroupés dans le papyrus Ebers sous deux paragraphes intitulés: « diarrhée » et « nouvelle recette pour la diarrhée sanglante » de Ebers 44 à 49. Voici la recette d'une pâte fraîche à ingurgiter, en réalité de la pâte à pain composée de farines de blé amidonnier, de froment ou d'orge délayées dans du lait: « Remède pour mettre un terme à une évacuation (répétitive): plante (*djaret*) fraîche: 1/8; pâte fraîche: 1/8; graisse/huile; miel: 1/4; cire 1/16; eau: 25 *ro*. Ce sera cuit et mangé quatre jours de suite » (papyrus Ebers 44 (14, 11-17)[99]. La plante (*djaret*) citée ici désigne la graine de caroube, largement employée par les phytothérapeutes pour traiter les diarrhées.

Voici encore une « douceur » thérapeutique du même cru, le gâteau (*chenes*), à base de farine de froment : « Autre (remède) : morceaux de gâteau (*chenes*) : 1/16 ; ocre : 1/32 ; *sekhet* de *djouiou* : 1/16 ; eau : 25 ro. (Ce) sera absorbé quatre jours de suite.[100] »

On pouvait utiliser aussi les baies de genévrier, aux effets antiseptiques pour le tube digestif. « Autre (remède) : *chenefet* : 1/8 ; fruit (*iched*) : 1/8 ; raisin sec : 1/16 ; plante (*ineset*) : 1/16 ; baies de genévrier : 1/6 ; miel : 1/16 ; eau : 25 *ro.* (Ce) sera laissé au repos la nuit à la rosée, puis employé comme précédemment. » (Ebers 46).

Parmi ces diverses et pittoresques recettes, un cas est sujet à controverse : « Autre (remède), pour chasser une évacuation sanglante abondante : pâte fraîche : 1/8 ; rhizome de souchet, comestible, râpé : 5 *ro.* ; graisse/huile : 1/8 ; miel : 1/8. (Ce) sera filtré puis absorbé quatre jours de suite. Aucun remède n'est son équivalent.[101] » Contre l'opinion de Jonckheere, qui voit dans « les évacuations sanglantes »[102] une hématurie secondaire à une bilharziose, l'hypothèse de Thierry Bardinet[103] selon laquelle il s'agirait bien d'une diarrhée sanglante semble beaucoup plus plausible.

Avoir toute sa tête

Mais là où la santé des soldats pâtissait vraiment, c'était sur le champ de bataille. Il y avait bien sûr les blessures bénignes mais douloureuses, hématomes et morsures qui devaient émailler la vie du vaillant guerrier : quatre paragraphes entiers (432 à 435) du papyrus Ebers sont ainsi consacrés aux traitements des morsures humaines. Quant aux hématomes, on les drainait: « Tu devras lui faire une incision avec le roseau »[104] et l'on faisait cautériser la lésion par un spécialiste, l'homme au *hemem* (littéralement « le fils de l'instrument (*hemem*) »), en cas de saignement [105].

Mais les armes offensives qui avaient cours sur les champs de bataille (« des arcs et des flèches pour le combat à distance, une hache de bataille pour le combat corps à corps » à en croire l'avis autorisé d'Erman[106]) devaient entamer les belligérants bien plus gravement.

La tête, le thorax[107] et le manubrium étaient les plus touchés. La tête constituait la cible privilégiée des haches et des autres armes contondantes, comme le suggèrent les représentations symboliques de Pharaon, fracassant la tête de ses ennemis à l'aide d'une massue, sur les murs des temples[108]. D'importantes blessures au crâne ont ainsi été retrouvées sur des momies de soldats dans le tombeau à Deir el-Bahari parmi une soixantaine de guerriers morts au combat pendant les guerres de la XIe dynastie (IIIe millénaire av. J.-C.). Selon Lefebvre, cela explique que nombre de passages traitent de ces blessures dans les papyrus: « La prépondérance marquée des blessures à la tête s'explique, semble-t-il, par le fait qu'elles étaient fréquentes à la guerre et que les médecins attachés aux armées avaient maintes occasions de les étudier et de les soigner. »

Les médecins égyptiens savaient que le pronostic des plaies profondes crâniennes et cervicales dépendait directement de l'état de l'encéphale ou de la moelle épinière[109].

C'est ainsi qu'ils rendent responsable un traumatisme crânien sans lésion cutanée (« éclatement du crâne situé sous le revêtement cutané de la tête, sans qu'il y ait au-dessus de plaie ») d'un déficit moteur unilatéral: « homme marche en traînant le pied du côté atteint de cette lésion du crâne» correspondant à un tableau d'hémiplégie[110]. Ce texte en a surpris plus d'un: normalement, le siège du déficit moteur est controlatéral à l'atteinte cérébrale. Mais tout laisse penser que le patient en question a été atteint à la moelle cervicale, et souffre d'une hémiplégie respectant la face homolatérale à la lésion qui s'intègre dans un syndrome de Brown-Séquard[111].

Et ce n'est là que le premier cas d'une longue liste. Ailleurs, tout semble décrire une embarrure fermée avec un retentissement neurologique, et une atteinte du rachis cervical accompagnée d'une douleur spontanée de la nuque que provoquent les mouvements cervicaux («De l'homme dont la tête ne peut se détacher de l'extrémité de son épaule»). Le même descriptif mentionne aussi une association de plaies cranio-cérébrales et de fractures faisant communiquer les structures cérébrales avec les sinus, responsables parfois d'une hémorragie méningée post-traumatique. Le danger d'une rhinorrhée ou d'une otorrhée associée à ce type de fracture est d'ailleurs évoqué: «L'homme qui perd du sang par les narines et les oreilles alors qu'il est atteint de raideurs à la nuque.»

On trouve même évoqué au descriptif n° 31 du papyrus Smith[112] un cas de luxation du rachis cervical («la séparation d'une vertèbre du cou avec sa suivante»): de là découle un tableau de tétraplégie compatible avec une interruption médullaire complète et définitive, responsable d'un coma («alors qu'il n'a plus conscience de ses bras et de ses jambes, alors qu'il est hébété...»).

Aucun doute, donc: les médecins égyptiens avaient réussi à discerner les deux phases d'installation du tableau de tétraplégie. Dans un premier temps, le patient présente une tétraplégie flasque, caractérisée par une anesthésie à tous les modes au-dessous du niveau de la lésion (« tu constates qu'il n'a plus conscience de ses bras ») ; à cette première phase en succède une autre dite « d'automatisme médullaire » : la tétraplégie devient spasmodique et peut provoquer une incontinence urinaire (« alors que son urine est tombée de son membre sans qu'il en ait eu conscience »).

Pour les praticiens de l'époque, les traumatismes crâniens et cervicaux, souvent graves, justifiaient l'abstention thérapeutique[113]. On immobilisait le patient entre des supports de briques ou de terre et on lui imposait la diète. Le traitement, symptomatique, reposait sur des massages à l'huile censés lutter contre la contracture de la nuque. Il est plus que probable qu'ils entraînaient la mort par hématomes sous-duraux ou extraduraux ou que les traumatismes crâniens laissaient des séquelles neurologiques atroces[114].

Fait remarquable, aucun des papyrus médicaux ne mentionne les trépanations à but thérapeutique. Pourtant, nombre de crânes, vestiges de l'ancienne Égypte, ont révélé après examen des lésions qui semblaient indiquer des trépanations : tel est le cas de Horsieset-Meritamon de la XXVe dynastie, dont le crâne est perforé au niveau de l'os frontal d'un orifice circulaire aux bords biseautés et parfaitement cicatrisés : la consolidation des berges plaide pour une intervention avant le décès. Deux autres crânes trépanés ont été décrits par le professeur Batrawi : trois encore, de l'époque ptolémaïque, ont fait l'objet d'examen[115], sans compter celui d'une momie de la XVIIIe dynastie qui présentait, sous le rayon du scanner, un défaut ovale dont les bords arrondis témoignent d'une intervention suivie de survie[116]. Ces observations soulèvent un certain nombre d'interrogations, en particulier sur le mode d'anesthésie et sur les conditions de survie post-opératoire.

Faire front!

Dans la violence des affrontements, il n'était pas rare que le visage lui-même fût touché, et les fractures de la face sont évoquées à plusieurs reprises dans les papyrus. Le cas n° 25 évoque ainsi un « désajustement(= déboîtement, subluxation) de la mandibule »[117] fort intéressant, qui amène à décrire une manœuvre de réduction d'une luxation du maxillaire inférieur[118]. Non seulement l'impossibilité pour le patient de fermer la bouche est parfaitement décrite (« sa bouche étant incapable de se fermer »), mais la technique de réduction est identique à celle qui est encore préconisée de nos jours : « Tu devras placer ton pouce(= tes pouces) aux extrémités des deux griffes de la mandibule, à l'intérieur de sa bouche, et tes autres doigts sous son menton. Tu les (= les griffes) feras aller vers le bas de sorte qu'elles soient remises en place.» C'est avec la même précision que sont décrites ailleurs la fracture du malaire et celle du maxillaire inférieur reconnaissable à sa crépitation (« Cette fracture crépite sous tes doigts »)[119].

N'oublions pas les traumatismes de l'oreille, particulièrement fréquents dans les combats[120], un organe d'une importance cruciale dans la physiologie égyptienne : les médecins d'alors pensaient en effet que le souffle de vie pénétrait dans l'oreille droite, tandis que celui de la mort sortait de la gauche. Ce souffle de vie était envoyé par les dieux pour apporter l'énergie nécessaire à l'activité autonome du corps, et permettait au cœur et aux poumons de fonctionner indépendamment de la volonté. Dans cette perspective, on comprend mieux pourquoi l'amputation de l'oreille était administrée comme une punition des plus sévères.

Et le tableau ne serait pas complet si l'on n'évoquait pas le nez, qui ouvrait la voie au souffle jusqu'aux poumons et dans le cœur (*haty*) pour l'inciter à se répandre dans tout le corps grâce aux conduits (*met*). Cet air était considéré comme le support de la parole, de la pensée, de la volonté et des courants dynamiques qui parcouraient les conduits (*met*). On retrouve ce rôle du nez, comme porte d'entrée d'un souffle vital, dans les premiers textes de la Bible, Genèse 2, 7: «Alors Yahvé Dieu modela l'homme avec la glaise du sol, il insuffla dans ses narines une haleine de vie et l'homme devint un être vivant.» L'amputation du nez était donc, elle aussi, une punition sévère, infligée par exemple aux femmes adultères[121].

C'est pourquoi les médecins égyptiens devaient faire tout leur possible pour traiter les traumatismes du nez qui devaient être courants lors des entraînements ou des combats. Le descriptif 11 du papyrus chirurgical Smith mentionne le cas d'une fracture du cartilage de la cloison et des os propres du nez, établissant une nette distinction entre l'atteinte de la cloison nasale et celle des os propres.

On y trouve aussi la description d'une fracture du cartilage du nez, dont on reconnaît la symptomatologie classique: un œdème, une déformation et des épistaxis.

> «Si tu procèdes à l'examen d'un homme atteint d'une fracture de la colonne du nez, alors que son nez est écrasé, alors que sa face est déprimée, alors que sur elle (la fracture) un gonflement apparaît proéminent, et alors qu'il a perdu du sang par les deux narines, tu diras à ce sujet: "un homme atteint d'une fracture de la colonne du nez, un mal que je peux traiter."»

La conduite thérapeutique adéquate consistait à bourrer les narines de tampons de lin puis à redresser la cloison avant de l'immobiliser. Ce sont à peu près les mêmes soins que nous dispensons aujourd'hui: «Tu devras lui nettoyer au moyen de deux tampons de lin, tu devras placer deux (autres) tampons de lin, enduits de graisse, à l'intérieur de ses deux narines. Tu devras le mettre à son pieu d'amarrage (= il devra resté alité) jusqu'au moment où le gonflement sera tari, et tu devras placer (alors) deux attelles recouvertes de lin grâce auxquelles son nez sera resserré. Tu devras la (= la fracture) soigner ensuite avec de la graisse, du miel et des tampons végétaux, chaque jour jusqu'à ce qu'il aille bien.[122] »

Sont aussi évoquées les fractures des os propres du nez : « Si tu procèdes à l'examen d'un homme ayant une fracture de la chambre du nez, et que tu constates que le nez est courbé, alors que la face paraît piétinée, alors que sur elle (= la fracture) un gonflement apparaît proéminent, tu diras à son sujet : "un homme atteint d'une fracture de la chambre du nez, un mal que je peux traiter".

Par la suite, tu devras placer deux tampons de lin enduits de graisse qui seront enduits dans les deux narines. (Puis) tu devras placer deux attelles recouvertes de lin. Panser avec cela. Tu devras la (= la fracture) soigner ensuite avec de la graisse, du miel et des tampons végétaux chaque jour, jusqu'à ce qu'elle aille bien. »

Voici encore le cas d'un éclatement osseux dans le nez accompagné d'une otorrhée sanglante, probablement secondaire à une fracture du rocher. En guise de conclusion, le médecin a noté, un brin pessimiste : « Un homme atteint d'un éclatement (osseux) dans la narine, un mal que l'on ne peut traiter.[123] »

Et plus loin, on voit décrite une plaie à la narine que l'on suture (« Tu devras maintenir ensemble (les lèvres de) la plaie avec du fil »), avant d'évacuer le sang coagulé (« Tu devras nettoyer le tout ver de sang lié à l'intérieur de la narine »), et d'appliquer un pansement de viande fraîche aux propriétés cicatrisantes[124].

C'est peut-être une trachéotomie que l'on voit représentée sur des stèles découvertes par Sir Flinders Petrie : elles illustrent la fête de Heb-sed qui marquait le jubilé royal, où le pharaon devait confirmer, au cours de certaines épreuves, sa capacité à gouverner le pays après 30 ans de règne. Sur l'une des scènes, on distingue un personnage assis, un instrument pointu en main dirigé sur la gorge ou la poitrine d'une personne à genoux, les bras attachés dans le dos. Entre eux figure un vase. Selon un certain nombre d'égyptologues, il s'agirait d'un rituel de sacrifice de prisonniers ; mais Vikentieff[125] voit là une trachéotomie à signification rituelle, symbolisant une nouvelle vie insufflée au prisonnier, ici symbole du pharaon lui-même.

L'amputation, elle, n'était pas réalisée dans un but thérapeutique. C'était plutôt un châtiment classique ordonné par les tribunaux, comme le rapporte Diodore de Sicile : « La loi prescrivait de couper la langue à ceux qui découvraient aux ennemis les secrets de l'État ; elle condamnait à avoir les deux mains coupées ceux qui faisaient de la fausse monnaie, qui altéraient les poids et mesures ou changeaient la gravure des cachets.[126] » On sait ainsi qu'au cours du procès de la conjuration de harem sous Ramsès III, deux juges qui s'étaient laissé séduire et soudoyer avaient été condamnés à l'amputation du nez et des oreilles[127].

La même peine s'appliquait aux ennemis en guerre : on trouve ainsi représentée dans le temple de Médinet-Habou une scène où des mains et des phallus sectionnés d'ennemis tués au combat sont décomptés devant Ramsès III. De ces pratiques, les chercheurs ont trouvé trace, pour ainsi dire, sur les momies : Brothwell[128] et Moller-Christensen[129] ont analysé un avant-bras dont les deux os sont amputés à leur tiers inférieur et réunis par un cal osseux important. Gray[130], de son côté, a mentionné une momie dont l'avant-bras gauche était sectionné au-dessus du poignet, avec une grossière prothèse en bandes de toile réalisée post-mortem par les embaumeurs.

Les chefs aussi…

Visiblement, les chefs avaient leur lot de souffrance au combat. Voici deux cas de vaillants pharaons tombés au champ d'honneur qui illustrent et résument assez bien les dangers auxquels ils s'exposaient.

Sekenenrê Taa, de la XVIIe dynastie, encore surnommé « le Brave » était un bel homme, grand, élancé, à la puissante musculature, « aux cheveux noirs et frisés, à la tête petite et allongée, décédé de mort violente à l'âge de trente ans environ »[131], à en juger par sa momie… Voici ce que révèle son bilan clinique et radiologique[132] : six blessures au crâne et à la face, ayant entraîné la mort. À savoir : une fracture frontale, transversale et ouverte du crâne, de 10 cm de longueur ; une fracture ouverte du rebord orbital droit et une autre du malaire droit et de l'arche zygomatique, probablement provoquée par une hache de guerre ; une fracture ouverte des os propres du nez, comminutive, vraisemblablement secondaire à un coup de bâton (ou de manche de hache). Ajoutez à cela une fracture comminutive ouverte du malaire gauche, plus une fracture ouverte de la mastoïde gauche avec atteinte de l'atlas peut-être due à un instrument pointu (lance, javelot… ?) et vous aurez le compte !

Ces lésions, sans nul doute responsables de sa mort, sont dues à deux armes, une pointue et une contondante ou tranchante, en usage à l'époque tant en Égypte que chez les Hyksos.

Le reste de l'examen morphologique de la momie n'a pas révélé de plaies sur le corps ni sur les bras, ce qui suggère que « le Brave » n'a pas résisté longtemps. Sa momification sommaire, que révèlent la mauvaise odeur due à un défaut de natron, le cerveau resté en place et les bandelettes trop serrées responsables de luxations des membres, soulève deux hypothèses[133]. La première est celle d'un assassinat à Thèbes, par son entourage, d'abord d'un coup de poignard à la nuque (dans son sommeil ?), puis d'autres coups témoignant d'un véritable acharnement de ses assassins : ces derniers l'auraient achevé à grand renfort de massues et de haches... La deuxième hypothèse, la plus probable, est celle d'une mort valeureuse sur le champ de bataille, suivie d'un embaumement hâtif.

Mineptah, lui, n'était pas n'importe qui : on le tient pour le fameux pharaon de l'Exode, bien qu'il ne soit pas nommé explicitement dans la Bible ni dans le Coran[134]. Ce devait être un homme âgé, chauve, édenté, corpulent voire obèse, souffrant d'arthrose cervicale et d'athérosclérose[135], mort des suites de lésions traumatiques. Cependant, pour quelqu'un censé avoir été englouti par la mer Rouge, il ne semble guère avoir séjourné sous les eaux. En revanche, lui aussi peut se vanter d'un joli palmarès traumatique : plaie crânio-cérébrale, perte de substance cutanéo-osseuse de l'avant-pied gauche, de la clavicule droite et de la première côte droite, d'une fracture du col chirurgical huméral droit, perte de substance des dixième, onzième et douzième côtes droites et fracture comminutive des deux os de l'avant-bras droit. Cet examen, digne de celui d'un médecin légiste, a conduit les égyptologues à s'interroger sur les conditions de la mort de Mineptah. Les lésions traumatiques évoquent un décès au combat, mais on se demande comment un vieillard perclus d'arthrose a pu poursuivre sur son char de guerre le peuple d'Israël en fuite[136] !

Les incontournables boulangers

Les Grecs avaient bien raison d'appeler les Égyptiens *artophagoï* [137] autrement dit les « mangeurs de pain » car le pain et les produits céréaliers, principalement à base d'orge et de froment, représentaient l'essentiel de leur alimentation[138]. On comprend donc toute l'importance du boulanger dans la société égyptienne : à lui le soin de pétrir la pâte et de former des pains, ou plutôt des galettes, le plus souvent rondes ou parfois allongées[139]. Il les déposait sur son four, constitué de trois ou quatre plaques de limon du Nil desséché sur lesquelles en reposait une autre, plus large. Ces manipulations l'exposaient à un certain nombre d'accidents, que relate, non sans malice, la fameuse *Satire des métiers*. Imaginons un peu la scène : « Quand le boulanger est occupé à cuire et met des pains au feu, sa tête est à l'intérieur du four, tandis que son fils lui tient les jambes. Si jamais il échappe aux mains de son fils, il tombe dans le feu ardent.[140] »

Outre les brûlures, les émanations importantes de fumée pouvaient provoquer des intoxications à l'oxyde de carbone. Enfin tout laisse supposer que les boulangers égyptiens étaient exposés, à l'instar de leurs homologues contemporains, au risque d'asthme à la farine, que favorisait l'empoussièrement du fournil[141].

Brûlures et allergies

C'est Ebbel[142] qui a soulevé cette hypothèse sur les crises d'asthme des Égyptiens, que les 10 recettes médicales du papyrus Ebers[143] étaient, selon lui, destinées à traiter. Pour soutenir sa théorie, il a pris argument du mot *gehou*[144] dans la langue de l'ancienne Égypte : le déterminatif, qui désigne un saurien, plus exactement un caméléon, évoquerait le sifflement de peur émis par cet animal. Un son qui, selon lui, permettrait de rattacher ce mot à la maladie asthmatique. Le texte est cependant trop vague et les thérapeutiques proposées trop peu spécifiques pour justifier une traduction aussi précise.

Quand ils n'étaient pas touchés par cette maladie, les boulangers pouvaient encore se brûler contre les parois de leur four. Une souffrance intense devait justifier le recours à la magie[145], entre autres l'usage de formules inspirées de scènes de la mythologie – celle d'Horus enfant, par exemple, brûlé et soigné par sa mère Isis[146]. Du lait de femme ayant mis au monde un petit mâle accompagnait ces litanies, en imitation de la déesse qui avait soigné son fils avec son propre lait[147].

Autre exemple significatif de thérapie magique appliquée sur ces affections: le traitement d'une brûlure au troisième degré, un « endroit brûlé quand il se décompose »[148]. Le remède de couleur noire (goudron végétal) rappelle la nécrose (escarre noirâtre) de ce même type de brûlures.

Parfois bien sûr, la magie est relayée par d'autres recettes, tout aussi déroutantes: ainsi cette pâte grasse à base d'excréments, appliquée sous occlusion sur les brûlures du premier et du second degré[149]. Quoi de plus surprenant quand on connaît les risques septiques? Mais ici comme ailleurs, celui qui rapporte la recette la présente comme un véritable miracle, attesté par l'expérience: « Vraiment efficace ! J'ai vu (cela) et (cela) est arrivé souvent de mon fait ![150] »

Enfin, pour fignoler, certains praticiens n'hésitent pas à proposer des recettes pour traiter les dégâts esthétiques: « Pour chasser les taches blanches dues à l'endroit brûlé.[151] »

Cette consommation démesurée de pain avait des conséquences étonnantes sur la santé publique : l'examen minutieux des momies révèle ainsi que, quelles que soient les époques et les catégories sociales, les Égyptiens souffraient d'attrition, une usure des surfaces dentaires[152]. On s'est empressé d'étudier la composition des miches de pain enfermées avec les défunts dans leur tombe : l'enquête a été riche d'enseignements[153]. En effet, selon Schwartz[154], l'attrition et l'abrasion des faces occlusales résultaient de la mastication de cet aliment, constitué pour une part non négligeable d'éléments minéraux (sable, feldspath, mica et grès)[155]. Pour justifier cette composition surprenante du pain, il faut revenir sur toutes les étapes de sa fabrication : à chaque stade peuvent s'immiscer des éléments minéraux différents. Ils sont en effet omniprésents, depuis le sol sur lequel le blé a poussé jusqu'au moment où la pâte lève au soleil, et reste en contact avec le sable. Entre-temps, le blé aura connu les faucilles en silex utilisées pour la moisson, le sable incorporé par le vent pendant le vannage et le stockage, et les éclats de pilons ou de meule lors du broyage des grains[156].

Prêtres

Des fonctionnaires : voilà ce qu'étaient les prêtres sous l'Ancien Empire, quand il n'y avait pas de personnel permanent dans les temples dédiés à des divinités ou au culte funéraire du roi. C'étaient eux qui célébraient les offices et les rites, quand cette charge provisoire leur était échue. Dans ces conditions, comment se mit en place le clergé permanent ? À la fin de cette époque, le roi commença à délivrer des chartes d'immunité, qui exemptaient d'impôts et de corvées les domaines agricoles des différents temples. Une économie essentiellement articulée autour des cultes funéraires et divins s'organisa peu à peu, avec pour corollaire la formation d'un clergé permanent: son importance s'accrut progressivement jusqu'à absorber la monarchie du Nouvel Empire[157]. Il comprenait l'ensemble du personnel des temples: les prophètes formaient le haut clergé, des prêtres le bas; on comptait aussi des laïcs dits «horaires» et du personnel féminin[158]. Comme l'a expliqué Martinez, «au moment où il entre au service d'une divinité donnée, en un temple donné, le prêtre prend place dans une hiérarchie fortement structurée et diversifiée, souvent rigide, elle forme une organisation fermée sur elle-même et totalement autonome, aussi bien du milieu civil que des autres hiérarchies religieuses»[159]. Les domaines sacrés sous sa dépendance regroupaient non seulement les temples, mais également de grandes étendues de terre arable qui fournissaient les aliments nécessaires au culte et à la vie du personnel et représentaient en outre une richesse mobilière[160]. À titre d'exemple, le temple d'Amon à Karnak, le plus important d'entre eux, employait 81 322 hommes à la fin du règne de Ramsès III[161].

Parmi ceux qui gravitaient autour de ces domaines, on trouvait un corps médical: témoin, un certain Pahatiou, cité comme «médecin du temple d'Amon» dans le papyrus Amherst en l'an 17 du règne de Ramsès IX (XXe dynastie); Meryé, autre «médecin en chef du temple de Thot» originaire de Thèbes, dont on a retrouvé le nom sur une inscription à Deir el-Bahari[162]; ou encore Innay, «médecin chef» du temple de Ptah à Memphis sous la XXe dynastie, et Padiamen «médecin en chef du temple d'Osiris» mentionné sur une stèle de la Basse Époque. Pour avoir une idée du mode de vie de leurs patients, qui n'étaient autres que les prêtres eux-mêmes, il faut consulter

Hérodote: «Les prêtres se rasent tout le corps tous les trois jours, afin que ni un pou ni aucune impureté ne soient sur eux lorsqu'ils servent les dieux. Ils revêtent seulement un vêtement de lin et des sandales de papyrus (...). Ils ne consomment ni ne dépensent rien de leurs propres biens, mais on fait cuire pour eux des aliments sacrés et chaque jour chacun reçoit une grande quantité de viande de bœuf et d'oie et ils reçoivent du vin de raisin, tandis qu'ils ne peuvent pas se nourrir de poisson (...).[163]»

À l'en croire, leur hygiène et leur mode d'alimentation différaient sensiblement de ceux des classes socio-économiques plus basses[164]. À titre de comparaison, au Moyen Empire, deux cruches de bière et trois pains constituaient la ration quotidienne d'un ouvrier, calculée sur un salaire moyen. Chez les prêtres, tout laisse penser que cette alimentation particulière, riche en viande et pauvre en poisson, aggravée par un mode de vie sédentaire, favorisait le développement de l'athérosclérose, sans compter le désagrément des caries dentaires.

Des amateurs de bonne chère et victimes de la pollution ?

Les connaissances dont nous disposons sur les ressources alimentaires des Égyptiens, grâce aux représentations, aux textes et même aux aliments retrouvés dans les tombeaux, montrent que le poisson constituait pour les plus pauvres un aliment courant, tandis que la viande, plus souvent bouillie que grillée, était réservée aux repas de fête – le bœuf surtout, plus prisé que le mouton, la chèvre ou le porc. Mais pour les castes favorisées, dont les prêtres, le poisson était considéré comme impropre à la consommation[165]. On comprend mieux pourquoi les examens paléopathologiques de momies ont montré qu'un certain nombre d'Égyptiens issus de la fraction socio-économique privilégiée[166] et en particulier du clergé ont été victimes d'athérosclérose.

L'obésité, expression d'un risque cardiovasculaire, se retrouve d'ailleurs dans ces mêmes couches sociales favorisées[167] comme le montrent des représentations d'Aménophis III, de Ramsès III, de Thoutmosis II, de Mineptah, de Sebekemsaf II, de Ka-âper grand prêtre lecteur, du prince Hemiounou ou de Néferhotep, le harpiste aveugle du musée de Leyde, représenté en position assise avec trois énormes replis graisseux. Quant au général Masahirte, sa surcharge pondérale était si importante que les mains n'ont pas pu être croisées devant les organes génitaux comme c'était l'usage ! Outre les divers cas relevés sur des momies de prêtres[168], un des plus célèbres exemples d'athéroscléreux est celui de Ramsès II[169], mort à l'âge de 96 ans : outre ses artères temporales superficielles saillantes, tortueuses et calcifiées, l'examen radiologique a relevé des calcifications athéroscléreuses des artères fémorales et des deux carotides internes[170].

Difficile pour autant de conclure sur l'incidence de l'athérosclérose au sein de la population égyptienne : car, au bout du compte, on ne dispose que de momies de membres d'une fraction socio-économique privilégiée à l'époque pharaonique, et ce panel n'est guère représentatif de l'ensemble de la population…

S'il faut cependant trouver des causes à cette pathologie, à défaut d'en connaître l'étendue exacte, l'alimentation n'explique pas tout : l'intoxication à l'oxyde de carbone, courante chez les Égyptiens comme le suggère la présence de traces de carbone dans les tissus pulmonaires de nombreuses momies, devait compter parmi les facteurs de risque. La mauvaise évacuation des fumées de chauffage et de cuisson dans les habitations favorisait le développement de l'athérome par les mécanismes d'hypoxie tissulaire et d'augmentation de la perméabilité capillaire aux substances lipidiques[171].

Mais il est une question plus troublante et plus débattue, qui a fait couler beaucoup d'encre : le tabagisme supposé des Égyptiens. On a en effet découvert du tabac dans l'abdomen de Ramsès II lors de son exposition à Paris, en 1976. Et certains, incrédules, d'évoquer aussitôt la farce d'un égyptologue ou les débris laissés par un guide de musée négligent[172]. Mais une étude sérieuse a plaidé en faveur de l'authenticité matérielle et temporelle de cet échantillon dans l'abdomen du célèbre pharaon[173]. Impossible de discuter la détermination botanique du tabac, ni de nier l'existence d'un des alcaloïdes, en l'occurrence la nicotine, et la présence d'un coléoptère, le dermeste, parasite spécifique du genre Nicotiana.

Comment soigner de tels patients, une fois que l'athérosclérose les a touchés ? Simplement avec plusieurs onguents, destinés à « assouplir », non pas les conduits (*met*) eux-mêmes, mais plutôt des substances qu'ils abritent et susceptibles de durcir[174]. Le papyrus Ebers n° 657 propose d'utiliser : « graisse de taureau : 1 ; lie de vin : 1 ; ail : 1 ; charbon des murs (= suie) : 1 ; graines de bryone (?) : 1 ; graines de pois : 1 ; graines de la plante-*djas* : 1 ; minéral-*sia* du Sud : 1 ; résine de térébinthe : 1 ; oliban : 1. Enduire la chair superficielle et (elle) sera placée au soleil ». Cette rigidité problématique des conduits (*met*) s'opposait au libre passage des fluides corporels, entraînait tensions, pressions douloureuses et gênait les mouvements. Les Égyptiens expliquaient cette rigidité soit par l'usure des conduits, soit par l'attaque de substances nocives susceptibles de les rigidifier. Contrairement à l'interprétation moderne de l'athérosclérose, ils admettaient la possibilité d'une souffrance des conduits (*met*) sans considérer que leurs structures propres puissent être altérées.

Scribes: un métier prisé

C'était sans doute le métier le plus en vue dans l'ancienne Égypte. Pour reprendre la formule de Guy Rachet, « le scribe était le grand privilégié de la civilisation égyptienne »[175]. Pour accéder à cette profession, l'enfant devait d'abord apprendre les signes hiéroglyphiques et hiératiques à l'école.

Au terme d'un long et difficile apprentissage, les scribes entraient dans l'administration, au sein de laquelle ils occupaient une place exceptionnelle : « Vois, il n'y a pas d'État où l'on ne soit dominé, excepté celui du scribe qui lui-même commande.[176] » Le scribe se plaçait « au-dessus de tout travail et devient un sage » ; « son écritoire et son rouleau (de papyrus) lui donnent considération et prospérité ». Exemptés d'impôts, dispensés des travaux imposés par le roi aux paysans et aux artisans, les scribes étaient de véritables privilégiés, rouages indispensables d'une administration lourde et complexe, garante de la puissance et de la prospérité égyptiennes. Mais le peuple ne tenait pas en haute estime ces fonctionnaires chargés de comptabiliser le bétail, les récoltes et la production des artisans, ces « gratte-papier » qui avaient le droit de faire bastonner ceux qui tentaient de subtiliser des biens ou ceux qui ne pouvaient pas payer l'impôt.

Des privilégiés aux dents longues… mais pourries

Payés en nature, sous forme de pain, de poissons et de bière, ces « privilégiés » souffraient – et ce n'est guère étonnant – de troubles dentaires, résultat d'une alimentation plus riche en aliments cariostatiques (légumes, pain entier et bière). Peu fréquentes pendant les époques prédynastiques, les caries touchaient essentiellement les individus de la classe aristocratique aux périodes anciennes. Elles étaient en effet suscitées par l'alimentation beaucoup plus copieuse, bien plus riche en aliments cuits et sucrés, essentiellement consommés par les couches aisées de la population sous l'Ancien Empire. La frugalité, l'absence d'aliments cariogènes et la richesse des aliments en éléments cariostatiques protégeaient les plus pauvres, selon Ghalioungui[177].

Mais avec le temps, le comportement alimentaire des classes socioéconomiquement élevées se généralisa à l'ensemble de la population, les caries s'étendirent à toutes les classes sociales[178] et le pourcentage de sujets atteints passa, d'après les études, de 3 % dans la population de l'époque prédynastique, à 8,7 %, voire 20 % aux cours des périodes chrétiennes[179].

Ces caries dentaires pouvaient entraîner de graves complications, que l'étude des momies permet de déceler : Aménophis III souffrait ainsi d'abcès dentaires si invalidants qu'un dieu du Mitanni avait été envoyé pour le guérir, sans obtenir le succès escompté. La momie de Ramsès II présente une énorme carie de la première molaire inférieure droite, bien visible sur les radios, avec une zone d'ostéite et un séquestre osseux[180] qui a dû le faire atrocement souffrir : de là vint peut-être une septicémie responsable de sa mort. Batrawi a même retrouvé un crâne de la Ve dynastie, où un abcès alvéolaire des deuxième et troisième molaires communique avec le sinus maxillaire[181]. Sans même parler de la prémolaire qui manquait à Séti Ier, on pourra aussi relever plusieurs malpositions dentaires identifiées sur différentes momies. Ahmès-Néfertari, l'épouse d'Ahmosis Ier, souffrait ainsi d'une protrusion du maxillaire supérieur, les incisives projetées en avant, et d'une absence d'éruption des dents de sagesse inférieures : autant d'anomalies dont sa grand-mère Tetisheri semble, elle aussi, avoir souffert.

Le papyrus Anastasi IV donne une idée de la souffrance que

provoquaient ces caries dentaires, et que les Égyptiens prenaient très au sérieux : un travailleur aurait ainsi reçu des rations de blé à titre de pension pour cette infirmité[182] : « Tous les muscles de la face dansent, le catarrhe s'est mis dans ses yeux, le ver ronge ses dents. »

Mais les soins dentaires ont-ils existé pour autant ? Les Égyptiens fabriquaient les pansements à partir de plusieurs matériaux, en particulier de la terre de Nubie, réduite en une masse destinée à obturer le trou laissé par la dent. Cette préparation provisoire, au vu des caractéristiques biomécaniques des différents matériaux, était probablement censée rendre la dent hermétique et supprimer les douleurs dues au chaud et au froid[183].

Quant aux extractions dentaires, tout laisse à croire qu'elles étaient effectivement pratiquées par des « arracheurs de dents », que l'on retrouve à toutes les époques ; c'est du moins ce que semble indiquer sur nombre de momies l'absence d'une dent laissant un os cicatrisé avec un parodonte sans lésion. Témoin, la bouche de la momie du pharaon Mineptah, qui ne comprend que six dents au maxillaire supérieur et sept au maxillaire inférieur[184]. La présence d'une trame très régulière sur l'os suggère qu'elles sont tombées ou ont été extraites avant la mort du pharaon. D'après Quenouille, certaines dents ont même dû être arrachées chez de jeunes sujets aux dents saines, qui gardent l'os propre et bien cicatrisé.

Plus étonnant, certaines découvertes archéologiques ont permis de penser que les anciens Égyptiens utilisaient des prothèses de contention. À ce titre, la pièce anatomique la plus intéressante a été mise au jour dans une tombe à Gizeh par Junker dans les années 1930[185] : il s'agit de deux dents (les deuxième et troisième molaires inférieures gauches) appartenant à un individu mort pendant la Ve dynastie, reliées au-dessus de leurs racines par un fil d'or torsadé de 0,4 mm de diamètre[186]. Entachées de tartre, elles semblent avoir été posées sur une personne vivante. Mais l'usure des deux dents et l'espace important qui les sépare a jeté le doute sur la nature exacte de cette supposée prothèse.

Pour Weinenberger[187], il s'agirait plutôt d'un appareillage destiné à mettre la dent de sagesse en normocclusion. D'autres, encore, penchent pour une amulette[188].

Mais on a retrouvé d'autres pièces anatomiques, comme le bridge de Tura el-Asmant datant de l'époque ptolémaïque ou le bridge d'el-Qatta découvert en 1952, au nord-ouest du Caire dans un mastaba de l'Ancien Empire[189], pourvu d'un fil d'or qui relie une canine à une incisive centrale. Par ailleurs, la radiographie d'une momie du musée du Caire[190] montre nettement un fil métallique qui relie *in situ* une dent de la mâchoire supérieure à sa voisine. Impossible pourtant de savoir s'il s'agit d'une véritable prothèse ou d'un travail d'embaumeur, comme c'est le cas pour ces dents en ivoire, objets si fragiles montés sur pivots de bois, qui devaient être de simples artifices dus à de curieux « artistes » embaumeurs.

Associons à ces problèmes dentaires les maladies de la langue qu'on ne peut pas individualiser avec précision, apparemment traitées par des bains de bouche et diverses préparations[191]. Comme les autres mauvaises odeurs corporelles, la mauvaise haleine qui en résulte préoccupait les Égyptiens, qui avaient soin de garder dans la bouche une préparation associant « oliban, pignon, térébinthe, souchet odorant, cinnamome, miel »[192].

La rate qui s'dilate, et le foie...

Difficile de tirer des conclusions sur les pathologies de l'estomac et du pancréas à partir des momies, qui étaient vidées de ces organes la plupart du temps. On en sait plus sur le foie, un organe important pour les Égyptiens, que l'on avait soin de placer dans les vases canopes lors de l'embaumement. Au bout du compte, peu de maladies hépatiques ont été identifiées: outre la représentation, retrouvée dans des tombes à Saqqarah, de personnages au nombril proéminent, évoquant probablement une ascite, Ruffer[193] a décrit un cas de fibrose hépatique d'origine inconnue.

Les affections des intestins, pourtant bien présents sur les momies, et éventuellement les troubles gastro-entérologiques[194], sont surtout connus par les papyrus médicaux. Une gêne avec pesanteur abdominale est par exemple mentionnée dans le paragraphe n°154 du papyrus Berlin («son ventre est pesant») associée à la soif («il a soif la nuit»), aux nausées («il est couvert de nuages comme un homme qui a mangé les fruits (non entaillés) du sycomore») et à l'arrêt des matières («il n'est pas en ordre pour l'excrétion des excréments») : tout cela évoque une occlusion intestinale désignée sous le terme de «marais formé par la pérégrination de substances brûlantes», sans doute due à un fécalome: «son anus est pesant... [195]»

En ce qui concerne les calculs de la vésicule biliaire, les études paléopathologiques ont montré leur faible fréquence: seuls trois cas de lithiases biliaires sur les 300 momies examinées par Smith et Dawson[196], dont la prêtresse d'Amon de la XXIe dynastie. De son côté, l'étude radiographique réalisée par Gray[197] sur une série de 133 momies n'en a décelé qu'un seul. La rareté de cette affection s'explique sans doute par le régime alimentaire des Égyptiens, moins riche en graisses que le nôtre, et par leur faible prédisposition génétique. À noter que la momie de Ramsès V présentait, elle, une énorme hernie inguino-scrotale, tandis que celle de Mineptah avait été privée de son scrotum: il avait sans doute fait l'objet d'une ablation avant la momification, peut-être à cause d'une hernie étranglée, opérée de façon mutilante.

Constipés, les scribes ?

Nous voici arrivés au terme de l'appareil digestif, et de la digestion elle-même… Les Égyptiens prêtaient tant d'attention aux troubles de l'anus qu'ils en avaient fait une spécialité et un objet d'étude privilégié : pour preuve, le papyrus Chester-Beatty[198] lui est consacré en grande partie, ainsi que de nombreux paragraphes des papyrus Ebers, Hearst et Berlin[199]. Figues, miel, raisins et caroubes reviennent souvent dans les traitements des maladies intestinales.

En cas de constipation, d'abord : il existe des recettes dans les papyrus destinées à combattre la constipation et à « provoquer la défécation… », des remèdes essentiellement composés de fibres alimentaires « fève (*gengenet*)… fruits de la plante (*menouh*) », « fruit (*hiched*) » qui devaient avoir un effet bénéfique[200]. On trouve ailleurs cités les « fruits entaillés du sycomore secs », non pas issus de la plante que nous connaissons, selon Daniel Revelat[201], mais d'une sorte de figuier (*Ficus Aegyptiae*). Les figues, laxatives à l'état frais, pouvaient être utilisées sèches en tisanes émollientes.

Si la constipation était aussi habituelle que le laisse supposer l'abondance des recettes, le silence qui entoure la diarrhée, dont on connaît pourtant aujourd'hui la fréquence dans ce pays, ne laisse pas d'étonner. Il est cependant souvent question dans les textes de « refroidir l'anus » (papyrus Chester-Beatty n° 18), de « substances brûlantes appelées *kapou* qui sont dans l'anus »[202] (papyrus Chester-Beatty n° 20, n° 22, n° 23, n° 24). Peut-être s'agit-il de fissures anales ou d'ano-rectites consécutives à des diarrhées et dysenteries. On trouve trace ailleurs d'une affection soignée à l'aide de suppositoires à base de corps gras. « (Ce) sera broyé finement en une masse homogène, mis sous forme de boulettes laissées au repos la nuit à la rosée, appliquée à l'anus jusqu'à ce qu'il guérisse...[203]»

Et l'on repérera aussi le cas d'un prolapsus rectal désigné sous le terme de «retournement de l'anus»[204], traité par un remède à l'action adoucissante, à base de «farine de fève; sel du nord; graisse d'oie; mucilage d'orge»[205]. Mais ces prolapsus rectaux fréquemment relevés sur les momies sont sans doute dus à la dilatation et la distension abdominales qu'ont provoqués les gaz de décomposition des corps.

Les embaumeurs

Venons-en aux artisans de la mort, aux ouvriers de l'éternité: les embaumeurs, que ce soit les paraschistes, qui ouvraient le flanc pour l'éviscération avec une «pierre d'Éthiopie» ou les taricheutes qui exécutaient les manœuvres d'embaumement. Leurs ateliers, situés dans des lieux attenants aux temples et appelés pudiquement «lieu de la bonne maison», «la tente», «le kiosque de dieu», étaient situés à l'écart des villes par souci d'hygiène ou par crainte des morts sur la rive occidentale du Nil, là où le soleil se couche. Diodore de Sicile semble même évoquer des discriminations pratiquées à leur encontre, qu'on a pu interpréter comme un rituel religieux ou le signe d'une exécration: «Le paraschiste, tenant à la main une pierre éthiopienne, fait l'incision de la grandeur déterminée. Cela fait, il se sauve en toute hâte, poursuivi par les assistants qui lui lancent des pierres et profèrent des injures pour attirer sur lui la vengeance de ce crime; car les Égyptiens ont en horreur celui qui viole le corps d'un des leurs et qui le blesse ou exerce quelque autre violence.[70] » Mais il n'est nulle part fait mention de telles pratiques, même si on connaît un décret de protection des taricheutes d'époque ptolémaïque témoignant d'une certaine mise à l'écart de la société.

En matière d'embaumement, tout le monde n'était pas traité avec le même zèle : les pharaons bénéficiaient de leurs propres temples, tandis que l'on traitait les corps des particuliers à la chaîne, surtout au cours des périodes où la momification s'était largement « démocratisée ». D'ailleurs, tout n'allait pas sans heurts, à en croire Hérodote, qui évoque des cas de nécrophilie parmi les embaumeurs : « Les femmes des grands personnages ne sont pas, à leur mort, immédiatement données à embaumer, non plus que les femmes d'une grande beauté ou d'une grande réputation ; on attend deux ou trois jours avant de les confier aux embaumeurs. Ceci pour éviter que les embaumeurs n'abusent des cadavres ; car l'un d'entre eux, dit-on, fut surpris au moment où il abusait du corps d'une femme qui venait de mourir ; il fut dénoncé par son collègue. »

Eux aussi devaient être exposés à des maladies professionnelles, sans doute similaires à celles qu'affrontent les employés des services funéraires actuels, selon D. Moutet[207] : des pathologies du rachis, quand il faut soulever et manipuler le défunt dans des espaces limités ou dans les escaliers, des risques d'infection par contact avec des liqueurs cadavériques riches en clostridiums ou par souillure des blessures, des dermites irritatives liés aux produits utilisés pour l'embaumement, bref, des risques d'infections cutanées, pulmonaires et oculaires à la moindre plaie touchant des corps en putréfaction : « La manipulation d'un cadavre putréfié est extrêmement désagréable. Les gaz de la putréfaction, constitués entre autres d'ammoniac, de mercaptan, d'hydrogène sulfuré, ont toujours une odeur très forte, répugnante qui imprègne très vite les vêtements. Il n'y a pas de protection efficace, et les masques sont totalement inutiles.[208]» Sans parler du stress psychologique lors des exhumations: «Certains corps peuvent se rompre au cours des manœuvres. On imagine facilement l'impact que ces manipulations peuvent avoir sur le fossoyeur.[209]»

Un métier à fleur de peau

Furoncles, abcès, ou gangrènes: voilà les maux qui guettaient leur peau fragile, que l'on soulageait sans doute sur les indications du papyrus Ebers, regroupées par Ebbel sous ce titre peu engageant: «*Le livre des tumeurs*»[210]. En l'absence d'indications précises sur les modalités des techniques opératoires, on se contentera du récurrent: «Tu feras pour elle une opération» ou «Tu la traiteras comme le fait la *sa hemem*», qui laisse penser que les praticiens égyptiens savaient inciser les abcès et les hématomes collectés au moyen d'un bistouri ou d'un scalpel, et qu'ils étaient capables de pratiquer une hémostase grâce à un cautère, parfois même de réaliser l'incision et en même temps l'hémostase avec une lancette chauffée au feu. L'incision permettait au pus ou au liquide collecté de s'écouler puis un pansement classique facilitait la cicatrisation de la plaie.

Mais les praticiens sont moins avares de détails dans le papyrus Smith, où ils décrivent le diagnostic, le pronostic et la prise en charge d'un certain nombre d'infections cutanées: on trouve ainsi relaté le cas d'un «abcès à tête rompue dans la poitrine» avec «des surélévations qui sont remplies de pus sur la poitrine et qui ont produit des éléments rouges, tandis que cela est très chaud quand ta main le touche»[211]. Ou encore d'une affection siégeant au niveau d'un doigt ou d'un orteil qui semble être un exemple de panaris selon Ghalioungui[212] : « Si tu trouves un doigt douloureux ou pour un orteil… [213]» Ce dernier part en effet du principe qu'en arabe le panaris se dit *dahes* qui vient de la même racine que *dohhas*: le ver.

Des hôtes indésirables

Quant aux infections digestives parasitaires, fréquentes en Égypte, les embaumeurs devaient sûrement y être sujets. On a ainsi retrouvé dans les intestins de la momie Aseu, datée de la XXVe dynastie, des traces de *Strongyloïdes stercoralis*, responsable de l'anguillulose[214], et sur une autre momie, des œufs de ténia[215] accompagnant un cas d'ascaridiose[216].

Les différents vers mentionnés dans les papyrus sont difficiles à identifier, en l'absence de toute traduction arrêtée. Trois types semblent se dégager cependant : le ver *betjou*, le ver *hefet* et le ver *pened* qui correspondraient respectivement à l'ankylostomiose, à l'ascaridiose et au ténia, sans que ces équivalences soient établies avec certitude[217].

Pour s'en prémunir, on pouvait utiliser une conjuration tirée des textes de protection des officines d'embaumements, censés protéger le personnel en contact avec les cadavres.

« Pour la conjuration des vers (*hefat*) : Roseau : 5 *ro*; pyrèthre. (Ce) sera cuit dans du miel et mangé. Conjuration :

Les morceaux (*paout*) furent détachés et le corps de celui qui a perdu ses forces (= la momie) fut retourné. (Tout à coup), un ver (*hery-shetef*) sauta dans l'intérieur de mon corps. Que ce soit un dieu qui a agi, que ce soit un démon, qu'il soit conjuré ! Que le dieu défasse ce qu'il a fait dans mon corps » (papyrus Ebers 61)[218].

Le papyrus Berlin (n° 189) propose le même type de conjuration pour éloigner la vermine des médecins. Concrètement, le pyrèthre, utilisé par les embaumeurs, protégeait les momies des parasites. Les racines de cette plante, de la famille des chrysanthèmes sauvages, possèdent des propriétés vermifuges et parasiticides. Le papyrus Ebers propose de son côté une trentaine de recettes pour soigner la «vermine intestinale»: «Autre (remède pour l'homme qui a la vermine) : racine de grenadier, concassée dans de la bière: 5 *ro*. Ce sera laissé au repos dans un vase (*henou*) rempli de 15 *ro* d'eau. Tu te lèveras le matin pour filtrer ceci dans un linge. (Ce) sera bu par l'homme» (papyrus Ebers 63)[219]. Le grenadier, qui entre dans la composition de ce remède, est doté de propriétés anti-parasitaires contre le ténia, l'ascaris et le bothriocéphale, entre autres[220].

Les yeux rouges

Dernier danger et non des moindres: les projections de produits au cours de manœuvres d'embaumement, qui risquaient de faire rougir l'œil: «sang dans les yeux». Il s'agit là d'une hémorragie, d'une kératite ou d'une conjonctivite[221], ainsi soignée: «Autre remède pour chasser le sang qui est dans les yeux… Et après cela, tu laveras tes yeux avec ce lait, quatre fois, pendant six jours.[222]»

Les prostituées

C'est un classique de dire que la prostitution est «le plus vieux métier du monde». Selon Hérodote, ses origines remontaient aux rapports sexuels qu'entretenaient les dieux avec les prêtresses. L'historien grec ne s'est d'ailleurs pas privé de traiter ce thème : on sait ainsi par lui comment une fille du pharaon Rhampsinite avait été placée par son auguste père dans une maison close pour espionner la clientèle. Mais il a surtout relaté l'histoire de Chéops qui aurait également prostitué sa fille pour récolter l'argent nécessaire à la construction de sa tombe : « Chéops en vint, dit-on, à tant d'infamie qu'à court d'argent il plaça sa propre fille dans un lieu de débauche et lui ordonna de gagner une somme déterminée (combien ? C'est un point qu'on ne m'a pas précisé). La fille obéit à son père, mais voulut laisser elle aussi un monument à son nom et pria chacun des visiteurs de lui faire cadeau d'une pierre. Avec ces pierres, m'a-t-on dit, fut construite celle des trois pyramides qui se trouve au centre du groupe, en avant de la grande pyramide, et qui a un plèthre et demi de côté.[223] »

La *khénémèt*, terme employé pour désigner une fille de joie, était souvent une chanteuse ou une danseuse[224]. Voici comment la décrivait un vieux scribe qui cherchait à mettre en garde son élève : « Te voici installé à demeure, au milieu de filles de joie, en train de gambader… Te voici en face d'une jolie fille, inondée de parfum, une guirlande de fleurs autour du cou, tambourinant sur ton ventre, vacillant, basculant sur le sol, et tout couvert de saletés.[225] » Elles portaient la plupart du temps des tatouages au bassin et aux cuisses, qui prouveraient, aux yeux de certains, l'appartenance des prostituées au service divin de la prêtresse d'Hathor.

Pas d'enfants

Être enceinte faisait bien entendu partie des risques à éviter. La contraception existait bien dans l'ancienne Égypte, et servait certainement aux prostitués, qui disposaient d'au moins six recettes différentes[226]. Ainsi la recette du papyrus Ebers n°783 ter est destinée à ce qu'une « femme cesse d'être enceinte pendant un an, deux ans ou trois ans : partie-*qaa* de l'acacia ; plante-*djaret*; dattes. (Ce) sera broyé finement avec un vase-*hénou* de miel. En imprégner un tampon végétal. (Ce) sera placé dans son vagin ». Les Égyptiens utilisaient une méthode de contraception surtout locale, reposant sur des mélanges dont certains étaient plutôt répugnants, à base d'excréments de crocodile[227]. Cette mixture, enduite sur un tampon d'étoffes de fibres[228] puis placée dans le vagin, avait probablement un effet mécanique en faisant obstacle à la pénétration des spermatozoïdes dans le col utérin[229]. Le miel, utilisé dans un certain nombre de préparations, devait remplir la même fonction et diminuer la mobilité des spermatozoïdes en les engluant[230].

On sait aussi que l'acacia est une substance qui se transforme après fermentation en un anhydride d'acide lactique qui, dissous dans l'eau, donne de l'acide lactique dont l'activité spermicide est connue[232]. Quant à l'avortement, il était sanctionné par la peine capitale[233].

Les maux du sexe

Les risques du métier, là encore : par exemple, les vulvo-vaginites, probablement d'origine infectieuse, « vagin dans lequel se développent des maux », et parfois responsables de pertes séro-sanglantes « comme de l'eau au fond de laquelle (il y aurait) comme du sang cuit »[234], étaient traités par l'introduction d'« une seule masse et versé dans son vagin »[235]. D'autres remèdes semblaient destinés à traiter une affection avec « des substances brûlantes qui sont dans l'utérus »[236] qui correspond peut-être à une infection génitale.

On trouve aussi le cas intéressant d'une probable infection gonococcique, accompagnée de leucorrhées et de troubles visuels: «Ce sont les substances utérines (appelées) (...) qui sont dans ses deux yeux...[237]»

Mais devant la mention de douleurs, et surtout de l'odeur particulière de chair brûlée, certains auteurs[238] ont pensé que l'affection décrite sous le nom « (femme) rongée dans son utérus, et dans le vagin »[239] dans les gloses n° 813 et 814 du papyrus Ebers 813 pourrait être un cancer de l'utérus. À l'appui de cette hypothèse, la seule affection génitale maligne mise en évidence par Granville[240] en 1825 sur une momie ptolémaïque est une tumeur de l'ovaire droit avec envahissement du ligament large et du péritoine[241].

Notons en dernier lieu que les Égyptiens auraient été les premiers à décrire les prolapsus et à les traiter avec des tampons imbibés de résine moulant la cavité vaginale[242]. Il est bien difficile de savoir avec certitude si les prolapsus génitaux ou rectaux retrouvés sur les momies étaient ou non déjà présents au moment du décès[243].

Les troubles des règles

Les troubles des règles sont évoqués à de multiples reprises dans les papyrus médicaux, car l'aménorrhée, qui pouvait se manifester en dehors de la grossesse, et qui touchait la «femme chez qui de nombreuses années se sont écoulées sans que lui viennent ses menstruations», causait bien du souci, même s'il existait au moins trois recettes pour la soigner[244].

Ailleurs, un cas de dysménorrhée, attribué à une obstruction, «obstacle sanguin sur (= dans) son utérus»[245], non identifiée, est associé à des douleurs abdominales et à une obstruction du col de l'utérus, par un caillot, un polype, ou une tumeur. La découverte d'une anomalie du col de l'utérus laisse supposer un véritable examen gynécologique, mais les thérapeutiques proposées nous livrent peu de détails : seule exception, la variété des modes d'administration de médicaments, qui pouvaient comprendre des fumigations vaginales.

Épilogue :
Les échanges du savoir médical entre l'Égypte et les autres civilisations

Où les médecins l'emportent en habileté

La pensée médicale égyptienne, qui associe un indéniable empirisme à des pratiques religieuses et magiques, peut apparaître extrêmement pauvre lorsqu'on l'étudie avec notre esprit moderne. Elle était toutefois proche de celle qui prévalait dans le monde occidental jusqu'à la Renaissance. Si bien que, comme l'avance Gaston Maspero, « le peu que savaient les médecins égyptiens, il y avait peut-être quelque mérite à l'avoir trouvé trente siècles avant notre ère ».

La renommée des médecins égyptiens était, semble-t-il, considérable dans l'Antiquité. Homère y a fait mention au VIIIe siècle av. J.-C. dans *L'Odyssée* (IV, 229 – 232) en évoquant une « terre féconde qui produit en abondance des drogues, les unes salutaires, les autres nuisibles, et où les médecins l'emportent en habileté sur tous les autres hommes car ils sont les descendants de Poeéôn (le médecin des dieux) ». Un certain nombre de personnages de haut rang venaient ainsi consulter les praticiens égyptiens renommés. Sur la tombe thébaine du scribe et médecin du roi, Nebamon, ayant vécu sous le pharaon Aménophis II, on a même retrouvé une scène dans laquelle un prince syrien, venu le consulter en compagnie de son épouse, lui offre des présents pour le rémunérer. Mais Hérodote n'a-t-il pas rappelé que : « Darius avait coutume d'attacher à sa personne les médecins égyptiens les plus réputés »[1] et cité un spécialiste des yeux égyptien, envoyé par le pharaon Amasis au chevet de Cyrus ? Ce praticien avait alors intrigué et convaincu le fils du roi, Cambyse, de déclencher l'invasion de l'Égypte : « Quant aux causes de cette guerre, les voici : Cambyse avait envoyé un messager en Égypte pour demander à Amasis la main de sa fille, sur les conseils d'un médecin égyptien. Celui-ci n'avait jamais pardonné à Amasis de l'avoir arraché à sa femme et à ses enfants, pour l'expédier en Perse au chevet de Cyrus qui avait réclamé le meilleur oculiste d'Égypte. Aussi, pour se venger et mettre Amasis dans une situation inextricable, poussa-t-il Cambyse dans cette démarche...[2]»

Il y a toutefois un cas relaté par Hérodote où la compétence des médecins égyptiens semble mise en défaut, devant le traumatisme que Darius s'était infligé en descendant de cheval: « L'os de la cheville sortit de l'articulation. Le roi était persuadé depuis longtemps qu'il avait autour de lui ceux des Égyptiens que l'on réputait les plus habiles dans l'art de guérir, il eut recours à eux. Mais ils voulurent employer la force pour remettre le pied et ne firent qu'empirer le mal. Darius en souffrit au point qu'il passa sept jours et sept nuits sans sommeil... [3]»

On amena alors au chevet de Darius un prisonnier grec, Démocède, originaire de Crotone, « médecin et de son temps le plus habile en son art ». Ce dernier réussit à guérir le roi « en remplaçant le traitement énergique par des lénitifs selon la médecine grecque ». Darius, furieux d'avoir été mal soigné, aurait alors condamné les médecins égyptiens à être empalés. Ces derniers furent miraculeusement sauvés par leur confrère grec, qui demanda leur grâce auprès du souverain.

Dans les cours étrangères

Un certain nombre de sources épigraphiques et archéologiques témoignent de l'envoi de médecins égyptiens auprès des cours royales étrangères, attestant leur excellente réputation.

Des tablettes d'argile provenant des archives de la chancellerie des pays étrangers dans les ruines de Tell el-Amarna révèlent l'envoi de médecins égyptiens dans les royaumes voisins, vassaux de l'Égypte, en particulier le Mitanni et Ougarit. Ainsi un texte adressé à Aménophis IV lui demande de missionner un des praticiens de sa cour, afin de soigner un prince mitannien nommé Shama-Adda, qui n'avait pas de thérapeute[4]. Dans un autre texte daté du règne d'Aménophis IV, Niqmad, souverain du royaume d'Ougarit (sur la côte syrienne) exprime la demande suivante : « Mon seigneur, voudrais-tu envoyer deux pages de cour nubiens et un médecin du palais. Nous n'avons pas de médecin ici.[5]» En retour, les souverains avaient soin d'envoyer au pharaon la statue d'une divinité réputée pour ses vertus curatives. Témoin, un texte destiné au vieux roi Aménophis III par Toushratta, roi du Mitanni, qui lui attribue la statue de la déesse Ishtar afin de faciliter sa guérison, et « d'accorder longue vie au pharaon »[6]. Selon Gilles Boulu[7], ces pays, pourtant pourvus de médecins, n'avaient pas de praticiens d'une compétence comparable à celle de leurs confrères égyptiens.

D'autres sources corroborent ces faits: une partie de la correspondance diplomatique entre l'Égypte et le pays du Hatti après la bataille de Kadesh, retrouvée à Boghazkoï (Anatolie), sur le site de l'antique capitale du royaume hittite, Hattousa, fait état d'un besoin pressant de médecins égyptiens. Le souverain hittite avait même demandé à Ramsès un praticien pour traiter sa sœur stérile. Le pharaon lui en avait envoyé un, malgré son embarras, bien compréhensible – jugez plutôt : « Voyons maintenant, en ce qui concerne Maranazi, la sœur de mon frère, (moi) le roi ton frère, je la connais. Elle a 50 ans ? Jamais ! Elle en a 60, c'est évident !... Personne ne peut fabriquer des médicaments lui permettant d'avoir des enfants. Mais, naturellement, dans le cas où le dieu-soleil et le dieu de l'orage le souhaitent... j'enverrai un bon magicien et un médecin capable, et ils lui prépareront quelques drogues pour la procréation.[8]»

Un vassal du roi Hattousil III, Kurunta, avait également fait la demande d'un médecin à Ramsès qui avait satisfait à sa requête :

«Alors, j'ai convoqué un médecin érudit (littéralement: scribe et médecin), Pariamakku sera envoyé pour préparer des herbes pour Kurunta, roi de la terre des Tarhuntas. Il requit une (sélection) de toutes les herbes en fonction de ce que vous m'avez écrit.[9]» Il est probable que les Hittites tenaient en haute considération l'aptitude des Égyptiens à préparer des médicaments à base de plantes. Ce fait est corroboré par le texte faisant état de préparations pharmaceutiques envoyées à la place des médecins par Ramsès à Hattousil, qui souffrait d'ophtalmie.

Voici pour finir le cas de la princesse Bentresh, la belle-sœur de Ramsès II[10], touchée par une maladie considérée comme incurable par les médecins de son pays[11]. Une ambassade avait été envoyée à Thèbes pour demander au pharaon de désigner un médecin savant, capable de la soigner. Le scribe royal Djehoutiemheb, qui était probablement médecin, avait échoué dans sa mission et annoncé que seul le dieu Khonsou était capable de sauver la princesse. La statue du dieu fut donc envoyée dans sa barque sacrée, et parvint à la guérir. Le souverain de Bakhtan essaya de retenir chez lui l'effigie du dieu guérisseur, puis il dut, à la suite d'un songe, la laisser repartir à contre cœur.

Le transfert de compétences

Certes, l'ignorance de la médecine égyptienne pendant plusieurs siècles est en partie due au fait que les Égyptiens gardaient soigneusement secrètes certaines de leurs pratiques sacrées. Dans l'atmosphère calfeutrée des temples, le nom du grand lettré et prêtre (*ouâb*) de Sekhmet Hori ne se traduit-il pas par: « (celui) qui ne dit pas ce qu'il sait aux étrangers » ? Mais la présence de ces médecins égyptiens dans les différentes cours orientales a probablement favorisé des échanges de points de vue. Dès les débuts de la période pharaonique, d'ailleurs, des échanges commerciaux ont eu cours entre l'Égypte et l'Orient ancien, en particulier avec la côte syro-palestinienne.

On peut supposer que les marchands qui empruntaient les pistes caravanières entre le Nil et la vallée de l'Indus ont joué un rôle important dans la diffusion des plantes médicinales, même si l'on ne dispose pas de témoignage formel sur l'existence de rencontres entre les médecins égyptiens et orientaux. Gilles Boulu cite ainsi une glose du papyrus Ebers, mentionnant un échange de connaissances: « Un autre remède pour les deux yeux communiqué par un asiatique de Byblos.[12] » Si l'on tient compte de la politique de conquête des pharaons au cours du Nouvel Empire, qui a permis à l'Égypte d'étendre sa frontière nord jusqu'au bord de l'Euphrate, aux confins de la Mésopotamie, tout laisse penser que des échanges ont eu lieu à cette occasion: on tiendrait alors l'explication de nombreuses similitudes relevées entre la médecine égyptienne et assyro-babylonienne, que ce soit à propos des maladies, des pronostics, ou des traitements. Selon G. Contenau, on pourrait plus précisément établir des parallèles évidents entre les conceptions d'un traité assyrien sur les maladies de l'estomac et certains paragraphes du papyrus Ebers: autant de rencontres qui ne pourraient s'expliquer que par l'adoption d'une conception médicale commune dans le cadre d'échanges de savoirs[13].

Chez les Égéens et chez les Grecs

Dès la fin de l'Ancien Empire, des relations ont été établies entre les Égyptiens et les habitants de la Crète (« pays Keftiou »), les médecins égyptiens s'imprégnant de la science des insulaires, qui leur fournissaient certains médicaments : une recette du papyrus Ebers fait ainsi mention d'une « fève du pays Keftiou »[14]. Les médecins égyptiens se servaient même d'incantations en langue minoenne pour conjurer certaines maladies. Le papyrus de Londres (11.4 – 6) mentionne des « incantations pour la maladie cananéenne, c'est ce que disent dans ce cas les (habitants de Keftiou)… » Il s'agit sans doute d'un texte fourni dans le cadre d'échanges. Cette maladie cananéenne est probablement la lèpre lépromateuse connue sous le nom de *sara'a* dans la Bible (Lévitique, 13), une affection qui sévissait aussi en Syrie, en Palestine et de façon sporadique dans le delta[15]. Peut-être les médecins égyptiens se servaient-ils de cette incantation pour se prémunir contre cette maladie, dont ils s'étaient aperçus qu'elle ne tourmentait pas les Crétois[16].

Quant à la médecine grecque, il faudra attendre le début du XXe siècle pour que l'on tienne compte de l'apport égyptien à cette science tant admirée. Les propos d'Homère plaident pourtant pour la reconnaissance des médecins égyptiens par les premiers Grecs de la civilisation hellénique. Très tôt, des relations ont été établies entre les Hellènes et les Égyptiens, comme en témoigne un comptoir fortifié, le « mur des Milésiens », fondé au VIIIe siècle av. J.-C., par Milet, dans le delta du Nil. Des mercenaires ioniens et cariens, avec la flotte milésienne, avaient en effet aidé Psammétique I à prendre le pouvoir en Égypte en 664 : pour les remercier, ce dernier les installa dans un camp fortifié et leur confia des enfants égyptiens afin qu'ils apprennent le grec pour devenir interprètes[17]. Des échanges entre les deux civilisations se sont développés, en particulier avec l'installation sous la XXVIe dynastie (664-525 av. J.-C.)[18] de commerçants grecs à Naucratis, dans le delta. Cette ville est devenue par la suite un important foyer hellénique qui fut le théâtre de nombreux échanges tant économiques qu'intellectuels.

La Grèce a ainsi subi l'influence de l'Égypte grâce aux contacts précoces et privilégiés établis entre ces deux civilisations. Pour les Grecs, le voyage en Égypte était considéré comme la source de toute science et de toute sagesse. Sauneron a bien insisté sur le respect qu'avaient les savants grecs pour la science de ces étrangers, même si les prêtres égyptiens hésitaient, là encore, à livrer les secrets: «À parcourir les textes grecs anciens, on ne peut se défendre de l'idée qu'aux yeux de ces vieux auteurs, l'Égypte était comme le berceau de toute science et de toute sagesse. Les plus célèbres parmi les savants ou les philosophes hellènes ont franchi la mer pour chercher, auprès des prêtres, l'initiation à de nouvelles sciences. Et s'ils n'y allèrent pas, leurs biographes s'empressèrent d'ajouter aux épisodes de leur vie, ce voyage devenu aussi traditionnel que nécessaire.[19]»

On citera un certain nombre de savants et de philosophes qui ont séjourné en Égypte: Thalès de Milet (640-548) puis Pythagore (580-490), reçu par le pharaon Amasis. Platon lui-même s'est rendu à Héliopolis vers 390 av. J.-C. sous la XXIXe dynastie et comme l'écrit joliment Clément d'Alexandrie au IIIe siècle de notre ère: «Platon se rendit en Égypte... lui qui était maître tout-puissant à Athènes... devint simple voyageur et élève.[20]»

Les trois principales écoles de la pensée médicale grecque Cos, Cnide et Crotone avaient ainsi établi des relations étroites avec les médecins égyptiens. Témoin, l'école cnidienne dont les conceptions physiopathologiques entretiennent avec la science égyptienne d'étroites ressemblances. Les *perittôma* de l'école de Cnide sont par exemple très proches sur le plan conceptuel des *oukhédou*, suggérant une véritable filiation[21]. On peut donc penser que la présence de Cnidiens à Naucratis –reliée par un canal à Saïs, capitale égyptienne de la XXVIe dynastie–, a permis aux médecins grecs de l'école de Cnide d'entretenir des relations avec leurs confrères égyptiens de la fameuse école de médecine de Saïs, par l'intermédiaire du corps des interprètes.

Ces échanges ont également lieu avec l'école de Crotone. Ainsi dans l'épisode des médecins égyptiens de Darius évoqué par Hérodote, le médecin Démocède qui les a sauvés, membre des *periodeutes*, des médecins grecs itinérants et pédagogues, était considéré comme le chef de file de l'école de Crotone.

Hippocrate (460-377) lui-même, le célèbre maître à penser de l'école de Cos, a été influencé par la pensée médicale égyptienne[22]. Selon la légende, il aurait séjourné trois ans en Égypte après avoir suivi l'enseignement de son père et de son grand-père. Il se serait rendu du temple d'Imhotep à Memphis où il aurait appris de grandes choses de la sagesse des prêtres et du savoir des scribes dans le grand temple dédié à Sérapis. Il s'y serait perfectionné non seulement en médecine mais aussi dans l'art d'interpréter les rêves. On retrouve d'ailleurs un certain nombre d'emprunts d'Hippocrate à la médecine égyptienne: trois recettes de pronostic de naissance, presque intégralement copiées sur celles du papyrus Carlsberg[23], ou encore l'origine du sperme, qu'il situait dans l'épine dorsale. Le *Traité du cœur et des vaisseaux* pourrait aussi avoir inspiré Hippocrate dans sa description assez confuse du système cardio-vasculaire. Sans même parler de certains de ses aphorismes, dont la formulation rappelle les recommandations des papyrus. Son *péri arthrôn* n° 58, par exemple «les affections incurables on doit les connaître afin de ne pas causer de souffrances inutiles» ou bien l'aphorisme VI, 38: «Il vaut mieux ne pas traiter ceux qui ont des cancers occultes» évoquent le pronostic du papyrus Smith: «... une maladie pour laquelle on ne peut rien». Ailleurs, quand Hippocrate conseille: «... mais laissez les choses en l'état» (aphorisme I, 20, cité par 50) on pense au fameux: «Amarre-le à son pieu d'amarrage.»

Cet échange de savoir devait se poursuivre dans l'Égypte ptolémaïque. Après sa fondation par Alexandre le Grand en 331 av. J.-C., Alexandrie devint, sous la domination des Lagides, le plus important foyer de la culture hellénistique[24]. En plus du Mouseion (musée) et de la célèbre bibliothèque d'Alexandrie qui comprenait 700 000 papyrus, créés par Ptolémée Ier, une école médicale célèbre s'y développa, sous la direction de deux chefs de file, Hérophile et Érasistrate. Défiant les tabous grecs et égyptiens sur le respect des morts, Hérophile réalisa les premières dissections de l'Antiquité[25]. Il est probable que des relations se sont établies entre cette école de médecine d'Alexandrie et les médecins égyptiens puisque selon J. Yoyotte, les Grecs d'Égypte se sont peu imprégnés de la culture locale, et « la masse des informations égyptiennes décelable dans le corpus hippocratique remonte sans doute authentiquement à des emprunts antérieurs à Alexandre »[26].

À l'époque ptolémaïque, ce sont surtout des techniques que les praticiens grecs ont empruntées à la médecine égyptienne. Ainsi, un papyrus grec daté du IIe siècle av. J.-C. fait-il mention d'un précepteur apprenant l'égyptien afin de l'enseigner à son tour à de jeunes esclaves grecs, « en stage » dans une école de médecine dirigée par un spécialiste égyptien du clystère.

Cet exemple illustre bien par ailleurs le souhait des médecins grecs d'éviter toute hellénisation de la médecine égyptienne[27]. La médecine pharaonique a donc influencé le développement de la médecine grecque à la période pré-hippocratique. Ainsi, les prescriptions médicales des ostracons grecs trouvés en Égypte ne sont pas des traductions en langue égyptienne, mais elles reprennent les recettes hippocratiques[28].

La médecine hébraïque

Le séjour prolongé des Hébreux en Égypte depuis 1490 av. J.-C. sous Thoutmosis Ier jusqu'à leur fuite vers 1250 av. J.-C. sous le règne de Mineptah a laissé des traces non seulement dans leur vie quotidienne et dans leur vocabulaire mais aussi dans leur pratique médicale[380]. Subsistent ainsi de nombreuses similitudes entre les cinq livres mosaïques du Pentateuque et la médecine égyptienne, en particulier dans le domaine des techniques d'accouchement, de la circoncision et de la prévention des épidémies[381].

Ainsi l'*Exode* (1, 16) évoque-t-il des femmes égyptiennes accouchant en position accroupie, les pieds posés sur deux briques : « Et le roi d'Égypte parla hébreu aux sages-femmes, alors vous regarderez sur les deux briques… » Le Pentateuque, qu'on pense écrit aux VIIIe ou IXe siècles av. J.-C., remonterait en réalité selon A. S. Yahuda à une époque où les Hébreux étaient en Égypte, donc au XVe siècle av. J.-C. Selon lui, « les Hébreux avaient une connaissance large et parfaite de la médecine égyptienne, de ses méthodes et de sa pratique »[29]. Raymond Weill, quant à lui, a estimé que « l'Égypte fut certainement une des principales, sinon même la principale source de la littérature sapientiale d'Israël »[30]. Sur le plan médical, on note effectivement des coïncidences troublantes, dont la pratique de la circoncision. Zipporah, femme de Moïse, a ainsi circoncis son fils « à la manière des Égyptiens » (*Exode,* 4, 25). Sans compter les deux briques d'accouchement, elles aussi utilisées par les Hébreux (*Exode,* 1,16). Jacob même a fait l'objet d'un embaumement (*Genèse,* 50, 2-4) et a eu soixante-dix jours de funérailles, qui correspondent à la durée du dessèchement du corps dans le natron. On pourrait aussi rapprocher le traitement d'une affection des yeux : une onction de vésicule biliaire dans la Bible (*Tobias*, 6, 4-12) et dans le papyrus Ebers (n° 347 et n° 360) ; des dénominations proches de certaines affections comme la maladie cutanée (*sechem* en égyptien qui se disait *schechin* en hébreu) ou bien le mot vomir qui se dit *qaa* dans le papyrus Ebers et est traduit par *qu'ah* dans la Bible. On sait également qu'après la fin du royaume de Juda, un certain nombre de communautés juives se sont installées le long du Nil, comme à Éléphantine au VIe siècle av. J.-C. Mais il est probable que c'est l'importante colonie juive d'Alexandrie à l'époque ptolémaïque – elle comptait de nombreux médecins –, qui a joué le rôle le plus important dans la transmission du savoir égyptien[31].

Annexes

Les sources de nos connaissances sur la médecine égyptienne

Les sources dont on dispose pour étudier la médecine égyptienne sont les papyrus médicaux, les témoignages des voyageurs de l'Antiquité gréco-romaine, les ostracons, la Bible et les momies. Ces sources sont parfois parcellaires: les méfaits conjugués de l'homme et de la nature ont en effet entraîné la disparition d'une quantité importante de témoignages. L'exemple le plus connu est l'incendie de la grande bibliothèque d'Alexandrie fondée en 300 av. J.-C., qui contenait au total près de 100 000 ouvrages.

Les papyrus médicaux

Les récits des voyageurs grecs, bien souvent terrains de controverses, constituaient l'une des principales sources de connaissances directes ou indirectes avant les traductions des papyrus médicaux au XIXe siècle. En effet, ce n'est qu'en 1853 que Brugsh a réalisé la première traduction d'un papyrus médical. Dominique Spaeth a bien expliqué les problèmes posés par la traduction des papyrus médicaux, inhérents d'une part à la structure même de la langue et de l'écriture égyptienne, et d'autre part aux lacunes persistantes de notre vocabulaire, en raison de notre ignorance du sens de certains termes très précis employés notamment dans le domaine de la botanique.

Toutefois, certains égyptologues se sont attelés à cette tâche difficile en suivant deux méthodes. La première, la plus sûre, reposait sur « le rapprochement entre le copte (qui est l'évolution orthographiée en grec de la langue égyptienne pharaonique) et l'égyptien hiéroglyphique, ainsi que Champollion l'avait fait pour déterminer le vocabulaire égyptien de base »[3]. La deuxième méthode consistait à « rechercher des radicaux communs aux mots de langues égyptienne, grecque (de nombreux auteurs grecs, et notamment Dioscoride, ont conservé des noms d'origine égyptienne pour désigner les plantes dans leurs écrits), hébraïque (les Hébreux ont gardé jusque dans leur langue les traces de leur long séjour en Égypte) et arabes (les Arabes d'Égypte ont peu arabisé les noms anciens utilisés par leurs ancêtres pour désigner les plantes) »[1].

Les papyrus médicaux constituent actuellement les documents les plus fiables sur les connaissances médicales (même si ce sont le plus souvent des copies de textes plus anciens)[5] car ils donnent une vision directe des acquis de l'époque. Toutefois, il est difficile de se faire une idée complète à partir de cet ensemble de documents fragmentaires. D'autant que, comme l'a bien expliqué Thierry Bardinet, « ces textes sont essentiellement des manuels pratiques : ils ont été rédigés pour permettre à un médecin de diagnostiquer les pathologies dans son exercice quotidien et de proposer un traitement adapté. Ce ne sont pas des traités théoriques au sens moderne du terme (qui expliquent les maladies) et, pour cette raison, leur abord par un médecin du XXe siècle est difficile »[2].

Le papyrus Ebers

Actuellement conservé à la bibliothèque de l'université de Leipzig, il s'agit du plus important et du plus long papyrus médical actuellement disponible. Il doit son nom à son premier acquéreur, Georg Ebers (1837-1898), qui l'a acheté en 1872 à un Égyptien assurant l'avoir trouvé dix ans auparavant entre les jambes d'une momie dans une tombe à Thèbes. Ce papyrus long de plus de 20 mètres et large de 30 centimètres comporte 108 pages de 20 à 22 lignes, numérotées jusqu'à 110, (mais l'on passe directement de la page 27 à la page 30). Le texte, écrit en hiératique, est daté de la 9e année du règne d'Aménophis Ier (aux environs de 1550 av. J.-C.). Toutefois on est pratiquement certain qu'il s'agit de la copie d'un ouvrage plus ancien remontant à l'Ancien Empire, comme le prouvent les tournures grammaticales et un passage concernant un remède pour les cheveux dont une trace a été retrouvée dans un manuscrit datant de la VIe dynastie (environ 2500 av. J.-C.). Ce papyrus, étudié par Ebbel et Wreszinski, contient essentiellement 875 recettes hétéroclites juxtaposées sans suite logique. Il s'agit donc d'un traité de pharmacologie et de thérapeutique avec quelques descriptions cliniques, puisque 47 recettes seulement comportent un diagnostic. Le papyrus Ebers comprend des chapitres extrêmement importants dans l'histoire de la médecine comme « le grand traité du cœur et des vaisseaux ». Tous ces éléments justifient l'intérêt historique de ce papyrus que l'historien de la médecine

Thorwald a souligné : « Bien avant la venue des premiers thérapeutes grecs, un esprit médical existait déjà »[3].

Le papyrus Edwin Smith

Actuellement conservé à New York Academy of Medicine, il a été acquis en 1862 par un jeune égyptologue américain, Edwin Smith, à un certain Mustafa Agha, un commerçant de Louxor[4]. À la mort de Smith en 1906, sa fille a offert le papyrus à la New York Historical Society : confié à James Henry Breasted pour traduction, il fut publié par ses soins en deux volumes en 1930[16]. Il proviendrait de la même tombe de la nécropole de Thèbes que le papyrus Ebers[5] et daterait du début de la XVIIIe dynastie. Mais il est lui aussi la copie d'un papyrus antérieur, sans doute du début de l'Ancien Empire comme le suggère la structure grammaticale du texte. Longs de 4, 68 m au total et hauts de 33 cm, les 12 feuillets qui le composent sont couverts d'écriture hiératique, les titres écrits à l'encre rouge et le corps du texte en noir. L'ensemble est plus rationnel que ne l'est le papyrus Ebers. On n'y trouve qu'une seule référence à la magie, dans un cas d'ailleurs désespéré. Il existe donc une séquence logique, scientifique, dans la démarche de la pensée du médecin. Ce remarquable traité de pathologie chirurgicale, particulièrement bien organisé, comprend 49 observations rangées dans un ordre topographique descendant (crâne, face, cou, clavicules, épaules, poitrine, colonne vertébrale) décrivant au total la chirurgie des parties molles et la traumatologie. Chaque observation suit un plan précis et immuable, avec une description clinique, suivie d'un diagnostic, puis d'un verdict (équivalent à notre pronostic) et enfin du type de thérapeutique à adopter.

Le papyrus Hearst

Ce papyrus, subtilisé en 1899 au cours de fouilles à Deir el-Ballas, fut acquis par l'expédition américaine d'Hearst, publié par George A. Reisner en 1905[6], puis traduit en allemand par Wreszinski en 1912. Sans doute écrit pendant le règne de Thoutmosis sous la XVIIIe dynastie, il comporte 260 paragraphes avec des recettes médicales contre différentes affections de la peau, du cœur, de la vessie, du thorax; les douleurs dentaires; les parasitoses; la chute et le blanchiment des cheveux; les morsures, et des solutions pour immobiliser les membres fracturés. Une bonne partie des prescriptions se retrouve dans le papyrus Ebers.

Le petit papyrus de Berlin ou papyrus Berlin 3027

Sur une quinzaine de pages écrites vers 1450 av. J.-C. (XVIIIe dynastie), on trouve plusieurs prescriptions, en particulier des incantations magiques pour la protection des mères et des enfants ainsi qu'un traité des maladies infantiles. Selon Leca, il s'agit du «plus ancien traité de pédiatrie» connu à ce jour[7].

Le grand papyrus de Berlin ou papyrus Berlin 3038

Ce papyrus composé de 204 paragraphes et daté de la XIXe dynastie est conservé au musée de Berlin. Découvert par Passalacqua près de Saqqarah dans un vase de terre cuite enfoui à 10 pieds sous les sables du désert, il a été publié en 1909 par Wreszinski. Il s'agit du seul texte médical signé, au moins pour une recette: « C'était le scribe des écritures sacrées, le chef des excellents médecins, Netierhotep, (qui fit) le livre.[8]»

Le papyrus de Kahoun

Ce papyrus actuellement conservé à l'University College de Londres a été découvert en très mauvais état près du village d'Illahoun (Fayoum) en 1889, dans les ruines de la résidence pharaonique de Kahoun par Sir William Matthew Flinders Petrie. Restauré et traduit par Francis Griffith en 1898, il est aujourd'hui considéré comme le plus ancien papyrus médical, puisqu'il a été rédigé aux alentours de la XIIe dynastie (vers 2000 av. J.-C.). Il s'agit essentiellement d'un traité de gynécologie et d'obstétrique avec une partie concernant la médecine vétérinaire (écrite en hiéroglyphes)[9].

Le papyrus médical de Londres

D'origine inconnue, il a été acheté par le British Museum en 1860 à la Royal Institution de Londres. Ce palimpseste (manque la référence ou la glose) est daté de 1350 av. J.-C., sous le règne de Toutankhamon. Il se présente sous la forme d'un rouleau de 2,10 m de long sur 0,175 m de large. Il s'agit d'un traité de formules magiques comportant 63 recettes plus spécialement dirigées contre les maladies des yeux, des femmes et surtout contre les brûlures.

Le papyrus de Berlin n° 13602

Ce papyrus écrit en démotique datant du Ier siècle av. J.-C., comprend des prescriptions destinées à prévenir la grossesse.

Le papyrus Cheaster-Beatty n° VI

Conservé au British Museum, ce papyrus de la XIXe dynastie (vers 1300 av. J.-C.), sans doute copié à partir d'un texte original plus ancien, provient d'un vol commis sur des fouilles de Deir el-Medineh. Le recto est un traité des maladies de l'anus; le verso, lui, contient des recettes concernant les affections des seins, du cœur et de la vessie ainsi que des incantations.

Les papyrus magiques de Leyde n° 1343 et 1345

Ces papyrus découverts à Thèbes datent de la XVIIIe et de la XIXe dynasties. Cette copie d'un texte plus ancien contient essentiellement des remèdes et des formules magiques contre différentes affections dont la plupart sont indéterminées.

Les papyrus n° 47-218-48 et 47-218-85 du Brooklyn Museum

Ces deux papyrus de la XXXe dynastie (300 av. J.-C.) forment les deux parties d'un seul et même document, véritable traité d'herpétologie et d'ophiologie. Ils donnent la description des différents reptiles et les conséquences de leur morsure et des indications pour la prise en charge des malades[10].

Le papyrus de Carlsberg n° VIII

D'origine inconnue, il a été publié la première fois par Iversen en 1939. Trois fragments écrits en hiératique appartenant à ce manuscrit remontent aux XIXe et XXe dynasties[11]. Conservé actuellement à l'Institut égyptologique de l'université de Copenhague, il contient essentiellement des prescriptions gynécologiques et des pronostics de naissance.

Les papyrus Ramesseum III, IV et V

Ces papyrus publiés par Gardiner en 1955[12] ont été découverts en 1896 par James Quibell dans une tombe du Moyen Empire proche du Ramesseum. Le n° III traite des maladies oculaires et des maladies de l'enfant, le n° IV des maladies des femmes et des enfants tandis que le n° V concerne les *metou*. Ces papyrus sont à contenu médico-magique, sauf le n° V, purement médical, et faisaient partie de la bibliothèque privée d'un lettré de la XIIe dynastie.

Le papyrus Westcar

Ce papyrus traite des accouchements.

Le papyrus du Louvre E. 4864

Ce texte médical écrit au dos du papyrus du Louvre traite de remèdes pour les conduits (*met*) et pour le ver (*hefat*).

Les autres papyrus

On dispose de papyrus extra-médicaux intéressants pour l'étude de la médecine comme les papyrus magico-religieux, les papyrus littéraires qui mettent en scène des médecins dans leur pratique médicale et les papyrus administratifs qui informent sur l'organisation et l'administration de la médecine.

Les ostracons médicaux

Le contenu des ostracons, plus succinct que celui des papyrus, a livré des informations sur le type de traitement délivré ou sur les textes des incantations. Spaeth a recensé les différents ostracons disponibles[13]:

. L'ostracon du Caire n° 1091 est un éclat calcaire qui contient trois recettes; une pour écarter la souffrance; une pour écarter la toux; une pour le cœur.

. L'ostracon de Londres n° 297 trouvé sur le site d'Armana précise simplement «oindre le patient avec de la graisse de bœuf».

. L'ostracon du Louvre n° 3255 est un tesson de bouteille donnant des recettes pour les maux d'oreilles.

. L'ostracon de Berlin n° 5570 date de l'époque romaine et contient six recettes d'onguents.

. L'ostracon Milne C. I. est une incantation pour la protection des membres basée sur le principe de similitude.

. L'ostracon Medineh 1091 est une prescription «pour guérir toutes les maladies».

. L'ostracon ramesside de Thèbes est une incantation pour lutter contre les démons à l'origine d'une maladie.

. L'ostracon Ramesseum 35 est une incantation de protection contre les morsures de serpent.

Les inscriptions rupestres

Ces graffiti sont essentiellement ceux des membres des expéditions envoyées dans les mines et carrières qui évoquent la présence de médecins.

Les œuvres d'art, les monuments et les écrits non médicaux

L'art égyptien constitue pour l'historien de la médecine une source de documentation intéressante. Il existe en effet des dessins, des bas-reliefs et des statuettes représentant des personnes souffrant d'affections médico-chirurgicales. Enfin, des objets médicaux, chirurgicaux ou pharmaceutiques (pots anthropomorphes, boîtes à onguents) ont contribué à améliorer la connaissance de la médecine égyptienne.

L'interprétation médicale des dix plaies d'Égypte

Un certain nombre de récits, et en particulier celui de la Bible, font perdurer le souvenir de l'Égypte antique au cours des siècles. Les épisodes légendaires les plus connus de l'Ancien Testament sur cette civilisation sont : l'adoption de Moïse bébé retrouvé dans une corbeille d'osier sur les berges du Nil par la fille du pharaon mais surtout les « dix plaies d'Égypte » et la traversée de la mer Rouge par les Hébreux. Ce conflit opposa Moïse et son frère Aaron, soutenus par les interventions du Dieu d'Israël, au pharaon lui-même, représentant sur terre du dieu solaire Rê, et à ses prêtres-magiciens. Il marque une étape importante dans l'histoire des Hébreux. L'événement, amplifié, dramatisé et stylisé, occupe une place particulière dans la Bible, symbolisant l'affrontement entre deux peuples, deux cultures et deux conceptions divines qui aboutirent à une rupture complète.

Il correspond en effet à une profonde mutation sociologique des tribus d'Israël imprégnées d'une autre culture et passées du stade de nomades à celui de sédentaires, quatre siècles après l'installation de Joseph et de ses frères au pays de Goshen (ou Gessen), à l'est du delta, une région réputée pour sa fertilité. Les Hébreux étaient ainsi devenus éleveurs de troupeaux et agriculteurs sur des terres confiées par le pharaon, moyennant une redevance du cinquième de leurs produits (Genèse, 41, 35-47). Au cours de ce séjour dans la vallée du Nil, les descendants de Jacob, qui vivaient jusque-là en tribus et en clans, s'étaient unifiés pour constituer une nation et pour observer le culte d'un dieu unique, Yahvé. Mais au cours du XVIe siècle av. J.-C., la situation des Hébreux au pays de Goshen, jusque-là fort paisible, se dégrada sans crier gare.

Affolé par la démographie galopante des Hébreux, qui lui aurait fait craindre une alliance de ces derniers avec les ennemis de l'Égypte, le nouveau pharaon les contraignit à quitter les pâturages et à participer aux difficiles travaux de construction de Pi-Ramsès, la nouvelle capitale du royaume. En outre, afin de limiter la croissance des Hébreux, il avait ordonné aux sages-femmes d'étouffer les nouveau-nés mâles de ce peuple.

Moïse serait né dans ce contexte de persécution, vers 1350 av. J.-C., et aurait été déposé dans le fameux couffin en osier dans les flots du Nil. Recueilli par la fille du pharaon, il aurait été élevé au sein du Palais royal, jouissant ainsi d'une parfaite connaissance de la culture égyptienne et de l'état d'esprit du pharaon, qui accordait une importance fondamentale aux songes et aux signes annonciateurs.

Ce n'est qu'à l'âge adulte que Moïse aurait été informé de ses origines et sensibilisé aux souffrances de son peuple. À la suite d'une rixe, au cours de laquelle Moïse aurait tué un contremaître égyptien qui avait agressé un Hébreu, il se serait réfugié pendant quarante ans en terre de Madian, à l'est d'Akaba. Après sa vision du Buisson ardent, Moïse serait revenu au pays de Goshen pour demander au pharaon de laisser partir son peuple. Devant le refus de ce dernier, peu disposé à perdre une partie importante de sa main-d'œuvre, Moïse aurait réalisé une démonstration très symbolique en transformant son bâton en serpent (Exode, 7,10,12) pour le convaincre de la puissance du Dieu d'Israël. C'était là faire preuve de la plus grande habileté psychologique, comme l'a bien expliqué Sylvie Trémillon : « En toute autre circonstance, une telle velléité d'affranchissement se serait heurtée à une dure répression, éventuellement terminée dans un bain de sang. Ici, rien de tel : la culture mythologique, la superstition l'emportent sur le sens politique.[14] »

Face à l'intransigeance du pharaon, le dieu des Hébreux aurait infligé à l'Égypte entière, vers 1270 av. J.-C.[15], une série de fléaux annoncés l'un après l'autre par Moïse et désignés dans la Bible sous le terme d'*oth,* traduit par « plaies ». Mais ce mot hébreu peut également signifier « coup » ou « lettre » et être compris comme un « message de menace »[16]. Le récit de cet épisode nous est parvenu par l'intermédiaire des chapitres 7 à 12 de l'Exode, rédigé deux siècles plus tard. Sur la base des connaissances dont on dispose, essayons d'élaborer une explication rationnelle des « dix plaies d'Égypte » en tenant compte des données médicales, entomologiques, géographiques, astronomiques et météorologiques.

L'eau changée en sang

Pour la première plaie, Aaron a transformé les eaux du Nil en sang sur ordre de Moïse. Le pharaon n'a pas réagi à ce fléau et les magiciens égyptiens ont réussi à reproduire le geste des deux frères. Deux éléments méritent toutefois d'être soulignés dans les conséquences de la transformation opérée par Aaron : l'eau devenue non potable et la mort des poissons.

Quatre hypothèses ont été avancées pour expliquer ce phénomène. La plus courante évoque une éventuelle conséquence des crues du Nil dont on sait qu'elle arrache la terre ocre des rives du cours supérieur teintant ainsi l'eau en rouge. Ce phénomène périodique aurait pu être aisément prédit par Moïse, fin astronome et météorologue. La deuxième hypothèse évoquée est une recrudescence des cas de bilharziose urinaire responsable d'hématurie. Mais comment expliquer alors l'effroi suscité par une telle affection qui sévissait à l'état endémique chez les Égyptiens ? Sylvie Trémillon a donné une réponse pertinente à cette question : « Peut-on imaginer qu'à la suite d'une infestation massive de la population, l'hématurie conséquente ait pu teinter les eaux stagnantes et celles du Nil, alors à son niveau le plus bas et dont le courant est sensiblement ralenti ? Les Égyptiens ont dû, cette fois, être surpris de voir leur fleuve se colorer de rouge, à une époque aussi tardive ![17] »

La troisième hypothèse, fort intéressante, a l'avantage de donner une explication rationnelle aux autres plaies qui ont suivi. Elle a été soulevée en 1953 par Fage, qui a estimé que la couleur rouge du Nil était due à une prolifération brutale d'organismes végétaux aquatiques unicellulaires du groupe des dinoflagellés[18]. Cette hypothèse repose en grande partie sur le fait que les crues subites entraînent une multiplication importante de ces micro-organismes car elles charrient les sels nutritifs (nitrates, fer, phosphates) nécessaires à leur métabolisme. Deux arguments plaident en faveur du rôle étiopathogénique joué par les dinoflagellés dans cette première plaie. Le premier est le fait qu'ils renferment un stigma photorécepteur rouge vif capable de donner une fluorescence rougeâtre à la surface des eaux ; le second repose sur leur capacité à sécréter des toxines susceptibles d'empoisonner la plupart des poissons venant à leur contact[19].

La quatrième hypothèse, émise récemment par deux géologues, William Ryan et Gilles Lericolais, incrimine l'éruption du volcan Santorin au XVIIe siècle av. J.-C.[20] : « Au cours des deux jours que dura tout au plus son éruption, il éructa une trentaine de kilomètres carrés de cendres et de lave. » Cette éruption aurait entraîné un raz de marée répercuté sur les rivages de la côte égyptienne : une catastrophe naturelle qui expliquerait la couleur rouge du Nil. Selon Gilles Lericolais, ce sont les ignimbrites, « des roches formées par l'accumulation de débris de laves acides, tels que les rhyolithes », qui seraient responsables de cette teinte. En revanche, William Ryan a incriminé la teneur élevée des particules volcaniques en acide sulfurique qui aurait oxydé les roches ferreuses du lit du fleuve, donnant ainsi à l'eau des reflets rouille.

Les grenouilles infestent le pays

Devant l'intransigeance du pharaon, sept jours plus tard, Aaron provoqua l'invasion de l'Égypte par une nuée de grenouilles. Le terme même de « grenouille » a donné lieu à de multiples interprétations, d'autant que cet animal occupe avec le serpent une place importante dans la cosmogonie égyptienne, tenu avec lui pour le premier habitant de la terre primordiale.

Deux hypothèses permettent d'expliquer la prolifération des grenouilles. La première, évoquée par Jean Lescure, est « l'augmentation soudaine du taux d'humidité de l'air » qui entraîne dans un pays semi-désertique, après une période sèche prolongée, une migration massive des batraciens vers les points d'eau[21].

La deuxième hypothèse suppose une modification de l'écosystème consécutive au creusement de nouveaux points d'eau à la suite de l'empoisonnement du Nil. Or, les batraciens restent habituellement à l'état de léthargie au cours de l'hiver puis profitent du printemps, période d'activité sexuelle, pour se déplacer vers les mares pour assurer la fécondation et la ponte. De multiples points d'eau ayant été créés, en particulier à proximité des habitations, il est logique de penser que les grenouilles ont bénéficié d'un système écologique favorable à leur multiplication, d'autant que les femelles peuvent être très prolifiques – pondant jusqu'à un millier d'œufs chacune[22].

1. Papyrus Ebers.

2. Statue du médecin accroupi Ny Ankh Rê (V^{e} dynastie, vers 2500 av. J.-C.).

3. Stèle d'Iry.
Les hiéroglyphes indiquent qu'Iry était chef des médecins de la Cour, « ophtalmologiste du Palais, médecin du ventre, gardien du mouvement des entrailles royales, celui qui prépare le *bm* et qui connaît les humeurs internes du corps ».

4. La reine de Pount. Bas relief du temple de Deir el-Bahari.

5. Vase à lait en forme de déesse Thoueris, protégeant les femmes enceintes et celles allaitant. Ce récipient permettait l'écoulement du liquide par les mamelons.

6. Akhenaton et Néfertiti tendant leurs enfants vers les rayons du soleil.

7. Accouchement de Mut-en-Weye.
Dessin du bas-relief de la chambre natale d'Aménophis III (Temple de Luxor).

7 bis. Scène d'insémination.

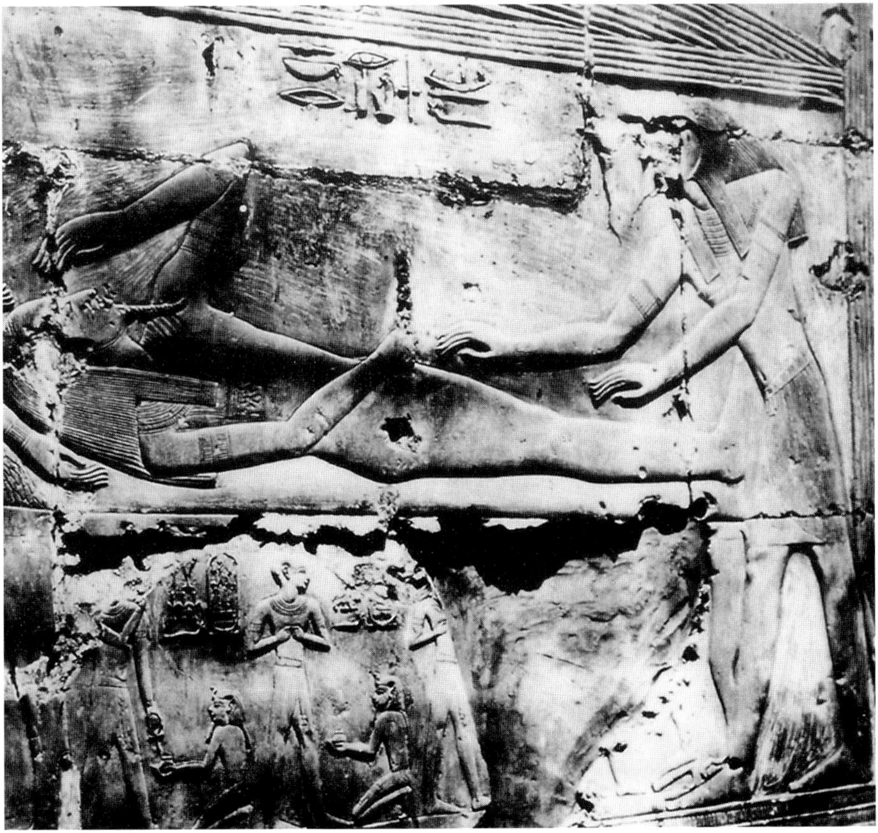

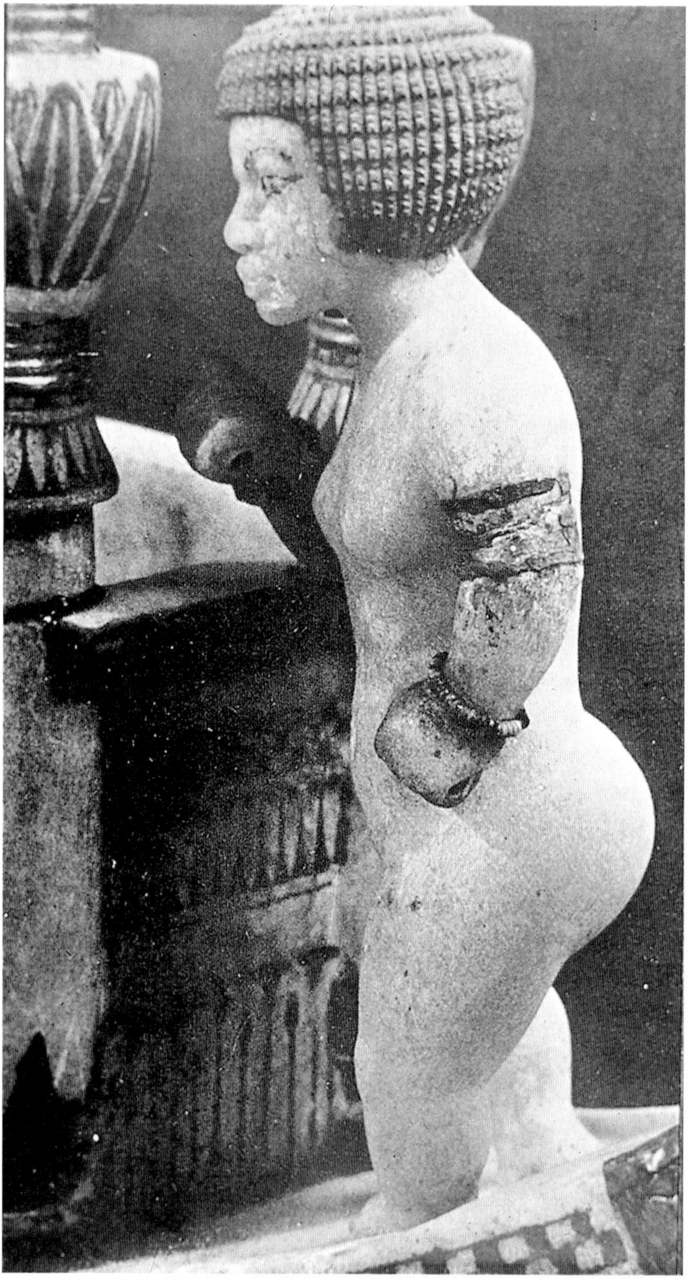

8. Naine achondroplasique du trésor de Touthankhamon.

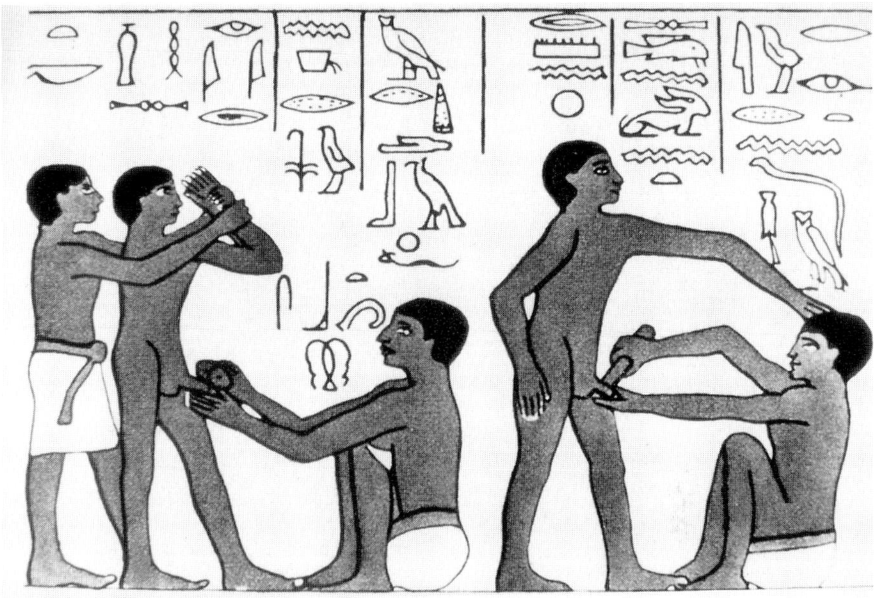

9. Scène de circoncision.
Tombe de Saqquarah (entre 2423 et 2262 av. J.-C.) d'un officier royal de haut rang.

10. Fresque de la tombe de l'architecte Ipuye à Thèbes (XIIIe siècle av. J.-C.). Réduction de la luxation du coude d'un ouvrier à la suite d'un accident du travail.

11. Stèle funéraire (XVIIIe dynastie). Séquelle de poliomyélite vers 1450 av. J.-C.

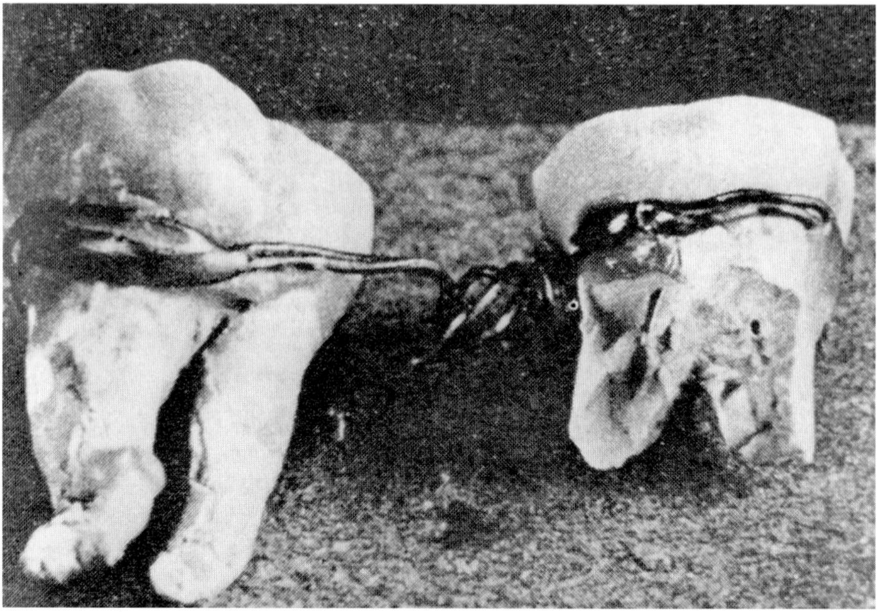

12. Prothèse dentaire.
Fil d'or enserrant les 2e et 3e molaires inférieures gauche (vers 2720-2660 av. J.-C.).

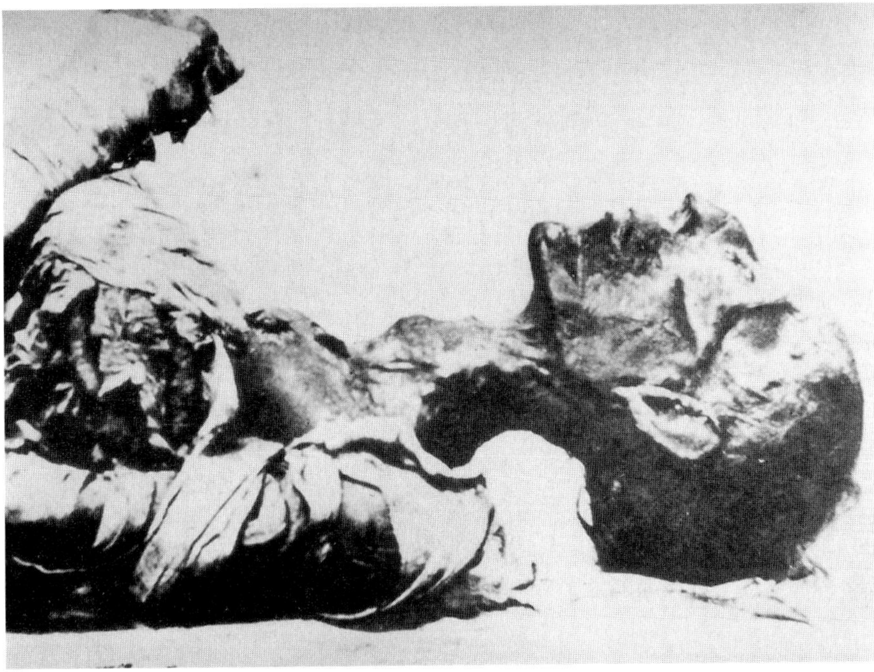

13. Momie de Ramsès II.
Tête, tronc et bras de la momie.

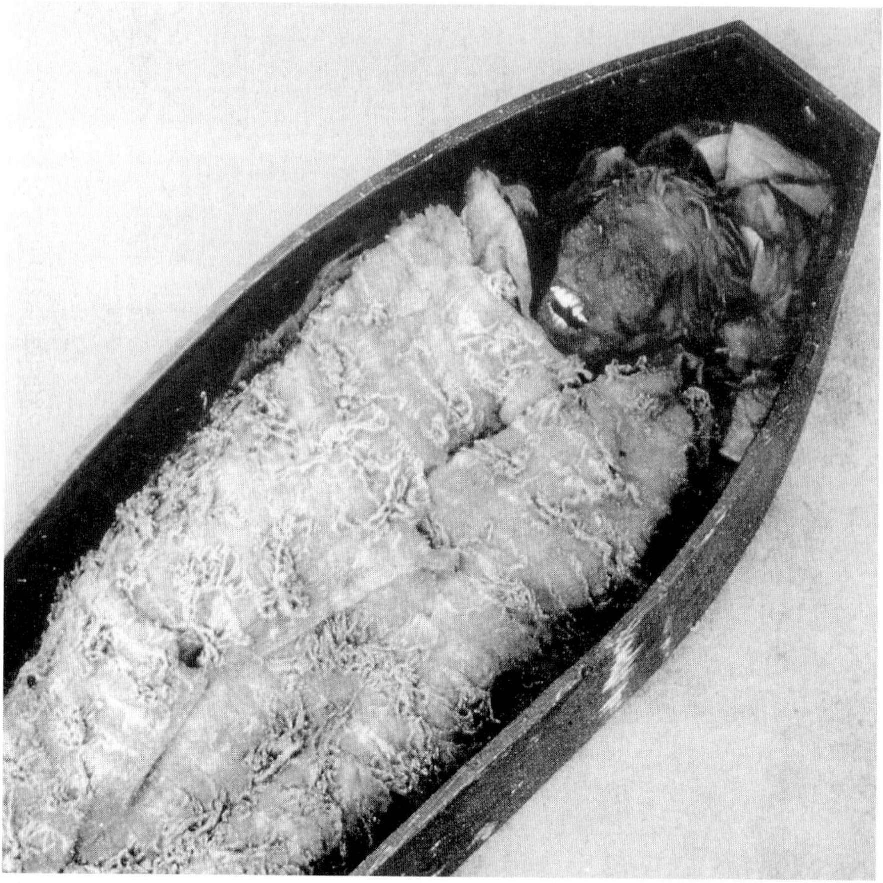

14. Momie.
Fouilles d'Antinoë (140-300 ap. J.-C.).

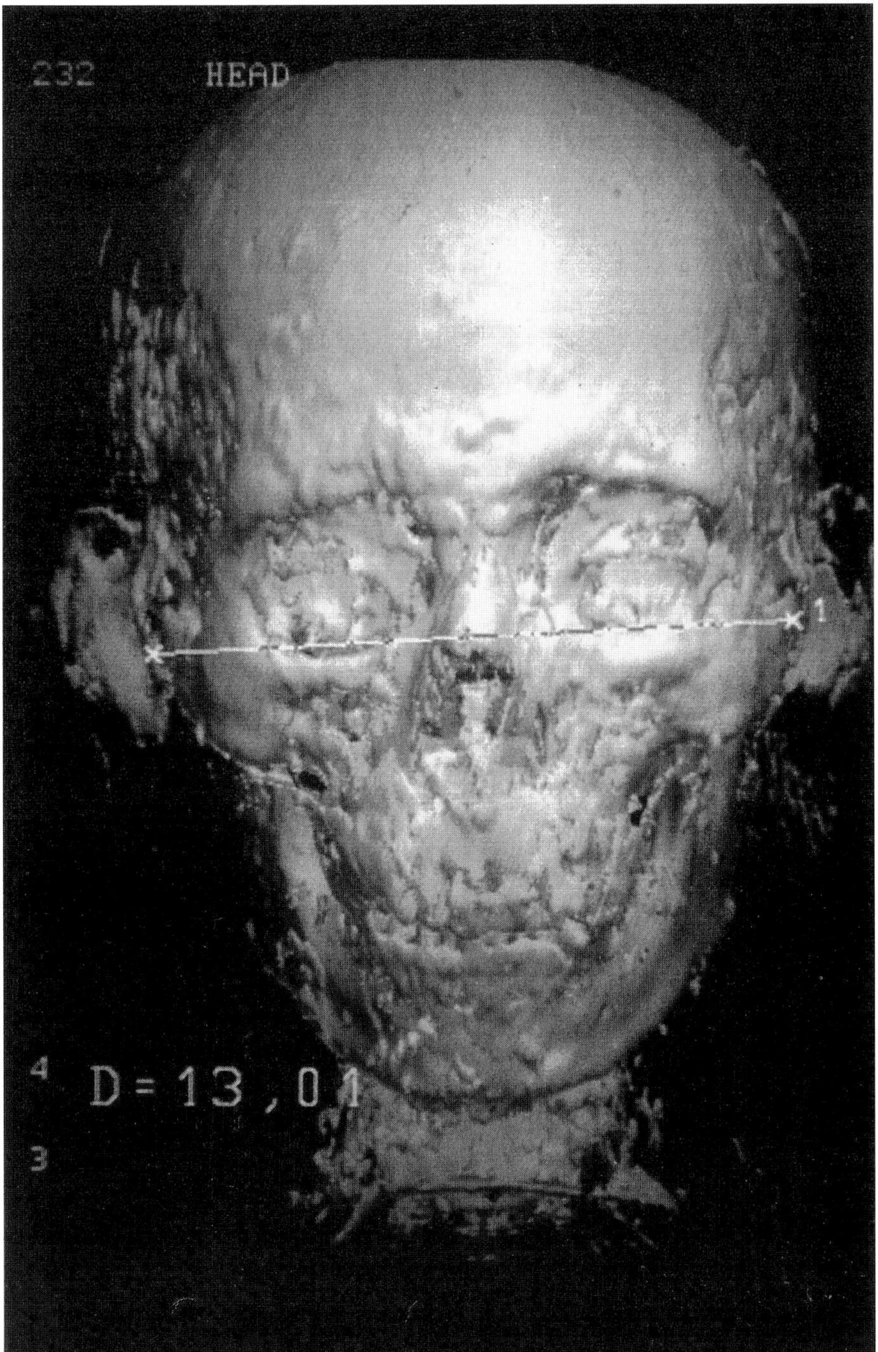

15. Reconstruction tridimensionnelle du crâne de face.

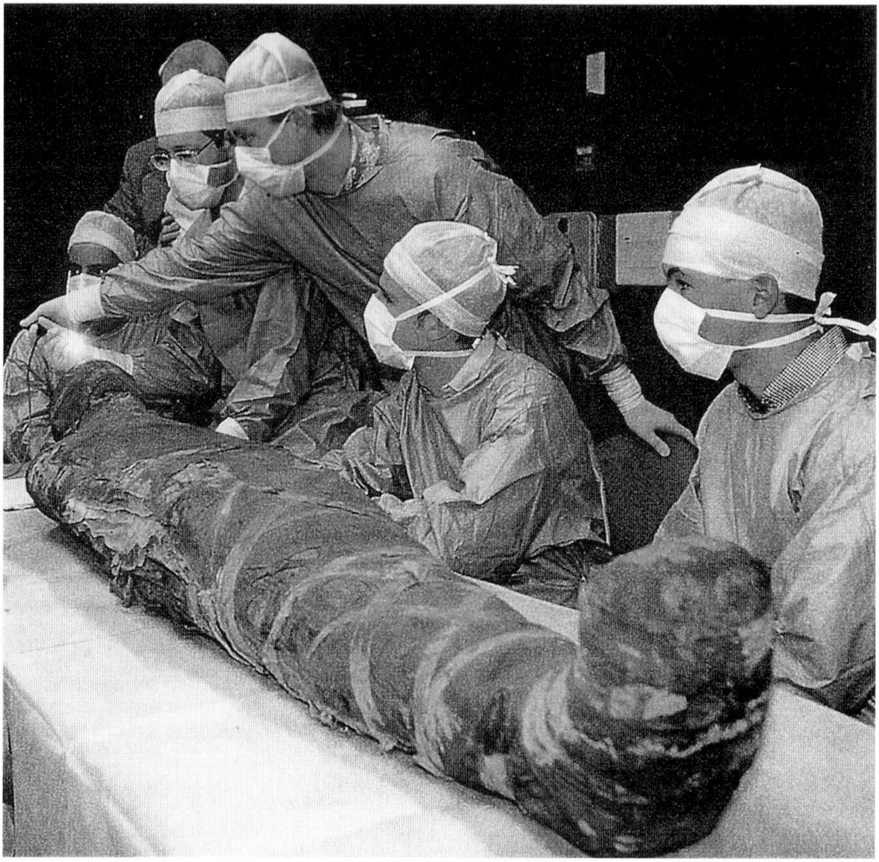

16. Examen cœliscopique d'une momie.

Les moustiques envahissent l'Égypte

Ce fléau qui n'a pas pu être reproduit par les magiciens égyptiens doit également être rattaché à la multiplication des points d'eau après l'empoisonnement du Nil. Il est intéressant de souligner que le pharaon n'a pas réagi à ce fléau qui survient habituellement dans les lieux chauds, humides et marécageux.

La vermine

Cette pullulation de mouches qui envahissaient les maisons des Égyptiens en épargnant celles des Hébreux devait probablement être un phénomène naturel, consécutif à la crue périodique du Nil et majoré par la putréfaction des grenouilles mortes.

Soulignons que les mouches et moustiques évoqués dans les troisième et quatrième fléaux sont susceptibles de transmettre un certain nombre d'affections humaines et animales. Les anophèles femelles sont les vecteurs du paludisme, les *Culex pipiens* ceux de la filariose de Bancroft, les *Aedes aegti* ceux de la dengue et de la fièvre jaune, et les diptères hémophages ceux d'agents pathogènes pour l'homme. Ainsi la classique mouche domestique est responsable du transport de nombreux germes tel que *Bacteridium anthracis,* responsable de la maladie du charbon, la *Chlamydia trachomatis* responsable du trachome ou la *Shigella dysenteriae* qui entraîne la dysenterie bacillaire.

La peste frappe le bétail

La cinquième plaie fut une maladie qui a dévasté tous les troupeaux de mammifères d'élevage (bovins, ovins, équidés) appartenant aux Égyptiens et épargné ceux des Hébreux. Il est difficile d'établir un diagnostic définitif en l'absence d'une description précise des symptômes. Quatre affections peuvent néanmoins être envisagées: la peste bovine, la fièvre aphteuse, la fièvre de la vallée du Rift et surtout la fièvre charbonneuse, cette dernière en raison de son caractère enzootique, du type d'animaux touchés et du pronostic grave de l'affection.

Les hommes et les animaux sont couverts de plaies

Le ciel fut plongé dans l'obscurité tandis que les corps des Égyptiens et ceux de leurs animaux se couvraient de pustules et d'ulcères, après que Moïse eut jeté en l'air une poignée de cendres.

Plusieurs affections ont été incriminées, en particulier la variole par Leca[23] et par Gemayel[24]. L'argument le plus important en faveur de ce diagnostic est la présence de séquelles de variole sur la momie de Ramsès II[25], qui témoigne de l'existence de cette maladie en Égypte à l'époque où s'est déroulé l'épisode des « dix plaies ». Toutefois la leishmaniose cutanée ou les myiases furonculeuses ne peuvent pas être éliminées devant l'aspect des manifestations cutanées. La pullulation de diptères quelque temps auparavant, dont on sait qu'ils sont responsables de ces deux maladies parasitaires, plaide pour cette hypothèse. Le fait que les Hébreux n'aient pas été victimes de cette affection pourrait être la conséquence de leur respect des règles de prévention qui leur imposaient d'isoler toute victime d'une lésion cutanée.

Une grêle s'abat sur l'Égypte

Après avoir dirigé son bâton vers le ciel, Moïse provoqua tonnerre et grêle, plongeant les Égyptiens dans la crainte mais protégeant les Hébreux et leurs troupeaux.

Deux hypothèses ont été évoquées. La première repose sur un phénomène météorologique très rare en Égypte mais observé à quelques reprises et en particulier en mai 1945 par l'égyptologue Pierre Montet : ce dernier assista à une pluie de grêlons de la taille d'une noix qui, à l'en croire, hachèrent les récoltes en cinq minutes, blessant hommes et bêtes[26]. On peut se demander si un tel phénomène ne s'est pas produit au moment où Moïse affronta le pharaon.

La seconde hypothèse, émise par Jean-François Royer, ingénieur en recherche sur le climat à Météo-France, évoque le rôle éventuel des particules émises par le volcan Santorin dans la constitution de « noyaux de condensation pluviogènes ou glaciogènes »[56]. Les grêlons peuvent en effet être constitués de glace mais aussi de cendres accrétionnées, les lapilli.

Les sauterelles

Il est possible que la violente pluie de la septième plaie ait pu favoriser l'éclosion et la pullulation des criquets migrateurs en phase grégaire. Au cours de ce phénomène, les criquets sont capables d'effectuer des déplacements importants pouvant atteindre jusqu'à 4 000 km en deux mois. Ils peuvent former des sortes de « nuages » de plusieurs milliards d'insectes allant jusqu'à couvrir 1 000 km[27]. L'invasion de sauterelles a été amenée par un vent d'est qui venait probablement du Moyen-Orient. Ce phénomène de grégarisme était particulièrement redouté par les paysans égyptiens qui arboraient des amulettes ayant la forme de cet insecte pour s'en protéger.

Les ténèbres

Cette neuvième plaie est riche de significations car le pharaon était considéré comme le fils de Rê, le dieu-soleil. Les trois jours pendant lesquels l'Égypte aurait été plongée dans les ténèbres ont suggéré deux hypothèses.

La première évoque un possible khamsin, un vent du désert qui souffle plusieurs fois par an et soulève un nuage de poussière et de sable assez dense pour obscurcir la lumière du jour.

La seconde hypothèse évoque la constitution d'un important nuage de particules émis par le volcan Santorin qui aurait plongé l'Égypte dans l'obscurité[28]. Un phénomène identique a été enregistré en 1991 aux Philippines après l'éruption du Pinatubo, l'émission d'une vingtaine de mégatonnes de dioxyde de soufre dans l'atmosphère et le rejet sur Manille de l'équivalent de 71 millions de semi-remorques de cendres, qui ont formé un dépôt de - 5 cm sur 4 000 km^2, tandis que la température moyenne mondiale diminuait de plusieurs dixièmes de degrés pendant deux hivers[29].

La mort des premiers-nés

Le plus terrifiant des fléaux fut celui où « l'Éternel frappa tous les premiers-nés dans le pays d'Égypte » en réponse au massacre des enfants hébreux par le pharaon. Tout en tenant compte de l'importance de la mortalité infantile qui sévissait alors en Égypte, un certain nombre d'hypothèses ont été soulevées devant cette épidémie de pronostic grave qui a touché avec prédilection les enfants mais aussi affecté les animaux.

On voit là d'habitude le récit d'une épidémie de peste. Toutefois, ce diagnostic ne peut être formellement établi, le terme de peste recouvrant de manière abusive de nombreuses affections gravissimes qui ont sévi au cours de l'Antiquité : ainsi la célèbre peste d'Athènes de 331 av. J.-C., qui était plus probablement une épidémie de typhus. Selon Dols, la peste bubonique n'a sévi en Égypte qu'après la conquête de ce pays par les Musulmans[30].

La poliomyélite antérieure aiguë ou la rougeole auraient pu être incriminées mais ces deux affections virales n'atteignent pas les animaux. Deux anthropozoonoses parasitaires ont été logiquement suspectées : la leishmaniose viscérale, transmise par le phlébotome, et surtout le paludisme[31]. Le rôle hypothétique de l'éruption du volcan Santorin est, là encore, envisageable, non pas en provoquant directement les épidémies, mais plutôt par une influence indirecte, comme l'a expliqué le docteur Bu-Hakah de l'OMS : « Les effets néfastes d'une catastrophe naturelle de ce type poussent les gens à se déplacer et à se regrouper. Si les eaux usées ne sont plus collectées, si l'hygiène se dégrade, faute d'eau propre, des maladies comme le choléra apparaissent extrêmement vite, parfois deux jours après l'éruption.[32] »

En somme, dans l'état actuel de nos connaissances et sur la base des descriptions de l'Ancien Testament, il n'est pas possible de déterminer avec précision la nature exacte de la dixième plaie d'Égypte qui a entraîné la mort du fils aîné du pharaon[33]. C'est à la suite de cette calamité que ce dernier, attristé, aurait autorisé les Hébreux à partir, comprenant que la puissance du dieu d'Israël avait surpassé celle du sien. Toutefois, il aurait vite regretté sa faiblesse et la perte de ses esclaves, et se serait lancé à leur poursuite avec son armée.

Au cours du fameux passage de la mer Rouge, immortalisé au cinéma par Cecil B. DeMille, les Hébreux auraient profité de l'ouverture des flots pour s'enfuir, tandis que l'armée du pharaon aurait été engloutie par les eaux : cette scène a été, comme « les dix plaies d'Égypte », l'objet de multiples interprétations, cette fois-ci d'ordre météorologique. La plus séduisante est évoquée par Doron Nof et Nathan Paldor, qui ont montré sur un modèle expérimental du bassin de la mer Rouge que « des vents modérés pourraient avoir rendu franchissable cette étendue d'eau de faible profondeur. En soufflant plusieurs heures durant dans le golfe de Suez, ils auraient eu pour effet de repousser les eaux en mur de 2,5 m de hauteur, qu'un simple changement de direction des vents suffirait à faire s'effondrer »[34].

Chronologie de l'Égypte ancienne

La chronologie qui suit s'appuie sur celle officiellement acceptée par le Département des antiquités égyptiennes du Louvre. Elle prend uniquement en compte les souverains les plus importants. Les datations données sont parfois approximatives et peuvent être légèrement différentes de celles que l'on trouve dans d'autres ouvrages.

Fin de l'époque préhistorique

Époque de Nagada I (3800-3500)
Époque de Nagada II (3500-3300)
Époque de Nagada III (3300-3100)
Unification de l'Égypte par le légendaire roi Narmer (ou Ménès).

Époque Thinite

1re dynastie (3100-2900 av. J.-C.)
2e dynastie (2900-2700 av. J.-C.)

Ancien Empire

3e dynastie (2700-2620 av. J.-C.)
Djeser (2680-2650)
4e dynastie (26200-2500 av. J.-C.)
Snéfrou (2620-2590)
Chéops (2590-2565)
Didoufri (2565-2558)
Chephren (2565-2558)
Mykérinos (2558-2533)
5e dynastie (2500-2350 av. J.-C.)
Sahouré (2492-2480)
Néférirkaré Kakai (2480-2470)
Néouserré (2453-2420)
Ounas (2380-2350)
6e dynastie (2350-2200 av. J.-C.)
Pépi Ier (vers 2300 ?)
Téti Ier (vers 2250 ?)
Morcellement du pouvoir et division du pays.

Première période intermédiaire

7e dynastie, *citée par l'historien grec Manéthon « 70 rois en 70 jours ».*
8e dynastie (2200-2150 av. J.-C.)
9e dynastie (2150-2100 av. J.-C.)
10e dynastie (2100-2050 av. J.-C.)
11e dynastie (2106-1963 av. J.-C.)
Réunification du pays vers 2033.

Moyen Empire

12e dynastie (vers 1963-1786 av. J.-C.)
Amenemhat Ier (1963-1934)
Sésostris Ier (1934-1898)
Amenemhat II (1898-1866)
Sésostris II (1866-1862)
Sésostris III (1862-1843)
Amenemhat III (1843-1798)
13e dynastie (1786-1650 av. J.-C.)
Morcellement du pouvoir puis montée en puissance des Hyksos.

Deuxième période intermédiaire

14e dynastie (1710-1650 av. J.-C.)
15e dynastie (1650-1550 av. J.-C.)
Occupation Hyksos
16e dynastie (1650-1550 av. J.-C.)
Deux dynasties Hyksos contemporaines
17e dynastie (1650-1550 av. J.-C.)
Dynastie thébaine contemporaine des 16e et 17e dynasties Hyksos

Nouvel Empire

18e dynastie (1550-1295 av. J.-C.)
Ahmosis (1550-1525)
Aménophis Ier (1525-1504)
Thoutmosis Ier (1504-1492)
Thoutmosis II (1492-1479)
Hatchepsout (1479-1457)
Thoutmosis III (1479-1425)
Aménophis II (1425-1401)
Thoutmosis IV (1401-1391)
Aménophis III (1391-1353)

Aménophis IV-Akhénaton (1353-1337)
Smenkharê (1338-1336)
Toutankhamon (1336-1327)
Aÿ (1327-1323)
Horemheb (1323-1295)
19e dynastie (1295-1186 av. J.-C.)
Ramsès Ier (1295-1294)
Séthi Ier (1294-1279)
Ramsès II (1279-1213)
Merenptah (1213-1203)
Séthi II (1200-1194)
20e dynastie (1186-1069 av. J.-C.)
Ramsès III

Troisième période intermédiaire
21e dynastie (1069-945 av. J.-C.)
22e dynastie (945-715 av. J.-C.)
23e dynastie (818-715 av. J.-C.)
Dynastie libyenne
24e dynastie (818-715 av. J.-C.)
Dynastie libyenne
25e dynastie (780-656 av. J.-C.)
Domination éthiopienne ou « kouchite »
Piânkhy (747-716)

Basse Époque
26e dynastie (664-525 av. J.-C.)
27e dynastie (525-404 av. J.-C.)
Première domination perse
28e dynastie (404-399 av. J.-C.)
29e dynastie (398-379 av. J.-C.)
30e dynastie (378-341 av. J.-C.)
Seconde domination perse 340-332 av. J.-C.

Époque Ptolémaïque
332-30 av. J.-C.
Alexandre le Grand (332-323)
Ptolémée Ier - Ptolémée XII
Cléopâtre VII (51-30)

Domination romaine
30 av. J.-C., l'Égypte est annexée par Auguste et devient province romaine.
641, arrivée des conquérants Arabes.

Notes

Introduction

1. C. Lichtenthaeler, *Histoire de la médecine*, Paris, Fayard, 1978.
2. A. Champdor, *Le livre des morts : papyrus d'Any, de Hunefer, d'Anhaï du British Museum*, 1 vol., Paris, Albin Michel, 1963.
3. D. Spaeth, *Pneumologie et cancérologie dans la médecine de l'Égypte ancienne à travers les écrits médicaux, l'art et les données de la paléopathologie*, Thèse de docteur en médecine, Nancy, 1990.
4. J. Vercoutter, *À la recherche de l'Égypte oubliée*, 1 vol., Paris, Gallimard, 1986.
5. N. Riad, *La médecine au temps des Pharaons*, Paris, Maloine, 1955.
6. H. E. Sigerist, *A History of Medicine: Primitive and Archaïc Medicine*, New York, Oxford University Press, 1951.
7. F. Jonckheere, *Les médecins de l'Égypte pharaonique*, Bruxelles, Fondation égyptologique reine Elisabeth, 1958.
8. A. P. Leca, *La médecine égyptienne au temps des pharaons*, Les Éditions Roger Dacosta, 1983.
9. W. Wreszinski, *Der Londoner medizinische Papyrus und der Papyrus Hearst in Transkription Übersetzung und Kommentar*, Leipzig, J.C. Hinrichs, 1912.
10. J. H Breasted, *The Edwin Smith surgical papyrus* (in fac simile and hieroglyphic translite ration with translation and commentary), Chicago, Chicago University Press, 1930.
11. B. Ebbel, *The papyrus Ebers*, Londres, Levin et Munksgaard ed, 1937.
12. E. Iversen, *Papyrus Carlsberg n°VIII*, Copenhagen, Munksgaard, 1939.
13. J. W. B. Barns, *Five Ramasseum papyri*, Oxford, Oxford University Press, 1956.
14. T. Bardinet, *Les papyrus médicaux de l'Égypte pharaonique*, Paris, Fayard, 1995.
15. E. H. Ackerknecht, «Anthropology today» cité par Dominique Spaeth, *op. cit.*

1. Profession : médecin

1. Papyrus Ebers n°854 a.
2. G. Boulu, *Le médecin dans la civilisation de l'Égypte pharaonique*, Thèse de docteur en médecine, Amiens, 1990, p. 52.
3. G. Rachet, *Dictionnaire de la civilisation égyptienne*, Paris, Larousse, 1998.
4. G. Posener, S. Sauneron, J. Yoyotte, *Dictionnaire de la civilisation égyptienne*, Paris, Fernand Hazan, 1971, p. 251.
5. Hérodote, Thucydide. *Œuvres complètes*, Bibliothèque de la Pléiade, Paris, Gallimard, 1964, II, p. 37.
6. Les premières représentations divines ont été rapportées au cours de la période prédynastique. Chaque tribu vivant le long de la vallée du Nil

avait son propre dieu, représenté par un animal. Au fur et à mesure de l'évolution, les représentations ont pris une forme humaine. Le panthéon égyptien, qui était très important, comprenait les dieux responsables des fonctions vitales (fertilité, naissance, fleuve Nil, récoltes...), les dieux funéraires, d'innombrables dieux locaux, parfois promis à un destin national, et les dieux cosmogoniques, qui avaient participé à la création du monde.

7. F. Lexa, *La magie dans l'Égypte antique*, Paris, Paul Geuthner, 1925.

8. E. Hornung, *L'esprit au temps des pharaons*, Paris, Hachette littératures, 1998, p. 49.

9. G. Rachet, *Dictionnaire... op. cit.*, p 153.

10. F. Daumas, *La civilisation de l'Égypte pharaonique*, Paris, Arthaud, 1987.

11. A. P. Leca, *op. cit.*

12. P. Hennequin, *Santé et hygiène de l'enfant dans l'Égypte Ancienne*, Thèse de docteur en médecine, Nancy, 2001, p 49.

13. T. E. Woodward, «Religion and medicine: an ancient relationship», *Maryland Medical Journal*, 1989, 38(7), pp. 568-572.

14. G. Posener, S. Sauneron, J. Yoyotte, *Dictionnaire de la civilisation égyptienne*, Paris, Fernand Hazan, 1971, p. 27.

15. H. Ey, *Naissance de la médecine*, Paris, Masson, 1981.

16. *Ibidem.*

17. C. Lichtenthaeler, *Histoire de la médecine*, Paris, Fayard, 1978.

18. Au cours de la phase précédente, dite primitive-magique, qui existe dans les sociétés tribales, l'homme considère que la maladie résulte d'une intervention étrangère qui justifie un traitement par l'intermédiaire du chaman «homme médecine» afin «d'extraire et de chasser le facteur causal». La troisième phase occidentale est celle qui a donné naissance à «une doctrine médicale positive basée sur une pensée scientifique» comme cela a été le cas pour Hippocrate.

19. D. Spaeth.... *op. cit.*

20. G. Lefebvre, *Essai sur la médecine égyptienne à l'époque pharaonique*, Paris, PUF, 1956, p. 9.

21. A. P Leca, *op. cit.*

22. G. Boulu... *op. cit.*, p. 13.

23. «Le médecin de pharaon», *Sciences et Avenir*, n°662, Avril 2002, pp. 32-34.

24. R. Picard, *op. cit.*, p. 50.

25. A. Von den Driesch, «Is There a Veterinary Papyrus of Kahoun?», *Historia Medicinae Veterinariae*, 26(3-4), pp. 105-106.

26. G. Boulu, *op. cit.*, p. 54. Un texte inscrit sur la tombe du directeur des prêtres de *Sekhmet* Petosiris mentionne aussi cette fonction: *«Tes troupeaux sont nombreux à l'étable grâce à la science des prêtres de Sekhmet».*

27. F. Jonckeere, *Les médecins... op. cit.*, p.131.

28. F. Jonckheere, «La place du prêtre de Sekhmet dans le corps médical de l'ancienne Égypte», *Actes du VIe congrès d'histoire des sciences*, Amsterdam, 1950, pp. 324-333.

29. D. Spaeth, *op. cit.*

30. G. Maspero, *Études de mythologie et d'archéologie égyptienne, 40 vol.*, Paris, E. Leroux, 1898., p. 302.

31. G. Boulu, *op. cit.*

32. R. Picard, *op. cit.*

33. G. Boulu, *op. cit.*, p. 55.

34. À la même époque, un certain Ptah-Hotep I est appelé « *le prêtre-ouâb de Sekhmet, inspecteur des médecins, Ounennefer* » sur son tombeau. Par ailleurs, une stèle du Moyen Empire datant d'Amenemhat III, précise le nom de Nedjemou-Seneb « *directeur des prêtres-ouâb de Sekhmet et chef des médecins* » Cf. G. Boulu, *op. cit.*

35. R. Picard, *op. cit.*

36. Y. Koenig, *Magie et magiciens dans l'Égypte Ancienne*, Pygmalion, Paris, 1994, pp. 20-22.

37. A. H. Gardiner, *Professional Magicians in Ancient Egypt*, Proceeding of the Society of Biblical archeology, Londres, 1917, XXXIX, pp. 31-44.

38. G. Boulu, *Le médecin... op. cit.*, p. 57.

39. Von Kanel a établi une différence entre les *Sa Serket* et les *Herep Serket*. Il a traduit le terme de *Sa Serket* par « protection de Serket » qui souligne l'aspect ritualiste du conjurateur, par opposition au rôle médical que traduirait le titre de *Herep Serket*. (*Les prêtres-ouâb de Sekhmlet et les conjurateurs de Serket*, Paris, PUF, 1984, p. 285).

40. Ce texte se trouve sur la statue guérisseuse de Djed-er-le-Sauveur cité par G. Boulu, *Le médecin... op. cit.*, p. 56.

41. G. Boulu, *op. cit.*

42. F. Jonckheere, *À la recherche du chirurgien égyptien. Chronique d'Égypte, XXVI*, 1951, pp. 28-45.

43. Hérodote, *Thucydide..., op. cit.*, p. 83.

44. Pline l'Ancien, *Histoire Naturelle*, Paris, Les Belles Lettres, Histoire Naturelle, XXVI, p. 4.

45. G. Boulu (*Le médecin... op. cit.*, p. 61) cite un certain nombre de ces spécialistes sous l'Ancien Empire, Ouaï I et Neferthes : « médecin des yeux » du palais et d'Irenakhti II. Sous le Nouvel Empire, il mentionne Houy, intendant et chef des « médecins des yeux » du palais. Enfin, à la Basse-Époque, il cite un autre Ouaï II et Padihor.

46. G. Lefebvre, *Essai sur la médecine égyptienne à l'époque pharaonique*, Paris, PUF, 1956, p. 59.

47. T. Nickol, R. Germer, S. Lieberenz, F. Schmidt, W. Wilke, « An examination of the dental state of an Egyptian mummy by means of computer tomography : a contribution to dentistry in Ancient Egypt », *Journal of the History Dentistry*, Nov. 43(3), 1995, pp. 105-112.

48. G. Boulu, *Le médecin... op. cit.*, p. 63.

49. On connaît le nom de deux autres dentistes attachés au palais royal portant le titre de « *Our Ibhy Per Aa* » soit « chef des dentistes du palais ». Il s'agit de Ny-Ankh-Sekhmet, doyen des médecins du palais sous la Ve dynastie. Selon Ghalioungui, le fait qu'aucun des deux *Ibhy* n'ait été médecin contrairement au « *chef des dentistes* » laisse entendre qu'ils pouvaient avoir

rempli les fonctions d'assistant technique ou encore d'élève; cf. P. Ghalioungui, *La médecine... op. cit.*

50. L. Viso, J. Uriach, The «guardians of the anus» and their practice, *International Journal of Colorectal Disease,* 10(4), 1995, pp. 229-231. Khouy et Irenakhti II qui ont vécu sous l'ancien l'Ancien Empire au cours de la VIe dynastie ont, eux-aussi, exercé la fonction de bergers de l'anus.

51. Hérodote, *Thucydide..., op. cit.*

52. Diodore de Sicile, Paris, Les Belles Lettres, 1972.

53. P. Ghalioungui les a comparé aux iatroklystes chez les Grecs.

54. D. Spaeth, *op. cit.*

55. Hérodote, *op. cit.*

56. F. Jonckeere, «Le cadre professionnel et administratif des médecins égyptiens», *Chronique d'Égypte,* XXVI/52, pp. 237-268.

57. A. P. Leca, *La médecine...*, p. 106.

58. D. Meeks, «Notes de lexicographies», *Bulletin de l'Institut français d'archéologie orientale,* Le Caire, LXXVII, 1977, pp. 87-88.

59. G. Boulu, *op. cit.*

60. F. Jonckheere, *op. cit.*

61. G. Boulu, *op. cit.*

62. P. Ghalioungui, *op. cit.*

63. A. P. Leca, *op. cit.*

64. G. Godron, «Notes sur l'histoire de la médecine et l'occupation perse en Égypte» in *Hommage à François Daumas,* Montpellier, Publications de l'Université de Montpellier, 1986, pp. 285-287.

65. G. Boulu, *op. cit.*

66. T. Bardinet, *Les médecins dans la société égyptienne à l'époque des pharaons. Mythe et réalité,* Medecina nei Secoli, 9,2, 1997, pp. 177-188.

67. T. Bardinet, *ibid.*

68. R. Picard,*La médecine magique dans l'Égypte ancienne: notions fondamentales et concepts neuropsychiatriques,* Aix Marseille 2, 1999,p. 37

69. C'est ce que suggère la séquence des titres portés respectivement par Nesemnaou et par Niânkhkh-noum-Memi qui étaient respectivement « *maitre médecin*» (qui était un titre extra-palatin) et « *médecin du palais*».

70. On connaît un certain nombre de médecins qui ont exercé la fonction de « *grand des médecins*» comme Ni-ânkh-Sekhmet qui était le médecin du roi Sahourê qui a vécu vers 2400 av. J.-C. ou Khouy de la VIe dynastie sous les règnes de Teti et de Pépi I vers 2300 av. J.- C..

71. *Ibid.*

72. *Ibid.*

73. On en connaît deux à ce jour, en particulier un certain Herychefnakht.

74. Bakenkhonson qui avait le titre de « *Grand des médecins du maître des deux terres*» a vécu à Thèbes à la 3e Période intermédiaire (XXIe- XXVe dynastie).

75. G. Boulu, *op. cit.*

76. W. Helck, Eine Briefsammlung aus der Ver waltung des Amuntemples, *JARCE,* 1967, VI, pp. 135-151.

77. G. Boulu, *op. cit.*
78. *Ibid.*
79. *Papyrus Ebers, n°854.*
80. *Papyrus Ebers, n°188 bis.*
81. O. Nanetti, *Riserche sui medici e sulla medicina nei papiri, Aegyptus,* 1941, XXI, pp. 304-314
82. G. Boulu, *op. cit.*
83. G. Boulu, *ibid.*
84. Diodore de Sicile, *op. cit.*
85. J. Czerny, « Quelques ostracas hiératiques inédits de Thèbes au musée du Caire », *Annales du service des antiquités égyptiennes,* 1927, XXVII, pp. 183-210.
86. G. Boulu, *op. cit.* Le «khar» correspond à environ 76 litres.
87. J. J. Janssen, *Comodity prices from the Ramessid period,* Leiden, EJ Brill,1975, p. 460.
88. Comme le suggère un fragment du papyrus du Vatican de la XIXe dynastie qui relate les paiements réalisés à plusieurs individus dont un médecin de la nécropole. Il en est fait mention dans le papyrus de Turin 1880 daté de l'an 29 du règne de Ramsès III. Plusieurs papyrus de la période ptolémaïque (330 av. J.-C.) font aussi mention du versement d'une taxe versée par les Clerouques (colons grecs) aux médecins. Toutefois il s'agit d'un témoignage tardif.
89. W. F. Edgerton, «The strikes in Ramesses III's Twenty ninth year», *Journal of Near eastern Studies,* 1951, X, 142-143.
90. R. Picard, *op. cit.*
91. G. Boulu, *Le médecin... op. cit.,* p. 156.
92. F. Jonckheere, *Les médecins de l'Égypte pharaonique,* Bruxelles, Fondation égyptologique de la Reine Elisabeth, 1958.
93. P. Martinez, *Égypte. Civilisation,* Paris, Liana Levi, 1999, p. 94.
94. *Ibid.*
95. H. Brunner, *L'éducation en ancienne Égypte* in G. Mialaret, J. Vial, *Histoire mondiale de l'éducation,* Paris, PUF, 1987.
96. P. Martinez, *op. cit.*
97. G. Lefebvre, *op. cit.*
98. Diodore de Sicile, *op. cit.,* p.122
99. *Ibid.*
100. J. F., Nunn *Ancient Egyptian medicine,* University of Oklahoma Press, 1996, p. 130.
101. P. Martinez, *op. cit.*
102. G. Boulu, *op. cit.,* p 42.
103. P. Martinez, *op. cit.,* p. 95.
104. O. Sarrazin, *La pathologie cardio-vasculaire dans l'Égypte Ancienne,* Thèse de docteur en médecine, Faculté de médecine de Créteil, 2001.
105. G. Posener cité par R. Picard, *op. cit.,* p. 33.
106. A. Gardiner, « The house of life », *Journal of Egyptian archeology,* 1938, 24.
107. D'ailleurs, à l'époque tardive, lorsque l'écriture hiéroglyphique a

été réservée aux seuls prêtres, les hiéroglyphes ont été dénommés « *Les écrits de la maison de vie* ». B. Gunn, Interpreters of dreams in Ancient Egypt, *Journal of Egyptian Archeology*, 1917,4, p. 252.

108. A. Volten, *Demotische tramdeutung* (papyrus Carlsberg XIII), Copenhagen munksgaard, 1942, Analecta Aegyptiaca, p. 20.

109. G. Lefebvre, *op. cit.*

110. P. Martinez, *op. cit.*

111. G. Lefebvre, *op. cit.*

112. A. Gardiner, art. cit., p. 157-179. Le titre de «*professeur de la maison de vie*» retrouvé chez un personnage constitue une preuve indirecte que l'instruction était délivrée dans les maisons de vie.

113. G. Boulu, *op. cit.*, p. 46.

114. Elle est aujourd'hui conservée au musée du Vatican ; cf. A. P. Leca, *op. cit.*, p. 123.

115. R. Picard, *La médecine... op. cit.*, pp. 34-36.

116. G. Boulu, *Le médecin... op. cit.*, p. 46.

117. A. Gardiner, *The house of life..., art. cit.*

118. G. Boulu, *Le médecin... op. cit.*, p. 47

119. F. Von Kanel, *Les prêtres-ouâb... op. cit.*

120. F. Jonckheere, Le « préparateur de remèdes » dans l'organisation de la pharmacie égyptienne in *Aegyptologische Studien*, H. Grapow, Berlin, Akademie der wissenschafter zu Berlin, Institu für orient forschung, 29, pp. 149-161.

121. G. Boulu, *Le médecin... op. cit.*, p. 47.

122. Grâce aux papyrus médicaux, principalement ceux d'Ebers et de Smith, on peut avoir une idée de la manière dont le médecin réalisait l'examen de son malade.

123. G. Lefebvre, *Essai... op. cit.*

124. Papyrus Smith n°20.

125. T. Bardinet, *Les papyrus... op. cit.*, p. 113.

126. Papyrus Ebers n°295.

127. Papyrus Smith.

128. J.-P. Lethor, *Du cœur et des vaisseaux dans l'Égypte Ancienne : étude de textes, étude de momies.* Thèse de docteur en médecine, Nancy 1, 1989, p. 65.

129. J. G. W. Gispen, *Measuring the patient in Ancient Egypt medical texts*, Janus, 1967, 54, pp. 224-227.

130. B. Ebbel, The papyrus Ebers, Londres, Levin et Munksgaard, 1937.

131. J. H. Breasted, *The Edwin Smith surgical papyrus* (in fac simile and hieroglyphic translite ration with translation and commentary), Chicago, Chicago University Press, 1930.

132. J.-P. Lethor, *Du cœur... op. cit.*, p. 65.

133. D. Spaeth, *Pneumologie... op. cit.*, p. 93.

134. H. M. Atta, «Edwin Smith Surgical Papyrus : the oldest known surgical treatise», *American Surgeon,* décembre 1999, 65(12), pp. 1190-1192.

135. R. Picard, *La médecine... op. cit.*, 1999, p. 19.

136. H. G. Koenig, «Religion and medicine I : historical background and

reasons for separation», *International Journal of Psychiatry in Medicine,*_2000, 30(4), pp. 385-98.

137. Diodore de Sicile, *op. cit.*

138. G. Bontemps, *La médecine en Égypte pharaonique,* Thèse de docteur en médecine, Angers,1990.

139. P. Ghalioungui, *La médecine..., op. cit.*, p. 18.

140. P. Hennequin, *Santé... op. cit.*, p. 49.

141. P. Ghalioungui, *La médecine... op. cit.*, p. 18.

142. P. Hennequin, *Santé... op. cit.*, p. 50.

143. R. Picard, *La médecine... op. cit.*, p. 59.

144. T. Bardinet, *op. cit.*, pp. 39- 48.

145. *Ibid.*

146. *Ibid.*

147. R. Picard, *La médecine... op. cit.*, p. 63.

148. T. Bardinet, *op. cit.*, p 487.

149. Y. Koenig, *Magie et magiciens dans l'Égypte Ancienne,* Pygmalion, Paris, 1994.

150. R. Picard, *La médecine... op. cit.*, p. 63.

151. N. Riad, *La médecine au temps des Pharaons,* Paris, Maloine, 1955, p. 244.

152. P. Hennequin, *Santé ... op. cit.*, p. 58.

153. « Daumas, le sanatorium de Dendera», *Bulletin de l'Institut français d'archéologie orientale,* 56, Le Caire, 1957. pp. 35-37

154. P. Hennequin, *Santé ... op. cit.*, p. 59.

155. N. Riad, *La médecine... op. cit.*, p. 249.

156. B. Ebbel, The papyrus Ebers... *op. cit.*

157. J. F. Nunn, *Ancient Egyptian medicine,* University of Oklahoma Press, 1996, p. 140.

158. Papyrus Ebers n° 799.

159. W. C. Bowman, «Drugs ancient and modern.», art. cit.

160. A. Zumla, A. Lulat , « Honey: A remedy rediscovered», *Journal of the Royal Society of Medicine,* 1989, pp. 384-385.

161. G. Boulu Gilles, *op. cit.*,p. 73.

162. R. P. Feldman, J. T. Goodrich, «The Edwin Smith Surgical», *Papyrus Childs Nervous System,* Juillet 1999, 15(6-7), pp. 281-284.

163. S. K. Hamarneh, «Excavated surgical instruments from Old Cairo, Egypt», *Annali dell'Istituto e Museo di Storia della Scienza di Firenze,* 1977, 2.

164. Le cas Edwin Smith n°7.

165. Mentionné dans le papyrus Ebers.

166. A. Lucas, J.R. Harris, *op. cit.*

167. Préparation citée dans le papyrus Smith.

168. Cas n°28 du papyrus Edwin Smith.

169. J.H., Breasted, *The Edwin Smith..., op. cit.*

170. G.-P. Menard, *Les techniques chirurgicales dans l'antiquité égyptienne,* Thèse de docteur en médecine, Lyon 1, 1991, p. 100.

171. J.H. Breasted, *The Edwin Smith..., op. cit.*

172. Comme il est signalé dans le papyrus Edwin Smith.
173. G. Lefebvre, *Essai sur la médecine..., op. cit.*
174. Dans les cas n°2, 9, 10 et 47 du papyrus Edwin Smith.
175. A. Lucas, J.R. Harris, *Ancient Egyptian Materials..., op. cit.*, p. 319.
176. J.H. Breasted, *The Edwin Smith... op. cit.*
177. G. Lefebvre, *Essai sur la médecine..., op. cit.*
178. Cas n°41 du Papyrus Smith.
179. Pline l'Ancien, *Histoire Naturelle..., op. cit.*
180. J.H Breasted, *The Edwin Smith..., op. cit.*
181. Cas n°51c du papyrus de Brooklyn.
182. Pline l'Ancien, *Histoire Naturelle..., op. cit.*.
183. N. Riad, *La médecine..., op. cit.*, p 249.
184. J. F. Nunn, *Ancient Egyptian ..., op. cit.*
185. L. Baslez, *Les poisons dans l'Antiquité égyptienne*, Thèse de docteur en médecine, Paris, 1932.

2. Sur la piste des momies

1. P. Hennequin, *Santé et hygiène..., op. cit.*, p. 75.
2. Pline l'Ancien, *Histoire naturelle..., op. cit.*, p. 5.
3. L. L. Wiltse, T. G. Pait, «Herophilus of Alexandria (325-255 B. C.). The father of anatomy», *Spine*, Sept. 1998, 23(17), 1904-1914.
4. J.-P. Lethor, *Du cœur et des vaisseaux dans l'Égypte Ancienne: étude de textes, étude de momies*, Thèse de docteur en médecine Nancy 1, 1989, p. 60.
5. G. Lefebvre, *op. cit.*
6. M. A. Dollfus, *Les connaissances ..., op. cit.*, p. 2.
7. S. Sauneron, «Une conception anatomique tardive», *Bulletin de l'institut français d'archéologie orientale*, 1952, 51, pp 61-62.
8. J. Assmann, *Images et rites de la mort dans l'Égypte ancienne*, Cybèle, 2000.
9. G. Rachet. *Dictionnaire..., op. cit.*, p. 171.
10. F. Dunand, R. Lichtenberg, *Les momies... op. cit.*
11. J. Koller, U. Baumer, Y. Kaup, H. Etspuler, U. Weser, «Embalming was used in Old Kingdom», *Nature*, 1998, Jan 22, 391(6665), pp. 343-344.
12. J.-C. Goyon, P. Josset, *Un corps pour l'éternité, autopsie d'une momie*, Paris, Le Léopard d'or, 1988.
13. F. Dunand, R. Lichtenberg, *Les momies ..., op. cit.*
14. B. Brier, R. Wade, «The use of natron in Egyptian mummification: preliminary report», *Paleopathology Newsletter*, Janv. 1995, (89), pp. 7-9.
15. L. Millo, *La mort chez les Égyptiens*, Thèse de docteur en médecine, Aix Marseille 2, 1992, p. 94.
16. J. Assmann, *Images et rites de la mort dans l'Égypte ancienne*, Paris, Cybèle, 2000.
17. M. Bucaille, *Les Momies des pharaons et la médecine*, Paris, Séguier, 1987.
18. J. Sluglett, «Mummification in ancient Egypt», *West of England Medical Journal*, Déc. 1990, 105(4), pp. 117-119.
18. T. A. Reyman, «Les momies égyptiennes», *La Recherche*, 1984, 14, 792-799.

20. M. E. Salem, G. Eknoyan, «The kidney in ancient Egyptian medicine: where does it stand?», *American Journal of Nephrology*, 19(2), 1999, pp. 140-147.
21. L. Millo, *La mort..., op. cit.*,p. 98.
22. Hérodote, *Thucydide..., op. cit.*
23. Diodore de Sicile..., *op. cit.*
24. Hérodote, *Thucydide..., op. cit.*
25. M. Bucaille. *Les Momies..., op. cit.*
26. P. Morice, *La gynécologie..., op. cit.*, p. 28.
27. L. Henrion, *L'athérosclerose dans l'Égypte ancienne*, Thèse d'exercice de Médecine, Nancy 1, 1997, p. 95.
28. D. Spaeth, *Pneumologie..., op. cit.*, p. 143.
29. A.B. Granville, *An essay on Egyptian mummies with observations on the art of ambalming among the Ancient Egyptians*, Philosophical Transactions of the Royal Society, 115, 1825, pp. 219-319.
30. D. Revelat, *Pensées et pratiques médicales de l'Égypte pharaonique*, Thèse, médecine, Nice, 1984.
31. A. Cockburn, R.A. Barraco,T.A. Reyman,W.H. Peck. *Autopsy..., op. cit.*, pp. 1155-1160.
32. L. Balout, *La momie..., op. cit.*.
33. J. Thorwald. *Histoire..., op. cit.*, p. 33.
34. J. Fodor, J.C. Malott, A.Y. King, The radiographic investigation of two Egyptian mummies, *Radiologic Technolology Journal*, juillet-août 1983, 54(6), pp. 443-448 ; J.A. Bloomfield, «Radiology of Egyptian mummy», *Australasian Radiology Journal*, Février 1985, 29(1), pp. 64-66.
35. R. Naguib. *La médecine..., op. cit.*, p. 181.
36. R.L. Moodie, *Roentgenologic studies of Egyptian and Peruvian mummies*, Field Museum of Natural History, Chicago, 1931
37. P.H. Gray, *Radiography of ancient Egyptian mummies. Medical radiography and photography*, 1967, 43, pp. 34-44.
38. D. Brothwell, A. T. Sandison, *Diseases in Antiquity :..., op. cit.*
39. C. Faure, M. Bucaille, «Intérêt actuel de l'étude radiologique des momies pharaoniques», *Annales radiologiques*, 1976,vol 19,5, pp. 475-480.
40. F. Dunand, R. Lichtenberg, *Les momies et la mort en Égypte, op. cit.*
41. J.K. Thekkaniyil, S.E. Bishara, M.A. James, «Dental and skeletal findings on an ancient Egyptian mummy. American», *Journal of Orthodontics and Dentofacial Orthopedics*, Janvier 2000, 117(1), pp. 10-14.
42. H. De Bidart, *Momification et paléopathologie des momies de l'Égypte ancienne*, Thèse de docteur en médecine, Nancy 1, 1998, p. 68.
43. F. Dunand, R. Lichtenberg, *Les momies ..., op. cit.*.
44. Certaines momies, comme celle de Ramsès II ou de Nakht-ROM1 ont bénéficié de cet examen.
45. H. De Bidart, *Momification..., op. cit.*, p. 68.
46. D.C. Harwood-Nash, «Computed tomography of ancient Egyptian mummies», *Journal of Computer Assisted Tomography*, Déc. 1979, 3(6), pp. 768-773.
47. W.M. Pahl, *Possibilities, limitations and prospects of CT as a non-invasive*

method of mummies in studies, Science in Egyptology, Manchester Ed. Longwood Pub.Group, 1986, pp. 243-249.

48. T. H. Falke , M.C Zweypfenning-Snijders, R.C. Zweypfenning, AE Jr James, «Computed tomography of an ancient Egyptian», *Journal of Computer Assisted Tomography*, Juillet-Août 1987, 11(4), pp. 745-747.

49. M. Marx, S. H. D'Auria. «CT examination of eleven Egyptian mummies», *Radiographics*, Mars 1986, 6(2), pp. 321-30. .

50. D. N. H. Notman, «CT of Egyptian mummies», *Science in Egyptology*, Manchester, Longwood Pub. Group, 1986, pp. 251 -320.

51. M. Marx, S. H. D'Auria, «Three-dimensional CT reconstructions of an ancient human Egyptian mummy», *American Journal of Roentgenology*, Janvier 1988, 150(1), pp. 147-149.

52. C. Baldock, S. W. Hughes, D. K. Whittaker, J. Taylor, R. Davis, A.J. Spencer, K. Tonge, A. Sofat, «3-D reconstruction of an ancient Egyptian mummy using X-ray computer tomography», *Journal of the Royal Society of Medicine*, Décembre 1994, 87(12), pp. 806-808.

53. B. Hill, I. Macleod, L. Watson, «Facial reconstruction of a 3500-year-old Egyptian mummy using axial computed tomography», *Journal of Audiovisual Media in Medicine*, Janvier 1993, 16(1), pp. 11-13.

54. D. Spaeth, *Pneumologie..., op. cit.*, p. 146.

55. H. Piepenbrink, J. Frahm, A. Haase, D. Matthaei, « Nuclear magnetic resonance imaging of mummified corpses», *American Journal of Physical Anthropology*, Mai 1986, 70(1), pp. 27-28.

56. Les essais de réalisation de clichés par résonance magnétique nucléaire d'une momie égyptienne, Lady Tashat, du Minneapolis Institute of Arts n'ont pas été concluants en 1983. Cf. D. N. H. Notman, J. Toskjian, A. C. Aufderheide, O. W. Cass, «Modern imaging and endoscopie biopsy-technics in egyptian mummies», *American Journal of Roentgenology*, Janvier 1986, 146, pp. 93-96.

57. G. Bontemps, *La médecine..., op. cit.*, p. 153.

58. H. Gaafar, M.H. Abdel-Monem, S. Elsheikh, «Nasal endoscopy and CT study of Pharaonic and Roman mummies», *Acta Otolaryngolica*, Mars 1999, 119(2), pp. 257-260.

59. Les premières endoscopies ont été réalisées sur les momies au musée du Caire en 1975 par le Dr Mianalawy du département de Médecine et d'Endoscopie de l'hôpital Maadi du Caire (cf. M. Manialawy, R. Meligny, «Endoscopic examination of Egyptian mummies». *Endoscopy*, 1978, vol. 10, pp. 191-194).

60. D.N. Notman, J. Tashjian, A.C. Aufderheide, O.W. Cass, Shane OC 3rd, T. H. Berquist, J.E. Gray, E. Gedgaudas, «Modern imaging and endoscopic biopsy techniques in Egyptian mummies», *American Journal of Roentgenology*, Janvier 1986, 146(1), pp. 93-96.

61. N. Riad, *La médecine..., op. cit.*, p. 183.

62. S. G. Shattock, «Microscopic sections of the aorta of the King Menepath», *The Lancet*, 1909, 1, p. 319.

63. M. A. Ruffer, *Studies in the paleopathology of Egypt*, Chicago, University of Chicago Press, 1921.

64. A. T. Sandison, *The histological..., op. cit.*
65. T. A. Reyman, M. R. Zimmerman, P. K. Lewin...., art. cit.
66. T. A. Chapel, A. H. Mehregan, T. A. Reyman, «Histologic findings in mummified skin», *Journal of the American Academy of Dermatology*, Janvier 1981, pp. 27-30.
67. C. Perrin, V. Noly, R. Mourer, D. Schmitt, *Annales de dermatologie et de Venereologie*, 1994, 121(6-7), pp. 470-475
68. A. R. David, «Disease in Egyptian mummies: the contribution of new technologies». *The Lancet*, Juin 1997, 14, 349, pp. 1760-1763.
69. H. De Bidart, *Momification..., op. cit.*, p. 82.
70. L. Balout, *La momie de Ramsès I..., op. cit.*
71. D. A. Birkett, C. L. Gummer, R. P. R. Dauber, «Preservation of the subcellular ultrastructure of ancient hair», *Davidar*, Manchester, Manchester University Press, 1986, pp. 113-118.
72. M. K. Sandford, G. E. Kissling, «Multivariate analysis of element hair concentrations from a mediaval nubian population», *American Journal of Physical Anthropology*, 95, 1994, pp. 41-52.
73. A. R. David, «Disease... art. cit.
74. N. Moore, «Drugs in ancient populations», *The Lancet*, mai 1993 1, 341(8853), p. 1157.
75. L. G. Boyd, «Les groupes sanguins chez les anciens égyptiens», *Chronique d'Égypte*, 23, 1937, pp. 41-44.
76. La détermination du groupe sanguin ABO chez une momie peut être réalisée aussi bien sur des échantillons de muscle que de cheveu, de peau ou d'os.
77. R. C. Conolly, «Kingship of Smenkarê and Toutankhamon demonstrates serologically», *Nature*, Londres, 1969, pp. 325-326.
78. J. D. Iles, *Autopsy of an Egyptian mummy*, art. cit.
79. R. L. Miller, S. Ikram, G. J. Armelagos, R. Walkker, W. B. Harer, C. S. Schiff, D. Baggett, M. Carrigan, S. M. Maret, « Diagnosis of *Plasmodium falciparum* infections in mummies using the rapid manual Parasight-F test», *Transactions of the Royal Societyu of tropical Medicine & Hygiene*, 88, 1994, pp. 31-32.
80. R. A. Barraco, Paleobiochemistry, in Cockburn, *Mumies, diseases and ancient cultures*, Cambridge, Cambridge University Press, 1988.
81. A. R. David, «Disease in Egyptian mummies: the contribution of new technologies», *The Lancet*, 14, 349(9067), Juin 1997, pp. 1760-1763.
82. I. Marota, F. Rollo, «Molecular paleontology», *Cellular & Molecular Life Sciences*, 59(1), Janvier 2002, pp. 97-111.
83. S. Pääbo, «Preservation of DNA in Ancient Egyptian Mummies», *Journal of Archeological Science*, 12, 1985, pp. 411-417.
84. S. Paabo, «Molecular cloning of Ancient Egyptian mummy DNA», *Nature*, Avril 1985, 314(6012), pp. 644-645.
85. R. E. M. Hedges, B. A. Sykes, *The extraction and isolation of DAN from archeological bone in anthropology and study of ancient Egypt*, London, British Museum Press, 1993.

3. Au fil des ans, au fil des sexes

1. C. Desroches-Noblecourt, *La femme au temps des pharaons...*, *op. cit.*, p. 221
2. P. Grandet, *La femme au temps des pharaons*, Seuil, p. 149
3. G. Rachet, *Dictionnaire...*, *op. cit.*, p. 156
4. P. Martinez, *Égypte...*, *op. cit.*, p. 92
5. P. Morice, *La gynécologie...*, *op. cit.*, p. 66
6. Sur une stèle du temple Philae, dédié en partie à Khnoum, il est d'ailleurs mentionné : « *C'est lui (Khnoum) qui fait que la semence du roi soit liée dans le ventre (de ses épouses)* » ; voir à ce propos l'analyse de R. Sullivan, «Divine and rational: the reproductive health of women in ancient Egypt», *Obstetrical & Gynecological Survey*, oct. 1997, 52 (10), pp. 635-42.
7. P. Martinez, *Égypte...*, *op. cit.*, p. 92.
8. Papyrus Berlin 199.
9. H. Grapow (H. Von Deines et W. Westendorf coll.), *Grundriss der medezin der alten Ägypter*, Berlin, Akademic Verlag, 1954-1962.
10. J. Thorwald, *Histoire ...*, *op. cit.*
11. P. Ghaliounghi, P. Khalil, AR. Ammar *On an Ancient Egyptian ...*, *op. cit.*
12. S. Sauneron, *Les dix mois précédents la naissance*, BIFAO, 1959, 58, pp. 33-34.
13. P. Morice, P. Josset, J.-C. Colau. «Gynécologie et obstétrique dans l'ancienne Égypte», *Journal de Gynécologie Obstétrique et Biologie de la reproduction*, 1994, 23(2), pp. 131-136.
14. P. Morice, *La gynécologie...*, *op. cit.*, pp. 70-71.
15. Le papyrus Berlin 196 (verso, 1, 9-11) reprenant une partie du texte du papyrus Kahoun 26 (3,12-14)
16. P. Morice, P. Josset, J.-C. Colau, art. cit., pp. 131-136.
17. J. Guiart, *L'obstétrique dans l'ancienne Égypte*, Acte du 2e congrès international d'Histoire de la médecine, 1921, pp. 54-63.
18. Il est représenté sur la scène de Louxor et de Deir el- Bahari et est sous-entendu par le hiéroglyphe qui date de cette période.
19. P. Hennequin, *Santé ...*, *op. cit.*, p. 100.
20. Papyrus Ebers (94, 14-15, glose 800)
21. Papyrus Ebers 789 (98, 18-20)
22. P. Hennequin, *Santé...*, *op. cit.*, p. 90.
23. Papyrus Ebers 839 (97, 14-15).
24. Papyrus Ramasseum IV C, pp. 17-24
25. Papyrus Ebers 838, 97, pp. 13-14
26. Papyrus Ramasseum IV C, pp. 15-16
27. G. Posener, « L'attribution d'un nom à l'enfant », *Revue d'Égyptologie*, 1970, pp. 20-25
28. E. Suys, *La sagesse d'Any: texte, traduction et commentaire*, Pontificion Instituto, Roma, 1935, pp. 1-59.
29. R. Janssen, *Growing up in Ancient Egypt*, London, 1990.
30. Papyrus Ebers 837 (97, 11-12)
31. Papyrus Ebers 796 (94, 8-10)

32. Papyrus Ebers 811 (95, 7-14)

33. Papyrus Ebers 810 (95, 7-14). Cette recette, qui devait apporter un certain soulagement, figure aussi dans le papyrus Berlin 17 (2, 3-4).

34. Papyrus Ramasseum III B.

35. F. Jonckheere, *Les médecins...*, *op. cit.*

36. B. Romant, *La vie en Égypte aux temps antiques*, Minerva, 1982, p.13.

37. *Ibid.*

38. À notre connaissance, il existe peu de papyrus médicaux faisant mention de remèdes expressément destinés à soigner des enfants.

39. Papyrus Ebers 782 (93, 3-5). Cette glose étant insérée dans des paragraphes du papyrus Ebers traitant des affections des oreilles (cf. *infra*), l'enfant en question pourrait être atteint d'une otalgie.

40. Papyrus Ebers 273 (4, 21-50, 2). Cette incontinence urinaire correspond peut-être à une énurésie.

41. Papyrus Ebers 272 bis (49, 18-21)

42. Papyrus Berlin 3027 (verso 8 2-3)

43. E. G. Smith, W. R. Dawson, *Egyptian mummies*, Londres, Allen G and Unwin ed, 1924.

44. P. Hennequin, *Santé...*, *op. cit.*, p.134.

45. Papyrus Ebers 763 (90, 15-91)

46. Papyrus Ebers 418 (63, 2-3), 761 bis (90, 14) et Ebers 762 (90, 14-15)

47. Papyrus Berlin 204 (verso, 3, 1-12)

48. Papyrus Ebers 766 (91, 5-19)

49. L'étude des momies a livré un certain nombre d'informations intéressantes sur ces lésions irréversibles: des manifestations d'otite et de mastoïdite ont été retrouvées sur PUM II; par ailleurs, l'otoscopie d'une momie par W. F. Pirsig a mis en évidence des perforations multiples du tympan, que le chercheur attribue à une tuberculose de la caisse. Un examen par scanner a en effet mis en évidence la présence de tumeurs bénignes et malignes des sinus maxillaires.

50. J. Willemot cité par Pascal Hennequin, *op. cit.*, p. 137.

51. *Ibid.*, p.133

52. *De Simpl.* II, 35

53. Papyrus Ebers n° 325.

54. A. Winter *L'hygiène dans l'Égypte Pharaonique*, Thèse de docteur en médecine, 1972, Paris Cochin-Port Royal, n°115

55. Dans «Ancient Egyptian physicians», *Brit Med Journal*, 1926,1,706. E.M. Guest cite ainsi le nom d'un médecin qui portait le titre de «Directeur de la fumigation pour le Palais».

56. Papyrus Hearst 168 (11, 10-11)

57. Papyrus Hearst 169 (11, 11-12)

58. Papyrus Berlin 3027 (1, 4-9)

59. Papyrus Londres 6 (3, 1-5)

60. P. Hennequin, *op. cit.*, p. 130.

61. P. Belmondo, *Nosologie Égyptienne*, Thèse de docteur en médecine, Aix Marseille, 1989, pp. 32-69.

62. Papyrus Ramasseum III B 20-23
63. Papyrus Berlin 3027, 7, 1-3
64. P. Hennequin. *Santé...*, *op. cit.*, p. 127.
65. H. Grapow, H. Von Deines, W. Westendorf, *Grundriss der medezin der alten Agypter,* Berlin, Akademic Verlag, 1954-1962.
66. T. Bardinet, *Les papyrus...*, *op. cit.*
67. Hérodote, dans son *Enquête,* a établi le fait que : « *Les Phéniciens et les Syriens de Palestine reconnaissent qu'ils tiennent cet usage (la circoncision) des Égyptiens* ». Diodore de Sicile et Strabon (XVI, 4,17) estimaient que les Hébreux avaient ramené cette pratique d'Égypte.
68. A. Bellouard, *Le dossier médical des pharaons de la Haute Époque,* Thèse de docteur en médecine, Paris VI Broussais, 1986, n°41, p. 48.
69. E. A. Grossman, N. A. Posner, *The circumcision controversy : an update,* Obstet Gynecol Annu., 13, 1984, pp. 181-195.
70. S. J. Waszak, «The historic significance of circumcision», *Obstet Gynecol.*, Avril 1978, 51(4), pp. 499-501.
71. A. N. Ghanem. «The urology of Pharaonic Egypt». *British Journal of Urology,* mai 2000, 85 (7), p. 974.
72. Hérodote, Thucydide, *op. cit.*
73. J. Thorwald, *Histoire...*, *op. cit.*, p. 53
74. J. F. Nunn. *Ancient Egyptian medicine,* 1996, University of Oklahoma Press, p. 169
75. Une deuxième scène datant du Nouvel Empire (vers 1350 av. J.-C.) qui représente la circoncision de deux enfants de Ramsès II a été découverte dans l'enceinte nord-est du temple de Mont à Karnak ; cf. F. Chabas, «De la circoncision chez les Égyptiens», *Revue d'Archeologie,* 1861, III, 298-300.
76. Papyrus Ebers 833 (97, 1-7)
77. C. Desroches-Noblecourt, *La femme ...*, *op. cit.*, p. 269
78. *Ibid.*
79. *Ibid.*
80. G. Bontemps, *La médecine...*, *op. cit.*
81. *Ibid.*
82. *Ibid.*
83. La valeur magique accordée à ce chiffre explique peut-être la numérotation du papyrus Ebers jusqu'à 110 alors qu'il ne comporte que 108 pages.
84. Papyrus Anastasi III
85. G. Bontemps, *La médecine...*, *op. cit.*
86. L. Balout, *La momie de Ramses II...*, *op. cit.*
87. F. Jonckheere, «Le monde des malades dans les textes non médicaux», *Chronique d'Égypte,* 1950, 25, pp. 213-232.
88. M. Masali, B. Chiarelli, «Demographic data on the remains of Ancient Egyptians», *Journal of Human Evolution,* 1972,1, pp. 161-169.
89. A. P. Leca, *La médecine égyptienne...*, *op. cit.*, p. 407
90. Quoique l'épiderme fasse défaut et malgré les produits d'embaumements qui colorent et durcissent la peau, le diagnostic macroscopique des lésions cutanées, même difficile, reste intéressant.

91. G. Bontemps, *La médecine..., op. cit.*, p. 152.
92. Hérodote, *Thucydide..., op. cit.*
93. L. Balout, *La momie de Ramsès II..., op. cit.*.
94. Papyrus Ebers, n°459
95. Ainsi, PH Gray («Radiography of ancient Egyptian mummies», *Med Radiogr Photogr.*,1967, 43(2), pp. 34-44) a mis en évidence de nombreux cas d'arthrose aux hanches et même aux épaules sur les momies dont il a réalisé les bilans radiologiques.
96. S. R. Andersen, «The eye and its diseases in Ancient Egypt», *Acta Ophthalmologica Scandinavica*, Juin 1997, 75(3), pp. 338-344.
97. Papyrus Ebers n° 354 et n° 417
98. P. Ghalioungui, *La médecine..., op. cit.*
99. G. Lefebvre, *Essai sur la médecine..., op. cit.*, p. 83.
100. Riad Naguib, *La médecine..., op. cit.*, p. 261.
101. Glose Ebers n° 854l
102. «*Et ensuite font que se développe contre lui toute altération du fait qu'il est noyé sous le sang*» (papyrus Ebers n° 854 l).
103. Glose Ebers n° 855d
104. Glose Ebers n° 855[e]
105. Ebers n° 855 p: «*Quant au fait que le cœur* (haty) *de l'homme soit à sa bonne place, cela signifie que la masse du cœur* (haty) *se trouve dans le coté gauche de l'homme et qu'il ne peut ni monter ni descendre pour la raison qu'il est fixé à sa bonne place.*» ; Papyrus du Louvre n° 3279: «*fais pour moi que mon intérieur-ib soit fixé à sa bonne place.*»
106. Glose Ebers n° 855.
107. La glose Ebers n° 227 évoque un remède destiné à «*écarter l'oubli du cœur, la fuite du cœur et la piqûre du cœur*» qui pourrait correspondre soit à des palpitations, soit à des précordialgies, voire à des extrasystoles symptomatiques. Elles se manifestent en général par des sensations désagréables de siège thoracique à type de pincement, par des douleurs en éclair hémithoraciques gauches très localisées ou encore par l'interruption apparente du rythme cardiaque, suivie d'un ou deux battements plus forts.
108. Glose Ebers n° 855q
109. Papyrus Ebers n° 191; on aura reconnu la description caractérisée de ce type de douleur, avec son siège médio-thoracique voire thoracique. Latéralisée à gauche, elle irradie sur le membre supérieur.
110. Autres effets des troubles cardiaques évoqués: la constriction thoracique où «*l'intérieur-ib de l'homme est étranglé*» décrite dans la glose Ebers n° 855 k.
111. Glose Ebers n° 278
112. J. T. Willerson, R. Teaff, «Egyptian contributions to cardiovascular medicine», *Tex Heart Inst J.*, 1996, 23(3), pp. 191-200.
113. Papyrus Ebers n°880
114. G. P. Menard, *op. cit.*
115. A. P. Leca , *La médecine..., op. cit.*
116. Glose Ebers 855b

117. M. E. Salem , G Eknoyan, «The kidney in ancient Egyptian medicine: where does it stand?», *A. J. Nephrol.*, 1999, 19(2), pp. 140-147.

118. Les calculs urinaires ne semblent pas fréquents, comme le suggère une étude de EG Smith et WR Dawson (*Egyptian mummies*, Londres, G. Allen and Unwin, 1924) réalisée sur 30 000 momies examinées, qui a mis en évidence seulement 3 calculs rénaux et deux vésicaux. M.A. Ruffer, de son côté, (*Studies in the paleopathology of Egypt*, édité par R. L. Moodie Chicago, University of Chicago Press, 1921) en a retrouvé trois dans une momie dont l'analyse a permis de détecter la présence de phosphates et d'acide urique en périphérie.

119. Ebers 261, 262,263,270,271 et 283

120. A. N. Ghanem, «The urology of Pharaonic Egypt», *BJU International*, mai 2000, 85(7), p. 974.

121. C'est l'hypothèse soulevée par J. F. Nunn..., *op. cit.*

122. Papyrus Ebers n°855u

123. Papyrus Ebers n°855h; voir à ce propos F. Boller , M. M. Forbes. «History of dementia and dementia in history: an overview», *Journal of the Neurological Sciences*, Juin 1998 , 58(2), pp. 125-33.

124. Il est évoqué à plusieurs reprises dans le traité des oukhedous (papyrus Ebers n°856 a-h) : *«S'il est atteint à son épaule et que ses doigts tremblent» (Papyrus Ebers n° 856f)*

125. S. Alamovitch et N. Danziger. Estem- Medline, Paris 1995, p. 88

126. C. Desroches-Noblecourt, *La femme..., op. cit.*

127. Diodore de Sicile..., *op. cit.*

128. G. Andreu, *Images..., op. cit.*, pp. 8-23.

129. G. Saint-Hilaire, «Note sur un monstre humain trouvé dans les ruines de Thèbes». *Bulletin des sciences médicales et archives générales de Médecine*, 1826, tome 8,105

130. E. G. Smith et W. R. Dawson, *Egyptian mummies*, Londres, G. Allen and Unwin, 1924.

131. V. Dasen, *Dwarfs in Ancien Egypt and Greece*, Clarendon Press, Oxford, 1993.

132. J. F. Nunn, *Ancient Egyptian ..., op. cit.*, p. 77

133. Un autre cas de poliomyélite a été évoqué devant l'aspect de Semenkhkarê.

134. G. Bontemps..., *op. cit.*, p. 165

135. À noter aussi une vieille momie datant de 3700 av. J.-C. découverte à Deshasheh par Sir Flinders Petrie au début du siècle, qui présente au niveau du fémur gauche un raccourcissement de 8 cm et un amincissement par rapport au fémur droit.

136. J. H. Leavesley, «Akhenaton», *Med Journal of Australia*, Avril 1985, 15, 142(8), pp. 475-64.

137. A. Weigall, «The mummy of Akhenaton», *Journal of egyptian Archeology*, London 8, p 193-199

138. G. B. Risse, «Pharaon Akhenaton of ancient Egypt: controversies among Egyptologists andphysicians regarding his postulated illness», J *Hist*

Med Allied Sci., Janvier 1971, 26(1), pp. 3-17.

139. W. Wreszinski, *Der papyrus Ebers; Umschrift, Übersetzung und Kommentar*, Leipzig, J.C. Hinrichs, 1913.

140. Cette momie a été prise au début pour celle de Tiyi. Cependant, l'âge osseux d'environ 25 ans fait que la plupart des auteurs considèrent qu'il s'agit bien de celle de Sémenekhorê.

141. A. Bellouard, *Le dossier médical des pharaons de la Haute Époque*. Thèse de docteur en médecine, Paris VI Broussais. 1986. n°41 p 63

142. D. Brothwell, A. T. Sandison, *op. cit.*

143. P. H. Gray, «Radiography of ancient Egyptian mummies.» *Medical radiography and photography*, 1967, 43, pp. 34-44

144. A. P. Leca , *La médecine..., op. cit.*, p. 322.

145. G.Wolf, «A historical note on the mode of administration of vitamin A for the cure of night blindness», *American Journal of Clinical Nutrition*, Février 1978, 31(2), pp. 290-292.

146. T. Bardinet, *Les papyrus médicaux... op. cit.*, p. 304.

147. *Ibid.*

4. Les risques du métier

1. *L'Égypte ancienne*, Seuil, p. 142.

2. C. Lalouette, *Au royaume d'Égypte..., op. cit.*, p. 207.

3. G. Rachet, *Dictionnaire... op. cit.*, p. 200

4. G. Andreu, *Images de la vie... op. cit.*, p.172.

5. G. Rachet, *Dictionnaire... op. cit.*, p. 72

6. D. Pretre Guignard, *Conditions..., op. cit.*, p. 15.

7. G. Rachet, *Dictionnaire... op. cit.*, p. 73.

8. Paragraphe du papyrus Ebers n° 436 (64, 11-13) repris dans le papyrus Hearst 239 et 241.

9. Selon le rapport de l'OMS de 1993, cité par J. F. Nunn, Ancient *Egyptian... op. cit.*, p. 68. La preuve de l'existence de cette affection dans l'ancienne Égypte a été établie pour la première fois par Ruffer en 1910 au cours de l'autopsie de deux momies de la XXe dynastie..

10. A. P. Leca, *La médecine égyptienne... op. cit.*

11. Dans les premières traductions des papyrus médicaux, qui datent de la première moitié du XXe siècle, le mot *ouchech* était aussi traduit par « *urines sanglantes* ». Cette traduction a été remise en question par Thierry Bardinet

12. Ebers 264

13. 28 fois mentionnée dans le papyrus Ebers, 12 fois dans le papyrus de Berlin, 9 fois dans le papyrus Hearst et 1 fois dans celui de Londres.

14. B. Ebell et F. Jonckheere ont rattaché la bilharziose urinaire à la « *maladie âaâ* ». Mais, au vu des papyrus non médicaux dans lesquels ce terme n'entretient aucun lien avec une quelconque pathologie urinaire, les égyptologues ont dû réviser leur jugement sur cette maladie.

15. Ebers 227 (45, 6-8).

16. Selon F. Jonckheere, *Les médecins... op. cit.*

17. *Ibid.*
18. G. Andreu, *Images... op. cit.*, p 149
19. Papyrus Hearst 241.
20. Papyrus Hearst 242.
21. Il est intéressant de noter qu'on utilisait déjà l'ail à l'époque, dont on connaît aujourd'hui les propriétés bactériostatiques et bactéricides.
22. G. Bontemps, *La médecine..., op. cit.*
23. R. L. Miller, S. Ikram et *alii*, «Diagnosis of Plasmodium falciparum infections in mummies using the rapid manual Parasight-F test», *Transactions of The Royal Society of Tropical Medicine & Hygiene*, 1994, 88, pp. 31-32.
24. Certains auteurs comme Breasted étaient partisans de l'hypothèse selon laquelle le le paludisme ne sévissait pas à cette époque ; voir à ce propos N. Riad, *La médecine... op. cit.*, p 240.
25. Hérodote, *Thucydide... op. cit.*
26. Papyrus Ebers n°846.
27. T. Bardinet, *Les papyrus médicaux... op. cit.*, p. 313.
28. Papyrus Ebers n° 847
29. Papyrus Ebers n° 849
30. M.A. Ruffer, *Studies in the paleopathology of Egypt*, University of Chicago Press, 1921.
31. Les nilomètres (puits ou escaliers gradués le long du fleuve) qui mesuraient la hauteur de la crue, servaient d'ailleurs à calculer l'impôt.
32. G. Bontemps, *La médecine... op. cit.*
33. *Ibid.*
34. E. Drioton, «Une représentation de la famine sur un bas relief égyptien de la Ve dynastie», *Bulletin de l'institut d'Égypte*, 1942, 25, pp. 44-45
35. P. H. Gray, «Radiography of ancient Egyptian mummies», *Medical radiography and photography*, 1967, 43 (2), pp. 34-44.
36. G. Lefebvre, *Essai... op. cit.*
37. Papyrus Ebers n° 877.
38. S. G Browne, «How old is leprosy ?», *International Journal of Dermatology*, 1980, 19 (9), pp. 530-532.
39. E. V. Hulse, «Leprosy and ancient Egypt», *The Lancet*, 1972, 11, pp. 1024-1025.
40. E. G. Smith, W. R. Dawson, *Egyptian mummies*, Londres, G. Allen and Unwin ed, 1924.
41. D. Brothwell, A. T. Sandison, *op. cit.*
42. «Paleopathology of the Ptolemaic inhabitants of Dakleh oasis(Egypt) », *Journal of Human Evolution*, 1980, 9, pp. 71-74.
43. Papyrus Ebers n° 415.
44. Papyrus Ebers n° 355.
45. E. Tapp, *The unwrapping of a mummy in Manchester Museum Mummy Project*, Manchester Museum Press, 1995.
46. P. D. Horne , D. S. Redford, «Aspergillosis and Dracunculosis in mummies from the tomb of Parennefer», *Paleopathology Newsletter*, 1995,92, pp. 10-12

47. T. Bardinet, *op. cit.*, p. 371.
48. D. Pretre Guignard, *Conditions de travail... op. cit.*, p. 14.
49. Nous disposons d'informations très intéressantes sur le mode de vie de ces travailleurs de chantiers grâce aux études archéologiques dans le village de Deir el-Medineh.
50. M. Della Monica, *La classe ouvrière... op. cit.*
51. J. Cerny, *A community of workmen at Thebes in the Ramessid period.* Le Caire, IFAO, 1973, n°50, p. 35.
52. G. Boulu, *Le médecin... op. cit.*, p. 102.
53. M. A. Dollfus, *L'ophtalmologie dans l'ancienne Égypte*, BSFE, 1967, pp. 12-23.
54. F. Jonckheere, « Considération sur l'auxillaire médical pharaonique», *Chronique d'Égypte*, 1953, XXVIII, 55, pp. 62-65.
55. J. J. Janssen, «Absence from work by the necropolous workmen of Thèbes», *Studen Zur Altägyptischen Kultur*, 1980,8, pp. 127-152.
56. J. H. Breasted, *The Edwin Smith surgical papyrus* (in fac simile and hieroglyphic translite ration with translation and commentary), Chicago University Press, 1930.
57. T. Bardinet, *Les papyrus... op. cit.*, p. 493.
58. T. Bardinet, *Ibid.*, p. 494
59. Papyrus d'Edwin Smith n°2 et n°3
60. Papyrus Smith n° 10
61. Respectivement papyrus Edwin Smith n°15, n° 19, n° 18 et n° 26
62. Rappelons aussi la scène de la tombe d'Ipy mentionnée plus haut où un ouvrier est couché tandis qu'un homme lui saisissant le bras pourrait bien être en train de tenter réduire une luxation d'épaule.
63. Descriptif n°34.
64. T. Bardinet, *Ibid.*, p. 511.
65. Cas n°30 du papyrus d'Edwin Smith, *Ibid.*, p. 509.
66. S. R. Andersen, «The eye... art. cit.
67. Papyrus Ebers n°337
68. Papyrus Ebers 349
69. Papyrus Ebers 416 et 417
70. S. R. Andersen, art. cit.
71. B. Van de Walle, H. De Meulenaere, «Compléments à la prosographie médicale», *Revue d'Egyptologie*, 1973,25, p. 63.
72. T. Bardinet, *Les papyrus... op. cit.*, pp.497-499.
73. P. Mazzone, M. A. Banchero, S. Esposito, « Neurological sciences at their origin: neurology and neurological surgery in the medicine of ancient Egypt», *Pathologica*, 1987, nov-déc. 79(1064), pp. 787-800.
74. J. Thorwald, *Histoire ... op. cit.*
75. T. Bardinet, *Ibid.*, p. 517.
76. Une étude radiographique de 88 momies réalisée par Gray a ainsi mis en évidence une ostéophytose dans 57 % des cas. P. H. Gray, «Radiography of ancient Egyptian mummies», *Med Radiogr Photogr.*, 1967, 43(2), pp. 34-44.
77. G. Bontemps, *La médecine... op. cit.*, p. 182.

78. M. Della Monica, *La classe ouvrière sous les pharaons*, Paris, Maisonneuve, 1975, p. 125.

79. M. A. Shampo , R. A. Kyle, «Medical mythology: Horus», *Mayo Clin Proc.*, Janv. 1992, 67(1), p. 36.

80. G. Rachet, *Dictionnaire,... op. cit.*,p. 168

81. P. Martinez, *Égypte... op. cit.*, p 145.

82. Diodore de Sicile, *Bibliothèque historique... op. cit.*

83. Aujourd'hui catalogué comme le papyrus Brooklyn n° 47. 218.48 et 85

84. Chapitres de 1 à 38 mais les chapitres de 1 à 13 sont inutilisables

85. C. Géraut, «L'essentiel des pathologies professionnelles», *Ellipses*, 1993, p. 273.

86. Ruffer a ainsi décelé la présence de quartz dans les poumons d'une momie de la XXe dynastie, résultant sans doute du travail dans une carrière.

87. A. Curry, *Electron microscopy of the Manchester mummies*, Manchester Ed. Longwood Pub. Group, 1979

88. D. Spaeth, *Pneumologie... op. cit.*, p 221.

89. *Ibid.*

90. G. Bontemps, *La médecine... op. cit.*, p 125.

91. T. Bardinet... *op. cit.*

92. D. Morse, D. R. Brothwell, P. J. Ucko, «Tuberculosis in Ancient Egypt», *American Review of Respiratory Diseases*, 1964,90, pp. 524-541.

93. M. A. Ruffer, *Studies in the paleopathology of Egypt*, University of Chicago Press, 1921.

94. Certains textes précisent par ailleurs qu'un enfant devait avoir atteint la taille de deux coudés de haut (soit un mètre) pour rejoindre les rangs de l'armée.

95. P. Martinez, *Égypte... op. cit.*, p. 128.

96. A·Erman, H. Ranke, *La civilisation... op. cit.*, p. 736.

97. Diodore de Sicile... *op. cit.*.

98. Papyrus Ebers n° 207 et n°855

99. T. Bardinet ... *op. cit.*, p. 457.

100. Papyrus Ebers 45.

101. Ebers 49 repris dans le papyrus Hearst 18.

102. F. Jonckheere, *Les médecins... op. cit.*

103. T. Bardinet ... *op. cit.*

104. Papyrus Ebers n° 876.

105. Papyrus Ebers no 863.

106. A·Erman, H. Ranke, *La civilisation... op. cit.*, p. 702.

107. Le cas n° 44 décrit une fracture de plusieurs côtes associées à une plaie de la poitrine qui a peut-être été causée par un objet tranchant à large bord comme une hache ou un glaive. Le pronostic de cette blessure est sombre (« *Un mal qu'on ne peut traiter...* ») avec l'apparition d'un pneumothorax accompagné d'un emphysème sous-cutané.

108. D. J. Hauben , G. J. Sonneveld, «The influence of war on the development of plastic surgery», *Annals of Plastic Surgery*, Janvier 1983, 10(1), pp. 65-69.

109. G. B. Risse, «Rational Egyptian surgery: a cranial injury discussed in

the Edwin Smith Papyrus», *Bulletin of the New York Academy of Medicine*, Août 1972, 48(7), pp. 912-919.

110. Descriptif n°8.

111. S. M. Knoeller, C. Seifried, «Historical perspective: history of spinal surgery», *Spine*, Nov. 2000, 25(21), pp. 2838-2843.

112. T. Bardinet... *op. cit.*, p. 509

113. R. Sullivan, «The identity and work of the ancient Egyptian surgeon», *Journal of the Royal Society of Medicine*, août1996, 89(8), pp. 467-473.

114. À noter que le descriptif n° 4 du papyrus Smith rapporte le cas d'une otorragie (« *qui perd du sang par les narines et les oreilles...* ») qui révèle sans doute une fracture du rocher dont le pronostic est toujours très pessimiste. Le praticien s'abstient alors de toute intervention thérapeutique: il se contente de surveiller l'évolution et l'issue souvent fatale du traumatisme, en maintenant le malade assis à l'aide de supports en briques.

115. G.-P. Menard, *Les techniques... op. cit.*

116. «La tomographie par ordinateur appliquée aux momies égyptiennes», *Bulletin et mémoires de la société d'anthropologie de Paris*, 1981, série XIII, pp 343-356

117. T. Bardinet... *op. cit.*, p 507

118. G.-P. Menard, *Les techniques... op. cit.*, p. 63.

119. Cas n°16 et 24 du papyrus Smith.

120. Le descriptif n°23 du papyrus Smith mentionne la prise en charge d'une plaie de l'oreille. Le paragraphe 766 du papyrus Ebers relate lui aussi plusieurs méthodes pour soigner de telles blessures.

121. A. P. Leca, *La médecine... op. cit.*, pp. 433-434.

122. T. Bardinet ... *op. cit.*, p. 502

123. Descriptif n°13 du papyrus Smith.

124. Descriptif n°14.

125. W. Vikentieff, «Deux rites du jubilé royal à l'Époque protodynastique», *Bulletin de l'Institut d'Égypte*, n° 32, pp. 1949-1950.

126. Diodore de Sicile ... *op. cit.*

127. A. P. Leca, *La médecine égyptienne... op. cit.*, p. 434.

128. D. Brothwell, A. T. Sandison... *op. cit.*

129. A. P. Leca, *La médecine égyptienne... op. cit.*

130. P. H. Gray, *art. cit.*

131. A. Bellouard, *Le dossier médical des pharaons de la Haute Époque*, Thèse de docteur en médecine, Paris VI Broussais, 1986, p. 45.

132. *Ibid.*

133. *Ibid.*

134. M. Bucaille, *Les Momies des pharaons et la médecine*, Paris, Séguier, 1987

135. S. G Shattock, «Microscopic sections of the aorta of the King Menepath», *The Lancet*, 1909, 1, 319.

136. A. Bellouard, *op. cit.*, p. 71.

137. G. P. Menard, *Les techniques... op. cit.*, p. 111.

138. D. Samuel, «Cereal foods and nutrition in ancient Egypt», *Nutrition*, juin 1997, 13(6), pp. 579-80.

139. A. Erman, H. Ranke, *La civilisation... op. cit.*, p. 255.
140. D. Pretre Guignard, *Conditions... op. cit.*,p. 16.
141. C. Géraut, «L'essentiel des pathologies professionnelles», *Ellipses*, 1993, p. 54.
142. B. Ebbel, *The papyrus Ebers*, Londres, Levin et Munksgaard, 1937.
143. N°326-335.
144. B. Ebbel, *Ibid.*
145. J. Scarborough, «On medications for burns in classical antiquity», *Clinical Plastic Surgery*, 1983, 10(4), 603-10.
146. M. A. Shampo, R. A. Kyle, «Medical mythology: Horus», *Mayo Clinic Proceedings*, Proc. 1992, 67(1), p. 36.
147. Ce détail est mentionné dans le paragraphe n°46 du papyrus de Londres.
148. Papyrus Ebers n° 491.
149. Papyrus Ebers, n°482 à 499.
150. Papyrus Ebers n° 509.
151. Papyrus Ebers n° 504.
152. T. Nicko, R. Germe et alii, «An examination of the dental state of an Egyptian mummy by means of computer tomography: a contribution to dentistry in Ancient Egypt», *Journal of the History of Dentistry*, Nov. 1995, 43(3), pp. 105-12.
153. F. F. Leek, «Teeth and bread in ancient Egypt», *Journal of Egyptian Archaeology*, 1972, 58, pp. 126-1332.
154. J.-C. Schwartz, «La médecine dentaire dans l'Égypte pharaonique», *Bulletin de la société égyptologique de Genève*, 1979, 2, pp. 37-43.
155. L. R. Marion, «Dentistry of ancient Egypt», *Journal of the History of Dentistry*, mars 1996, 44(1).
156. De son côté Puech a estimé que «la forte usure des dents est principalement le fait de la consistance des aliments et de la silice des plantes et non le résultat des poussières et grains de sable qui souillent la nourriture. Cf. «Autopsie d'une momie égyptienne», *Nouvelles archives du Museum d'histoire naturelle de Lyon*, fasc 25,1987.
157. Guy Rachet. *Dictionnaire... op. cit.*, p. 61.
158. *Ibid.* p. 215.
159. P. Martinez, *Égypte... op. cit.*, p. 124.
160. S. Morenz, *La religion égyptienne*, Paris, Payot, 1984.
161. A. Erman, H. Ranke, *La civilisation... op. cit.*,p. 382.
162. G. Boulu, *Le médecin... op. cit.*, p 106
163. P. Martinez, *Ibid.*
164. S. Sauneron, *Les prêtres de l'ancienne Égypte*, Paris, Perséa, 1988.
165. Les légumes faisaient aussi partie de la base alimentaire des égyptiens toutes classes confondues. Ils consommaient des fèves, des pois chiches, des lentilles mais aussi des radis, des concombres, des potirons, des courges, des melons, des pastèques; de l'ail, des oignons et des poireaux; en fait de fruits, des raisins, dattes, figues et figues de sycomore. Ils utilisaient des condiments tels que le cumin, le céleri et la coriandre, mais

ne connaissaient pas le sucre. Les familles riches lui substituaient du miel et à l'occasion de la caroube.

166. M. R. Zimmerman, «The paleopathology of the cardiovascular system», *Texas Heart Institute Journal*, 1993, 20(4), 252-257.

167. J. Thorwald, *Histoire... op. cit.*, p. 43.

168. Ainsi une étude réalisée par Ruffer sur 21 momies ou fragments de momies de prêtres ou de prêtresses d'Amon datant de la XXIe dynastie retrouvée sur le site archéologique de Deir el-Bahari a permis de mettre en évidence la présence de 6 cas d'athérosclérose. Par ailleurs, l'étude menée en 1975 par Cockburn sur un prêtre momifié en 170 av. J.-C. pendant l'époque Ptolémaïque, décédé à l'âge de 35-40 ans et aujourd'hui connu sous le nom de code PUM II, a mis en évidence des plaques athéromateuses aortiques diffuses ainsi que des épaississements de l'intima typique d'une maladie athéromateuse sur les artères de plus petit calibre. Cf. A. Cockburn et alii, «Autopsy of an Egyptian mummy», *Science*, 1975, mars 28, pp. 1155-60.

169. L. Balout, *La momie... op. cit.*

170. À noter aussi l'examen scannographique d'une momie provenant du musée des Beaux Arts de Boston par Myron Marx qui a mis en évidence chez Nes-Ptah, barbier d'Amon, fonctionnaire de base du temple d'Amon à Karnak la présence de calcifications distales étendues au niveau des artères iliaques internes, fémorales, tibiales antérieures et postérieures. («Examination of eleven egyptian mummies», *Radiographics*, 1986, 6, pp. 321-330).

171. O. Sarrazin, *La pathologie cardio-vasculaire dans l'Égypte Ancienne*, Thèse de docteur en médecine, Faculté de médecine de Créteil, 2001.

172. D. Spaeth, *Pneumologie... op. cit.*, p. 223.

173. L. Balout, «L'opération Ramsès II. Contribution des laboratoires à l'égyptologie», *Bulletin de la société française d'égyptologie*, 1978,83, pp.8-23.

174. Papyrus Ebers, n°637 à 641.

175. G. Rachet, *Dictionnaire... op. cit.*, p. 237.

176. Guy Rachet, *Ibid.*, p. 238.

177. J. C. Rose, G. J. Armelagos, L. S. Perry, *Dental anthropology of the Nile Valley in Biological Anthropology and study of Ancient Egypt*, British Museum Press London, 1993.

178. T. Nickol, R. Germer et alii,. «An examination of the dental state of an Egyptian mummy by means of computertomography: a contribution to dentistry in Ancient Egypt», *Journal of the History of dentistry*, nov. 1995, 43(3), pp. 105-112.

179. J. F. Nunn, *Ancient Egyptian medicine*, University of Oklahoma Press, 1996, p. 203.

180. L. Balout, *La momie de Ramses III... op. cit.*

181. On trouve aussi mentionné un « abcès (*benout*) dans les dents» dans le paragraphe n°746 du papyrus Ebers, une affection traduite par Lefebvre par «ulcère dans les dents».

182. E. Ludovic, *L'alimentation et ses répercussions sur la sphère bucco-dentaire dans l'Égypte Ancienne*, Thèse de docteur en chirurgie dentaire, Université Paris V, 1998, p. 37.

183. Il est plus délicat d'interpréter l'utilisation du miel dans le paragraphe n°740 et 741 du papyrus Ebers.

184. J. K. Thekkaniyil , S. E. Bishara, M. A. James, «Dental and skeletal findings on an ancient Egyptian mummy», *American Journal of Orthodontics & Dentofacial orthopedics,* janvier 2000, 117(1), pp. 10-14.

185. J.-J.Quenouille, «L'art dentaire dans l'Égypte Ancienne», *Information dentaire,* oct. 1977, 27, pp. 25-38.

186. E. Ludovic, *L'alimentation... op. cit.*, p. 62.

187. B. W. Weinenberger, «The dental art in Ancient Egypt», *Journal of the American Dental Association,* 34.

188. F. F. Leek, «Observations on a collection of crania from the mastabas of the reign of Cheops at Giza», *Journal of Egyptian Archaeology,* 1980, pp. 36-45.

189. E. Ludovic, *L'alimentation... op. cit.*, p. 64.

190. J. K. Thekkaniyil, S. E. Bishara, M. A. James, «Dental and skeletal findings on an ancient Egyptian mummy», *American Journal of Orthodontics & Dentofacial orthopedics,* Janvier 2000, 117(1), pp. 10-14.

191. Il en est fait mention dans les paragraphes n° 697 à 704 du papyrus Ebers

192. Papyrus Ebers n° 853

193. M. A. Ruffer, *Studies... op. cit.*

194. Mais sur ce point la lecture des papyrus pose problème, en raison d'une mauvaise traduction. Une interprétation erronée faisait ainsi correspondre au terme de «*Ro-ib*» celui d'estomac; les paragraphes du papyrus Ebers n°189, n°199, n° 198 n° 206 ont donc faussement été compris comme une description de troubles gastriques.

195. T. Bardinet... *op. cit.*

196. E. G. Smith, W. R. Dawson, *Egyptian... op. cit.*

197. P. H. Gray, *Radiography... op. cit.*, pp. 34-44.

198. L. Jr Banov, «The Chester Beatty Medical Papyrus: the earliest known treatise completely devoted to anorectal diseases», *Surgery,* Déc. 1965, 58(6), pp. 1037-1043.

199. L. Viso ,J. Uriach, «The "guardians of the anus" and their practice», *International Journal of Colorectal Disease,* 1995, 10(4), pp. 229-31.

200. Ebers n°28, n°36 et n°37.

201. D. Revelat, *Pensées et pratiques médicales de l'Égypte pharaonique,* Thèse médecine, Nice, 1984.

202. T. Bardinet, *Les papyrus... op. cit.*, pp. 458-459.

203. Papyrus Chester Beatty n° 6 et papyrus Ebers n° 139 et n° 140.

204. LB Jr. Banov, «Proctology in ancient Egypt: its continuing influence on the management of anorectal diseases», *South Medical Journal,* nov. 1965, 58(11), pp. 1366-1369.

205. Papyrus Chester Beatty n° 9.

206. Diodore de Sicile... *op. cit.*

207. C. Géraut, *L'essentiel des pathologies professionnelles.* Ellipses. 1993, p. 181.

208. *Ibid.*

209. *Ibid.*
210. B. Ebbel, *The papyrus Ebers... op. cit.*
211. Papyrus Smith n° 39 et n° 46
212. P. Ghalioungui, *La médecine... op. cit.*, p. 339.
213. Papyrus Ebers 616 bis.
214. E. Tapp, *Disease in the Manchester mummies in Science in Egyptology*, Manchester University Press, 1979.
215. P. D. Horne, P. K. Lewin, «Autopsy of an Egyptian mummy. 7, Electron microscopy of mummified tissue», *Canadian Medical Association*, Sept 1977, 3;117(5), pp. 472-473.
216. A. Cockburn , R. A. Barraco , T. A. Reyman, *op. cit.*, pp. 1155-60.
217. G. Lefebvre, *Essai... op. cit.*
218. T. Bardinet, *Les papyrus... op. cit.*, p. 52.
219. T. Bardinet, *Ibid.*, p. 259.
220. Aucun terme égyptien ne semble se rapporter de manière claire aux oxyures, même si, à en croire Leca, un traitement des oxyures figurerait le Papyrus Berlin n°11 sous la forme d'une pommade à appliquer sur l'anus.
221. S. R. Andersen, «The eye and its diseases in Ancient Egypt», *Acta Ophthalmologica Scandinavica*, Juin 1997, 75(3), pp. 338-344.
222. Papyrus Ebers n° 384.
223. Hérodote, *Thucydide... op. cit.*
224. C. Desroches-Noblecourt, *La femme... op. cit.*, p. 372.
225. A. P. Leca, *La médecine... op. cit.*, p. 423.
226. Exposées dans le papyrus Kahoun (n°21,22,23), celui de Ramasseum (IV), celui de Berlin (n°192) et celui d'Ebers (n°783).
227. Papyrus Kahoun n°21
228. Papyrus Ramasseum IV
229. M. Philippe, *La gynécologie et l'obstétrique en Égypte pharaonique*, Thèse de docteur en médecine, Paris V, 1992, pp. 127-128.
230. P. Bardis, «Contraception in Ancient Egypt», *Centaurus*, 12,1968, pp. 305-307.
231. Papyrus Ebers n°783 ter.
232. P. Bardis, art. cit.
233. T. Cianfrani, *A short history of obstetrics and gynecology*, Thomas Springfield, 1960, pp. 24-37.
234. Papyrus Ebers n°831.
235. Papyrus Ebers n°817.
236. Papyrus Ebers n°820 et n°834.
237. Papyrus Kahoun n°1.
238. P. Morice, P. Josset, J.-C. Colau, «Gynécologie et obstétrique dans l'ancienne Égypte», *Journal de gynécologie obstetrique et biologie de la reproduction*, 1994, 23(2), pp. 131-136.
239. T. Bardinet, *Les papyrus... op. cit.*, p. 448.
240. P. Morice et alii., art. cit.
241. Une momie retrouvée dans la nécropole de Douch (n°64212-planche VIIb) porte les traces d'une incision inguinale droite pouvant évoquer une

adénite suppurée. Elle présentait également au niveau vulvaire une volumineuse lèvre gauche qui laissait penser qu'elle avait présenté une bartholinite avec une adénite inflammatoire satellite.

242. Papyrus Ebers n°789

243. A. P. Leca, *La médecine... op. cit.*, p. 322.

244. Papyrus Ebers.

245. Papyrus Smith n°20.

Épilogue

1. Hérodote *op. cit.*

2. *Ibid.*

3. *Ibid.*

4. F. Jonckeere, *Les médecins... op. cit*, p. 81.

5. P. Ghalioungui, *La médecine... op. cit.*, p. 77.

6. G. Boulu, *Le médecin... op. cit.*,p. 196.

7. *Ibid.*

8. K. A. Kitchen, *Ramsès II... op. cit.*, p. 132.

9. *Ibid.*

10. G. Boulu, *Le médecin...op. cit.*

11. La célèbre stèle de Bentresh découverte par Champollion à Karnak et conservée au Musée du Louvre relate cette histoire.

12. G. Boulu, *Le médecin... op. cit.*

13. G. Contenau, *La médecine... op. cit.*, p. 197.

14. J. Vercoutter, *Essai sur les relations entre les Égyptiens et les Prehéllènes*, A. Maisonneuve, 1954, p. 88.

15. T. Bardinet, «Remarques sur les maladies de la peau, la lèpre et le châtiment dans l'Égypte Ancienne», *Revue d'Egyptologie*, 1988, pp. 3-36.

16. H. Goedicke cité par G. Boulu, *Le médecin... op. cit.*, p. 201.

17. G. Leroux, *Les premières civilisations de la Méditerranée*, PUF, 1983, p. 96.

18. J. F. Nunn, *Ancient Egyptian... op. cit.*, p 206.

19. S. Sauneron, *Les prêtres de l'ancienne Égypte*, Le Seuil, 1957, p. 111.

20. G. Boulu, *Le médecin... op. cit.*

21. J. Yoyotte , *Une théorie... op. cit.*

22. WB Jr. Frommeyer, «Commentaries on the history of medicine. From primitive medicine to the Hippocratic era of medicine», *Alabama Journal of Medical Science*, Juillet 1973, 10(3), pp. 340-8.

23. A. P. Leca, *La médecine... op. cit.*, p. 442.

24. J. F. Nunn, *Ancient Egyptian... op. cit.*, p 206.

25. L. L. Wiltse , T. G. Pait, «Herophilus of Alexandria. The father of anatomy», *Spine*, Sept. 1998;23, pp. 1904-1914.

26. J. Yoyotte, *Une théorie étiologique... op. cit.*, pp. 79-84.

27. R. Remondon, «Problèmes de bilinguisme dans l'Égypte Lagide (UPZ, 148)», *Chronique d'Égypte*, Bruxelles, 1964, XXXIV/7778, pp. 126-146.

28. C. Préaux, «Les prescriptions médicales des ostracas grecs de la bibliothèque Bodléenne», *Chronique d'Égypte*, Bruxelles, 1956, XXXV/61, pp.135-148.

29. A. S. Yahuda, «Medical an anatomical terms in the Pentateuch in the light of Egyptian medical papyri», *Journal of History medicine and all sciences,* 1947, 21, pp. 549-574.

30. R. Weill, «Les transmissions littéraires d'Égypte à Israël», *Revue d'Egyptologie,* 1950, p. 43. Posener a ainsi retrouvé 680 mentions de l'Égypte dans la Bible dans son *Dictionnaire de la civilisation égyptienne,* Hazan, 1986

31. P. Ghalioungui, *La médecine... op. cit.*

Annexes

1. D. Spaeth, *Pneumologie... op. cit.,* p. 43.

2. T. Bardinet , «Les papyrus de l'Égypte Ancienne», *Pour La Science,* n° 226, août 1996.

3. J. Thorwald, *Histoire... op. cit.,* p. 49.

4. J. F. Nunn, *Ancient... op. cit.,* p. 25.

5. J. F. Nunn, *Ibid,* p. 26.

6. G. A. Reisner, *The Hearst... op. cit.*

7. A.P Leca, *La médecine... op. cit.,* p. 31.

8. *Ibid.*

9. A. Von den Driesch, « Is there a veterinary papyrus of Kahoun?», *Historia Med Vet,* 2001, 26(3-4), pp. 105-106.

10. S. Sauneron, *Un Traité égyptien d'ophiologie: papyrus du Brooklyn museum nº 47.218.48,* 1989, Le Caire, Institut français d'archéologie orientale.

11. J.-J. Ray, «Papyrus Carlsberg 67: A healing-prayer from the Fayum», *J. Egypt Archaeol,* 1975, 61, pp. 181-188.

12. A. Gardiner, *The Ramesseum papyri,* Oxford, Oxford University Press, 1955.

13. D. Spaeth, *Pneumologie... op. cit.,* pp. 55-56.

14. S. Trémillon, *Essai d'interprétation des plaies d'Égypte,* Thèse de docteur en médecine Paris XI, Kremlin Bicêtre, 1989, p. 79.

15. S. Trémillon, *Essai... op. cit.,* p. 24.

16. L. Millo, *La mort... op. cit.,* p.143.

17. S. Trémillon, *Essai ... op. cit.,* p. 31.

18. L. Fage, *Commentaires sur la première Plaie d'Égypte,* (Conférences du Palais de la Découverte), Paris, 1953.

19. S. Trémillon, *Essai... op. cit.,* p. 32.

20. I. Bourdial, J. Coquart, «L'éruption d'un volcan expliquerait les 10 plaies d'Égypte», *Science et Vie,* n°1016, mai 2002, pp. 46-55.

21. *Ibid.*

22. S. Trémillon, *Essai... op. cit.,* p. 35.

23. A. Lucas, J.-R. Harris, *Ancient Egyptian Materials and Industries,* Londres, Edward Arnold, 1962.

24. A. Gemayel, *L'hygiène et la médecine à travers la Bible,* Librairie orientaliste P. Geuther, 1932.

25. L. Balout, *La momie... op. cit.*

26. L. Millo, *La mort... op. cit.*

27. I. Bourdial, J. Coquart, *L'éruption... art. cit.*, pp. 46-55.
28. S. Trémillon, *Essai... op. cit.*, p. 49.
29. S. Trémillon, *Essai... op. cit.*, p. 35.
30. I. Bourdial, J. Coquart, *L'éruption... art. cit.*, pp. 56-61.
31. M. W. Dols, «Plague in early islamic history», *Journal of the Oriental Society*, 1974,3, pp. 371-384.
32. S. Levin, «The death of the first-born : the tenth plague», *South African Medical Journal*, Mai 1974 , 18;48(24), pp. 1038-1042.
33. I. Bourdial , J. Coquart, *L'éruption... art. cit.*, pp. 46-55.
34. S. Wein, «The plagues of Egypt : what killed the animals and the first-born ?», *Medical Journal Australia*, Août 1993, 16, 159(4), pp. 285-286.
35. I. Bourdial, J. Coquart, *L'éruption... art. cit.*, pp. 46-55.

Index et glossaire

Les dieux

Amenhotep: architecte favori d'Aménophis III, à qui l'on doit de somptueux monuments, notamment le temple de Louqsor, l'un des chefs-d'œuvre de l'architecture religieuse du Nouvel Empire. Il fut divinisé comme dieu guérisseur.

Amon: divinité céleste, maître de l'air, assimilé à Rê, porté au rang de Dieu d'empire, roi des dieux garant du renouvellement éternel de l'Univers.

Anubis: dieu de la mort et de l'embaumement, figuré par un homme à tête de chacal.

Astarté: déesse maîtresse des animaux, représentée nue entre des animaux ou debout sur un fauve, divinité guerrière, protectrice du pharaon.

Bès: nain difforme et barbu au visage grimaçant, ses pouvoirs s'expriment par la joie, la musique et la danse, qui éloignent les maladies.

Ennéade: groupe dans lequel les prêtres d'Héliopolis réunirent les neuf divinités primitives. Ce groupe comprend Atoum, dieu créateur identifié à Rê, ses enfants Shou et Tefnout, le premier couple divin, ses petits-enfants Geb et Nout, et leurs enfants formant encore deux couples, Osiris et Isis, Seth et Nephtis. Deux autres ennéades secondaires viennent compléter ce panthéon, afin d'y inclure toutes les autres divinités.

Geb: dieu de la terre.

Hathor: déesse vache, incarnation d'Isis, elle symbolise la fertilité incontrôlable du monde qui se manifeste sous la forme de la pulsion érotique d'où dérive toute création.

Horus: homme à tête de faucon, fils d'Osiris et d'Isis, dieu de l'horizon, le plus grand dieu égyptien à l'époque gréco-romaine.

Imhotep: vizir et architecte du roi Djeser, divinisé comme dieu guérisseur.
8, 12, 42, 206.

Isis: sœur et épouse d'Osiris, déesse reine et lune, magicienne aux redoutables pouvoirs, il semble qu'elle ait été à l'origine du delta du Nil.
38, 57, 58, 89, 94, 95, 97, 105, 106, 107, 175.

Khnoum: dieu bélier, divinité très ancienne. Il apparaît, dans les mythes cosmogoniques, comme le « créateur », potier divin qui avait façonné sur son tour l'œuf d'où allaient sortir l'homme et le monde.
27, 85, 89.

Khonsou: dieu-lune, représenté par un homme enveloppé dans un linceul, portant sur sa tête le disque de la lune, dieu guérisseur qui éloigne les esprits du mal.
143, 202.

Nephtys: déesse née de Geb et de Nout, sœur et épouse de Seth.
58, 89, 94.

Nout: déesse du ciel. 57.

Osiris: dieu civilisateur lié à la fertilité et au monde funéraire, juge suprême des morts.
33, 38, 40, 55, 57, 58, 98, 105, 107, 177.

Rê (ou Râ): dieu-soleil gouverne l'univers du haut du ciel, sert de source au *ba*, âme du monde et de tous les êtres, fils de la déesse Nout (le ciel) qui toutes les nuits le recueille pour le rendre au monde le lendemain.
39, 101, 105, 108, 115, 154, 221, 227.

Sebek: dieu crocodile, époux d'Hathor, incarnation du dieu solaire Rê.
134.

Sekhmet: déesse-lionne envoyée par le dieu solaire pour châtier le peuple humain soupçonné de comploter contre lui.
15, 18, 19, 33, 155, 156, 202.

Selkis (ou Selket): déesse-scorpion, protectrice des viscères. Elle possède des pouvoirs guérisseurs exercés par l'intermédiaire de sorciers « charmeurs de Selkis ».
15, 18, 20, 154, 158.

Sérapis: dieu hybride, croisant les attributs d'Osiris et d'Apis. 206.

Seth: homme à tête de lévrier, dieu de violence et de ténèbres, fils de Geb et de Nout, frère et adversaire éternel d'Osiris.
58, 97.

Shou: dieu de l'air, séparant à Héliopolis la terre (Geb) et le ciel (Nout) pour laisser vibrer la lumière de Rê.
89, 97.

Tefnout: épouse de Shou, représentant l'humidité, femme à tête de lionne le plus souvent assimilée à cette « déesse lointaine » fille du soleil qui terrorisait le désert de Nubie. Apaisée par un messager de Rê elle prit la forme d'une chatte et fut célébrée à travers toute l'Égypte. 97.

Thot: dieu lunaire à tête d'ibis, patron des scribes, inventeur de l'écriture.
39, 43, 101, 153, 177.

Thouéris: déesse protectrice de la parturiente, elle se manifestait sous la forme d'un hippopotame.
87, 96.

Les souverains

Remerciements de l'auteur

Je remercie particulièrement Bernard Ziskind qui m'a communiqué sa passion pour l'égyptologie. Cet ouvrage dont l'idée lui revient est l'aboutissement d'un long et minutieux travail en commun qui n'a été possible que grâce à l'inestimable soutien et à la parfaite compréhension de Fanny et Corinne. Nous remercions également pour leur soutien Salomé, Bethsabée et Naomie à qui leurs père et grand-père souhaitent transmettre à leur tour leur enthousiasme pour l'Égypte antique.

Je tiens à exprimer une reconnaissance toute particulière à Daniel Soulié qui a accepté de relire attentivement cet ouvrage en me faisant bénéficier de sa culture et de ses conseils avisés.

Je remercie le docteur Thierry Bardinet qui a si gentiment et si spontanément communiqué le fruit de son exceptionnel travail de traduction des papyrus médicaux.

Ma gratitude et ma reconnaissance sont acquises à Sylvie Gillet, Sylvie Mouchès et Fabienne Dumontet qui ont permis de transformer avec patience et efficacité ce manuscrit en un livre. Sans les encouragements de Liana Levi qui m'a soutenu depuis toujours dans mes projets, je n'aurais pas trouvé le courage de mener à bien ce travail.

Le docteur Patrice Josset a accueilli chaleureusement l'idée de cet ouvrage.

Merci beaucoup à Patrick Conan du Centre de documentation d'histoire de la médecine de l'université Paris VI qui m'a chaleureusement aidé dans mes recherches.

Je tiens à exprimer ma gratitude au professeur Jean-Noël Fabiani de la chaire d'histoire de la médecine de l'université Paris VI qui a su accompagner mes projets de recherche.

Merci aussi pour leur compétence et leur diligence à Bernadette Molitor de la bibliothèque de la faculté de médecine de Paris ainsi qu'à Martine Bui et Sophie Richier des Archives de l'Assistance publique de Paris.

Un grand merci aux docteurs Olivier Sarazin et Christian Reignier pour leur aide dans ce travail de recherche.

Je remercie Philippe Martinez avec lequel j'ai eu des échanges fructueux au début de la rédaction de cet ouvrage.

Un grand merci à tous mes amis de l'Institut Alfred Fournier.

Crédits photographiques

Photothèque du Centre de documentation d'histoire de la médecine de l'université Paris VI : photos 1, 2, 3, 4, 5, 6, 7 (haut et bas), 8, 9, 10, 11, 12, 13, 14.

Collection de Jean-Pierre Hanno du musée d'anatomie Testut-Latarjet de la faculté de médecine de Lyon : photos 15 et 16.

Table des matières

Au catalogue

Histoire et documents

Aline Baldinger-Achour, *Petit Guide des grandes religions*
Noël Balen, *L'Odyssée du jazz*
Yehuda Bauer, *Juifs à vendre ?*
Piero Bevilacqua, *Venise et l'eau*
Anna Cataldi, *Lettres de Sarajevo*
Françoise Coutou, *Affronter l'école*
Marek Edelman & Hanna Krall, *Mémoires du ghetto de Varsovie*
Marc Ferro, *Revivre l'histoire*
Jean-Jacques Fouché, *Oradour*
Weddig Fricke, *Chronique du procès de Jésus*
Bruno Halioua, *Blouses blanches, étoiles jaunes*
Vladimir Jankélévitch, *Une vie en toutes lettres*
Marie Kahle, *Tous les Allemands n'ont pas un cœur de pierre*
Franco La Cecla, *Ce qui fait un homme*
Aleramo Lanapoppi, *Un certain Da Ponte*
Michael Phayer, *L'Église et les nazis*
Calel Perechodnik, *Suis-je un meurtrier ?*
C. Queralt & D. Vidal, *Promenades histoirques dans Paris*
E. Romero Castelló & U. Macías Kapón, *Les Juifs d'Europe*
Cecil Roth, *Doña Gracia Nasi*
Cecil Roth, *Histoire des Marranes*
Vivette Samuel, *Sauver les enfants*
Tom Segev, *Le Septième Million*
Tom Segev, *C'était en Palestine au temps des coquelicots*
Nadine Vasseur, *Il était une fois le Sentier*

Les Juifs d'Espagne : histoire d'une diaspora 1492-1992, Henry Méchoulan (dir.)
Mille Ans de cultures ashkénazes, J. Baumgarten, R. Ertel, I. Niborski, A. Wieviorka (dir.)
Les Juifs de France de la Révolution française à nos jours, Jean-Jacques Becker, Annette Wieviorka (dir.)

Collection « Opinion »

Jean-Pierre Babelon & André Chastel, *la Notion de patrimoine*
André Chastel, *Le Geste dans l'art*
Claire Brisset, *Un monde qui dévore ses enfants*
Cercle Gaston-Crémieux, *Temps juif, lecture laïque*
Fabio Gambaro, *L'Italie par ses écrivains*
Christian Gerlach, *Sur la conférence de Wannsee*
Vladimir Jankélévitch, *Penser la mort ?*
Théo Klein, *Le Manifeste d'un Juif libre*
Philippe Lazar, *L'Éthique biomédicale en question*
Leonardo Sciascia, *De la Sicile et de la vie en général*
Tiziano Terzani, *Lettres contre la guerre*
Michel Wieviorka, *Face au terrorisme*
Abraham B. Yehoshua, *Pour une normalité juive*

Collection « L'Autre Guide »

Marcelle Padovani, *L'Italie*
Marion Scali, *Le Maroc*
Philippe Pons & Pierre-François Souyri, *Le Japon*

Collection « Ikon »

Bernard Faure, *Bouddhisme*
Giorgio Bouchard, *Christianisme*
Younis Tawfik, *Islam*
Elena Loewenthal, *Judaïsme*
Donatella Calabi, *Venise*

Collection « Curriculum »

Jean-Jacques Becker, *Clemenceau*
Michel Chauveau, *Cléopâtre*
Francis Fèvre, *Alexandre le Grand*
Jean Lacouture, *Greta Garbo*
Laurent Lemire, *Cohn-Bendit*
Patricia Rigault, *Toutankhamon*
Jean-Pierre Rioux, *De Gaulle*

Art

Maurizio Calvesi, *Piero della Francesca*
André Chastel, *Le Retable italien*
Filippo Pedrocco, *Titien*
Filippo Pedrocco et Terisio Pignatti, *Giorgione*
Vittorio Sgarbi, *Carpaccio*
John Spike, *Fra Angelico*
John Spike, *Masaccio*
Anchise Tempestini, *Giovanni Bellini*
G. Romanelli & M. Smith, *Venise au fil des pierres*

Albums photos

Enfance, enfances, textes Claire Brisset, photos Lam-Duc Hiên
Images de la mémoire juive, préface de Georges Charpak

Collection « Piccolo »

n° 1 Primo Levi, *Poeti* (inédit)
n° 2 Henry James, *Washington square*
n° 3 Sholem Aleikhem, *Un conseil avisé* (inédit)
n° 4 Isabelle Eberhardt, *Yasmina*
n° 5 Ernest J. Gaines, *4 heures du matin* (inédit)
n° 6 Sholem Aleikhem, *Le Traîne-savates & autres contes ferroviaaires*
n° 7 Linda D. Cirino, *La Coquetière*
n° 8 Émile Gaboriau, *L'Affaire Lerouge*
n° 9 Ernest J. Gaines, *Ti-Bonhomme*
n° 10 Cecil Roth, *Histoire des Marranes*
n° 11 Aline Baldinger-Achour, *Petit Guide des grandes religions*
n° 12 Marek Edelman, *Mémoires du ghetto de Varsovie*

Achevé d'imprimer en septembre 2002
dans les ateliers de Normandie Roto Impression s.a.s.
N° d'impression : 02-2244
Dépôt légal : octobre 2002

Imprimé en France